부동산 마법 학교

마법처럼 부를 키우는 건물주 성공 법칙

부동산 마법학교

서동원 · 윤나겸 지음

원앤원북스

부동산 마법을 전하는
11인의 전설적 멘토

정주영	'하면 된다' 신념으로 건설·부동산 역사를 새로 쓰고 100조 원대 현대그룹을 일으킨 기업가
롭 무어	무명 화가에서 세계적 부동산 투자가가 된 『레버리지』의 저자
도널드 트럼프	자산 10조 원대 부동산 디벨로퍼이자 미국 제45, 47대 대통령
레이 크록	프랜차이즈에 부동산 개발 모델을 접목, 세계 시장을 제패한 맥도날드 창업자
로버트 기요사키	전 세계 4천만 부 이상 판매된 『부자 아빠 가난한 아빠』의 저자이자 투자가
로버트 앨런	『Nothing Down』으로 '0원으로 건물주 되기' 신화를 만든 인물
하워드 슐츠	'콘텐츠가 건물 가치를 결정한다!' 글로벌 커피 브랜드 스타벅스 창업자
데이비드 그린 & 브랜든 터너	200만 명의 초보자를 임대주택 사업자로 이끈 인물
신영균	영화감독에서 3천억 원 자산가로 도약한 전설적 인물
김승호	회사를 8천억 원에 매각 후 투자가로 거듭난 '사장을 가르치는 사장'

불변의 전략
12단계

"부동산 마법 학교에 오신 것을 환영합니다" '하면 된다'는 달콤한 거짓에 속았던 당신에게

열심히 살았는데 왜 아직도 부자가 아닐까요? 당신 잘못이 아닙니다. 그냥 열심히 '하면 된다'는 말은 거짓입니다. 중요한 것은 '어떻게'입니다.

자본주의의 진짜 원리를 깨닫는 순간, 당신의 삶이 바뀝니다. 저자역시 그랬습니다.

엄마도 아빠도, 선생님도 몰라서 가르쳐줄 수 없었던 '돈'과 '부동산'의 비밀

부동산 부자들이 결코 쉽게 털어놓지 않는 투자 비법을 오직 이 책에서만 만날 수 있습니다.

저자가 부동산 현장에서 15년간 직접 경험한 생생한 사례를 통해, 지루한 이론 대신 누구나 쉽게 따라 할 수 있는 실전 투자법을 제공합니다.

이 책은 이론서가 아닙니다. 저자는 2025년, 서울에서 실제로 부동산을 찾아 협상하고 계약을 맺고, 대출부터 소유권 이전까지의 모든 과정을 직접 실행하며 기록했습니다.

약속하세요, 이 비법을 널리 전하겠다고!

부동산 디벨로퍼 서동원과 부동산 전문 세무사 윤나겸이 힘을 모아 부동산 찾기부터 협상, 사기 예방, 취득부터 운영 → 관리 → 자산 증식 → 매각 → 상속과 증여를 위한 절세 전략까지 원스톱으로 코칭합니다. 따로따로 책을 읽고 공부할 필요가 없습니다.

이 책을 선택한 모든 독자는 저자들의 특별한 '비대면 1:1 맞춤형 코칭' 혜택을 누릴 수 있습니다. 1회 코칭은 독자라면 누구나 무료입니다. 널리 알려주세요.

변화를 미루지 마세요. 바로 지금, 이 책이 당신의 인생을 바꿉니다.

본서는 독자의 흥미와 이해를 돕기 위해 실제 사례와 인물을 극화(劇化)해 서술했으나, 모든 부동산 정보와 투자 전략의 근간은 저자의 직·간접 경험과 인터뷰, 문헌 정보에 기반합니다. 부동산 투자에 관한 핵심 내용을 숙지해 실전 부동산 투자에 적극 활용하기 바랍니다.

당신과 나의 인연, 그리고 '돈'과 '부동산'의 비밀

안녕하세요, 독자 여러분. 이 책을 펼친 여러분에게 꼭 하고 싶은 말이 있습니다. 지금 이 책을 든 여러분은 부동산 투자로 안정적인 삶을 만들거나 미래를 바꾸고픈 꿈이 있을 것입니다. 그렇지 않다면 이 책을 열 이유가 없겠죠. 저는 그 간절한 마음을 누구보다 잘 압니다. 저도 한때 여러분처럼 막연하고 막막하게 시작했기 때문입니다.

저는 부동산으로 모든 걸 잃고 비 내리는 길거리에서 내일에 대한 기대 없이 방황했던 사람입니다. 자칭 전문가의 "알아서 해줄 테니 걱정하지 마라"라는 말에 속아 처음 접한 부동산 투자를 망쳤고, 그 아픔은 제 가슴을 갈기갈기 찢었습니다. 가족의 생계를 잃을 뻔했던 그 순간, 저는 차가운 빗속에서 무릎을 꿇고 울었습니다. 하지만 그 눈물 속에서 저를 다시 일으킨 곳이 바로 부동산 마법 학교였습니다.

부동산 마법 학교에서 깨우친 부동산 마법으로 이제는 경상남도 산청에서 진행했던 첫 프로젝트보다 200배 큰 프로젝트를 서울 잠실에서 이끌고 있습니다. 제가 체험한 부동산 마법은 상상 그 이상이었습니다.

15년간 인건비 100억 원 이상을 쓰고, 수많은 시행착오를 겪으며 부동산은 '피, 땀, 눈물'만으로 되지 않는다는 걸 깨달았습니다. 쓰라린 실패와 값진 성공 속에서 얻은 노하우를 이제 여러분과 나누려 합니다.

여러분은 더 이상 혼자가 아닙니다.

자본주의 사회에서 부동산은 단순히 돈을 버는 수단이 아닙니다. 제대로 다룰 줄 안다면 여러분과 사랑하는 사람들의 삶을 뒤바꿀 어마어마한 기회가 될 수 있습니다. 하지만 잘못 손대면 순식간에 모든 걸 집어삼키는 늪이 될 수도 있다는 걸 명심하세요. 저는 그 늪에서 허우적대다 마법 학교의 문을 두드렸고, 그곳에서 짜릿한 기회와 무서운 함정을 구분하는 식견을 얻었습니다.

당신이 부동산 마법 학교에 입학한다면, 실전에서 쌓은 객관적 통찰과 함께 안정적인 수익을 내는 법, 프로젝트를 키우는 전략, 그리고 무엇보다 중요한 마인드셋을 배우게 될 것입니다. 자기 주도적으로 부를 이루는 길이 열릴 겁니다.

이제 영국 옥스퍼드에 있는 부동산 마법 학교로 함께 떠날 차례입니다. 런던 히스로 공항에서 차를 타고 한참 가다 보면 도착하는 그곳, 영화 〈해리 포터〉의 호그와트 촬영지로 유명한 옥스퍼드에 비밀의 문이 숨어 있습니다. 제가 여러분을 기꺼이 안내하겠습니다.

출발하시겠습니까?

동의하면 "동의합니다"라고 말하고 계속 읽어주세요. 보이지는 않겠지만, 제가 옆에서 듣고 있습니다. 부동산 마법 학교로 떠날 마음의 준비가 되었다면 다음 페이지를 열어주세요.

"도착하느라 수고하셨습니다."

평일이든 주말이든, 이곳은 언제나 관광객으로 북적이는 도시입니다. 중세풍 건물과 좁은 골목길 사이로 사람들이 카메라를 들고 분주히 오가죠. 하지만 당신은 단순한 관광객이 아닙니다. 전 세계 80억 인구 중 극소수만이 깨우칠 수 있는 비밀, 부동산 마법의 문을 열기 위해 선택받은 자입니다.

오래된 석조 건물 앞 'Visitor Center'에서 통역기를 받아 들고, 나무 문틀과 스테인드글라스가 인상적인 식당을 지나 화장실로 향하세요. 첫 번째 칸에 들어가 문을 잠그고, 눈을 감은 채 주문을 외우세요. 이때 주문의 마지막 단어에서 좌변기에 앉아 물을 내리세요.

"나는 성공한 건물주다."

'수우욱―' 소리와 함께, 당신은 현실의 경계를 넘어 어딘가로 빨려 들어갑니다. 눈을 뜨면, 거대한 회랑이 펼쳐집니다.

천장에는 'Real Estate Wizardry'라는 금빛 문패가 반짝이고, 정교한 대리석 벽 사이로 황금빛 샹들리에가 따뜻한 빛을 뿌립니다. 먼 곳에서 신비한 피리 소리가 은은히 울려 퍼지고, 손에 쥐어진 낡은 두루마리에는 이렇게 적혀 있습니다.

Real Estate Wizardry: Where Operation, Branding,
and Tax Wizardry Converge
— A Gathering of 12 Real Estate Grand Wizards

"12인의 부동산 대마법사 모임에 오신 것을 환영합니다."

이제 제가 이곳에서 세계적인 명성을 가진 대마법사들에게 어떻게 멘토링을 받았는지, 제 회상을 통해 낱낱이 보여드리겠습니다.

그들이 저에게 건넨 첫 마법은 절망 속에서도 기회를 보는 힘이었습니다. 당신은 제 기억에 들어가, 저와 함께 이 신비로운 세계를 경험하며 부동산 마법을 배우게 될 겁니다.

당신이 문을 열 용기가 있다면, 제 기억 속으로 들어오세요.

이제 부동산 마법 학교의 문이 열립니다.

11인의 대마법사와 첫 만남

·· ✦ · ✦ · ✦ ··

문 안에는 둥그런 탁자가 놓여 있고, 그 주위를 11명의 대마법사들이 둘러앉아 있었다. 그들의 위엄에 압도된 나는 쉽게 고개를 들 수 없었다. 12명이 앉을 수 있는 테이블, 딱 한 자리가 비어 있었는데 그곳에는 대조적으로 작고 소박한 의자가 놓여 있었다. 웅장한 대마법사들의 의자들과는 확연히 대비되는 모습이었다. 쭈뼛거리며 그 자리에 앉았다. 그리고 내게로 쏟아지는 시선을 느꼈다.

'아, 이들은…!' 현실 세계에서 수백억, 수조 원대 자산을 굴리는 전설의 건물주 대마법사들이었다. 마치 호그와트의 교수진처럼 범상치 않은 기운이 감돌았다. 나는 귀를 쫑긋 세우고 그들의 대화에 집중했다.

반짝이는 'T' 문양의 로브를 입은 남자가 입을 열었다. 미국 대통령

이자 10조 원 자산가, 도널드 트럼프 대마법사였다.

"저는 언제나 'Think Big', 즉 크게 생각하라는 철학을 강조해왔습니다. 처음부터 스케일이 커야 규모의 경제가 작동하죠. '트럼프 타워 (Trump Tower)'도 그렇게 탄생한 겁니다. 브랜딩이 차별화의 핵심이었죠. 평범한 건물도 제대로 브랜딩하면 프리미엄 자산으로 탈바꿈할 수 있습니다. 기왕 시작할 거라면 크게 가야죠. 브랜딩으로 시장을 리딩하는 것, 그게 저의 승리 공식입니다."

트럼프 대마법사의 손짓에 다른 마법사들의 시선이 쏠렸다. 곧이어 'CASH FLOW'라고 적힌 보라색 홀로그램 지팡이를 든 마법사가 나섰다. 『부자 아빠 가난한 아빠』의 저자, 로버트 기요사키 대마법사였다.

"트럼프 마법사님의 브랜딩 전략에 전적으로 공감합니다. 하지만 결코 놓쳐선 안 되는 것이 바로 '현금흐름'입니다. '가난한 사람과 중산층은 돈을 위해 일하고, 부자는 돈이 자신을 위해 일하게 한다'는 말 기억하시죠? 부동산 투자도 마찬가지입니다. 세금, 이자, 관리비를 빼고 실제 남는 순현금흐름이 없다면, 아무리 멋진 브랜드를 가진 건물이라도 독이 될 수 있습니다."

그때 또렷한 한국어가 들려왔다. 사장을 가르치는 사장, 『돈의 속성』의 저자 김승호 대마법사였다.

"저는 '돈 자체를 목적이 아니라 수단으로 삼을 때' 비로소 자유를 얻는다고 생각합니다. 협상력만 있다면 은행 대출 없이도 건물주가 될 수 있어요. 오너 파이낸싱 전략, 즉 월세를 낼 수 있는 사람이라면 누구나 건물주가 될 수 있습니다. 하지만 현실에서는 결국 장사 잘한 사람이 쫓겨납니다. 장사가 잘되니까 건물 가치가 올라가고, 건물주가 월세를 올리니 임차인은 쫓겨나는 거예요. 너무 안타까운 일이죠. 건물 매매와 내 집 마련은 목표의 결이 다르다는 걸 꼭 알아야 합니다.”

그때 또 한 명의 마법사가 고개를 끄덕이며 말을 이었다. 바로 1980년 미국에서 ‘노 머니 다운’ 전략으로 계약금 한 푼 없이 부동산 사는 방법을 공유해 유명해졌던 로버트 앨런 대마법사였다.

“맞습니다. 실제로 0원으로 건물주가 된 사례는 너무나 많습니다. 다만 그 이면엔 책임과 협상력이 반드시 따릅니다. 무자본 투자도 가능하지만, 준비 없이는 실패하기 쉽죠. 철저한 계획과 위험 감수 능력, 그것이 바로 성공의 핵심입니다.”

그 뒤를 이어 영국의 롭 무어 대마법사가 말했다. 그는 화가 출신으로, 부동산 투자를 통해 부를 축적했으며 『레버리지』의 저자이기도 하다.

“결국 레버리지가 인생을 바꾸는 열쇠입니다. 하지만 섣부르게 빚을 지는 무리한 확장은 파멸을 부를 수 있죠. 철저한 계산과 실행력이 동반될 때 레버리지는 마법처럼 작동합니다. 이제는 위험을 감수하지 않으면 더 큰 위기를 맞게 되는 시대입니다.”

낮게 울리는 목소리가 이어졌다. 3천억 자산가이자 영화계의 거목, 신영균 대마법사였다.

“저는 갑자기 큰돈을 쥔 사람들이 가장 먼저 부동산을 사는 모습을 많이 봤습니다. 성공적으로 운영하는 사람도 있지만 빚더미에 앉게 되는 경우도 적지 않아요. 부동산은 영화와 같습니다. '1등 배우'가 흥행의 초석이듯, 부동산에선 '1등 입지'가 중요합니다. 입지만 좋으면 임대료와 시세 차익 모두 기대 이상의 성과를 낼 수 있으니까요. 여기에 브랜드 파워까지 더해지면, 주변보다 훨씬 돋보이는 부동산이 됩니다."

거기에 하워드 슐츠 대마법사가 말을 보탰다. 그는 스타벅스를 일상 속 문화로 만든 장본인이었다.

"세계 어디든 스타벅스가 입점하면 상권 전체가 살아납니다. 하지만 그것도 '사람 중심'의 공간 기획이 뒷받침되어야 합니다. 저희가 말하는 '제3의 공간(Third Place)'은 단순한 상업 공간이 아닌 지역 공동체의 중심 공간이죠. 브랜드가 건물의 가치를 끌어올리는 시대입니다."

그 옆에서 붉은색 바탕에 노란 로고가 새겨진 로브를 입은 맥도날드의 설립자, 레이 크록 대마법사가 말을 이었다.

"슐츠 대마법사님 말씀에 저도 전적으로 동의합니다. 다만 프랜차이즈 경영에 부동산 투자를 접목해 성공을 거둔 맥도날드의 방식 역시 여전히 세계 곳곳에서 실증되고 있지요. 맥도날드는 보다 공격적인 전략을 선택했습니다. 프랜차이즈 시스템에 부동산 임대 수익을 결합해 가맹점이 늘어날수록 자산 가치도 함께 키운 것입니다. 햄버거 회사인 동시에 부동산 개발 회사였다고 해도 과언이 아닙니다."

그때 'BRRRR(Buy, Rehab, Rent, Refinance, Repeat)' 전략의 전도사로 유명한 데이비드 그린 대마법사가 나섰다. 200만 명의 팟캐스트 구독자와 함께하는 그는 임대주택 투자 분야의 거물이다.

"대규모 전략도 중요하지만, 누구나 실천할 수 있는 방법부터 시작하는 게 좋습니다. 소규모 임대주택에서 출발해 BRRRR 전략으로 하나씩 늘려가는 방식이 가장 보편적입니다. 적은 자본으로 시작하더라도 적절히 리파이낸싱을 병행하면 계속 성장할 수 있지요. 물론 각 지역의 세금, 대출, 보증금 제도는 다르니 꼼꼼한 분석은 기본입니다."

이어, 그의 파트너이자 팟캐스트 공동 진행자인 브랜든 터너 대마법사가 말했다.

"맞습니다. 임대주택 사업은 생각보다 안정적이고 꾸준한 수익을 창출할 수 있습니다. 문제는 대부분이 계획만 세우고 실행에 옮기지 않는다는 거죠. 저는 항상 강조합니다. '일단 한 채라도 사서 운영해보자.' 실행 없이는 그 어떤 마법도 효과를 낼 수 없습니다."

뒤이어 익숙한 음성이 조용히 울려 퍼졌다.

한국 기업가들의 정신적 스승, 현대그룹을 100조 원 규모로 키워낸 정주영 대마법사였다.

"허허, 다들 좋은 말씀 하셨습니다. 결국은 해봐야죠. 아무리 좋은 전략도 실행하지 않으면 아무 소용이 없습니다. 인생은 생각보다 짧습니다. 주어진 시간이 짧을수록 더 과감히 도전해야 합니다. 시련은 뛰어넘으라고 있는 것이지, 주저앉으라고 있는 게 아니지 않겠습니까?"

가르침에는 조건이 있었다

·· ✦ · ✸ · ✦ ··

정주영 대마법사가 한 번 호탕하게 웃더니 문득 나를 바라보았다. "초면인 것 같은데. 이렇게 귀한 자리에 오셨으니, 한 말씀 해보시죠."

내게 모이는 시선에 잠시 망설이다가 입을 열었다. "대마법사님." 목소리는 떨렸지만, 멈추지 않았다. "죄송한데요, 그 말씀… 너무 낡았어요."

순간, 모두가 나를 쳐다봤다. 내가 미쳤나 싶을 정도로 또박또박 말을 하기 시작했다.

"'하면 된다'는 말, 그 말 때문에 망한 사람이 너무 많아요. 도전만 하면 성공한다고 믿었고, 그래서 다 걸었고, 그래서 다 잃었고…"

정주영 대마법사는 조용히 나를 바라봤다. 눈빛은 흔들리지 않았다. 대답도 없었다. 나는 멈추지 않았다.

"제가 잃은 건 돈이 아니었습니다. 제 꿈은 소박했어요. 태어나서 배워온 그 말들이 시키는 대로만 하면 저는 제 꿈을 이룰 수 있을 거로 생각했습니다. 하면 된다, 열심히 하면 보상받는다, 정직하게 살면 언젠가는 기회가 온다… 그런 말을 믿고 평생을 살아왔다고요."

11인의 대마법사의 눈동자가 나를 주목했다. 나도 모르게 목소리가 높아졌다. 숨이 가빴다.

"그런데 말입니다. 안 됐어요. 저만 안 된 게 아니고요, 대부분이 안 돼요. 이 사회 구조 자체가 돈이 있는 사람만 되게 되어 있다고요." 방안의 공기가 무거워졌다. 잠깐의 정적이 흐르고, 나는 차분하게 말을 이었다.

"자본주의 시스템을 제대로 이해하지 못해 가난으로 고통을 받는 사람들이 너무 많습니다. 지금도 수많은 이가 좋은 대학, 좋은 직장, 그리고 내 집 마련이 전부인 양, 모두의 꿈인 줄 알며 살아가고 있지요. 하지만 이 사회는 무한히 돈을 찍어낼 수 있는 자본주의 시스템 위에 있고, 그 안에서는 오히려 부의 격차가 더욱 심해지고 있습니다."

나는 미국 출신 대마법사들을 향해 고개를 돌렸다.

"1993년부터 2010년까지 미국의 국가 수입 증가분의 절반 이상이 상위 1%에게 돌아갔습니다. 지금은 더 악화됐죠. 그런데 한국도 다르지 않습니다. 만 60세 이상 시니어 자산이 4천조 원을 넘겼다는데, 국민 총생산량의 두 배라고 하더라고요. 그런데 그 자산이 다음 세대에 희망을 주고 있습니까? 여전히 노인도, 청년도 고통 속에 살아가고 있습니다. 부동산을 아는 소수만이 부를 독점하고 있고, 나머지는 내 집 마련이라는 틀 안에서 평생을 소비합니다. 그렇게 마련한 집 한 채는 원금과 이자를 내느라 허리가 휘고요. 이게 과연 한국만의 문제일까요? 영국은, 유럽은 과연 자유로울까요?"

잠시 숨을 고른 뒤, 다시 말을 이어갔다.

"왜 학교에서는 진짜 자본주의 시스템을 가르치지 않을까요? 어떻게 부자가 되는지, 왜 알려주지 않을까요?"

대마법사들의 표정에는 무거운 침묵이 감돌았다. 나는 조심스럽게 덧붙였다.

"한국은 2013년까지만 해도 빚쟁이 국가였습니다. 그런데 불과 11년 만에 세계 7위 대외채권국이 되었지요. 그런데도 66세 이상 상대적 빈곤율은 39.3%로 OECD 최고 수준입니다. 이건 구조적 문제입니다. 자산을 축적할 기회를 갖지 못한 채, 평생을 일하고도 쉴 수 없는 시대가 계속되고 있습니다."

정주영 대마법사와 다시 눈이 마주쳤다.

"정주영 대마법사님이 세상을 떠나신 이후에도 세상은 그리 달라지지 않았습니다. 여전히 이 시대의 가장들은 가족을 위해 뼈 빠지게 일하지만, 잘못된 금융 지식 탓에 자산은 쌓이지 않습니다. 70세, 80세까지 일해야 겨우 생계를 유지할 수 있는 현실입니다. 이건 너무 잔인합니다." 결국 고개를 숙인 채 마지막 말을 전했다.

"그래서 뭐? 어쩌라는 건가?"

"제 말은…" 뭔가 더 하고 싶은 말이 많았지만, 순간 아무 말도 나오지 않았다.

"자네가 당했다는 말은 옳지 않아. 지식이 없어서 선택을 잘못한 것 아닌가? 몰라서 당한 걸 누구 탓을 하나."

철렁했다. 쥐구멍이 있다면 숨고 싶을 정도였다. 꿈이라면 깨기를 간절히 바랐다. 얼굴이 달아오르자 정주영 대마법사는 인자한 미소로 말을 이어갔다.

"그래서 자넬 이 자리에 초대한 걸세."

11명의 대마법사들이 자리에서 일어났다.

"이곳은 아무나 들어올 수 있는 곳이 아니야."

"제가 초대된 거라고요?"

"부동산 마법을 배워보지 않겠나?"

"부동산 마법이요?"

"우리는 다 부동산 마법으로 아주 큰 부자가 되었지. 그 비결을 알려주겠네."

"정말요? 감, 감사합니다!"

"대신 조건이 있어."

"네?"

"이곳에서 배운 비법을 세상에 널리 전하게. 몰라서 평생 고통에 시달리는 경제적 약자들에게 이 가르침을 전하게. 부동산 금융 까막눈을 깨우란 말이야."

"한 번도 제대로 성공해본 적 없는 제가… 할 수 있을까요?"

"못할 것 같은가?"

"해, 해보겠습니다."

"그래, 해봐야지! 대신 약속은 꼭 지켜야 해. 이따 내 방으로 오게."

11명의 대마법사 사이에 묘한 공감의 기운이 번졌다. 나는 뛰는 가슴을 다잡으며 속으로 되뇌었다.

'부동산을 마법으로 하는 거였어?'

차례

···✦ ✦ ✦··· 1부 ···✦ ✦ ✦···

마인드&비전 마법: 도전 정신에서 시작하라

—————— ∙∙∗∙∙ ✦ ∙∙∗∙∙ 2부 ∙∙∗∙∙ ✦ ∙∙∗∙∙ ——————

기초 마법 실습: 부동산의 본질을 깨우쳐라

대마법사의 멘토링 4 맥도날드의 설립자 레이 크록

대마법사의 멘토링 5 『부자 아빠, 가난한 아빠』의 저자 로버트 기요사키

대마법사의 멘토링 6 'No Money Down' 시리즈의 저자 로버트 앨런

부동산 마법 학교 졸업고사

··· ✦ ✦ ✦ ··· 5부 ··· ✦ ✦ ✦ ···

부동산 마법 실전: 실전 사례 워크숍 비밀 노트

마인드&비전 마법:
도전 정신에서 시작하라

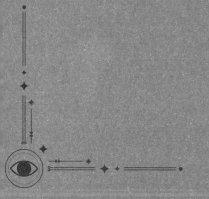

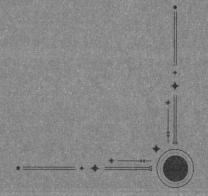

현대그룹의 설립자 정주영

"하면 된다" 정신,
실패를 두려워하지 않는 실행력

주변에서 "네가 무슨 건물주?"라고 말리는 이가 많았을 것입니다. 이 주문 같은 말은 '난 안 될 거야'라는 부정적 씨앗으로 자리 잡아 보이지 않는 암 덩이 같은 족쇄로 자리 잡게 됩니다. 이런 생각이 가장 위험합니다. 부동산 투자의 첫걸음은 할 수 있다고 믿고 실행으로 옮기는 용기에서 시작합니다. '난 반드시 된다'라고 믿는 자만이, 자본주의 시스템에서 부동산 시장이 열어주는 기회를 놓치지 않습니다.

1단계 "된다고 주문을 외워라, 될 때까지"

칠흑같이 어두운 밤, 부동산 마법 학교에는 적막이 흘렀다. 어두운 복도의 끝, 미세하게 빛이 새어 나오는 커다란 문이 보였다. 끼이익. 나는 조심스레 문을 열고 들어섰다. 은은한 촛불 아래 한 인물이 앉아 있었다. 100조 원 가치의 글로벌 현대그룹을 설립한 정주영 대마법사였다.

"왔군." 그의 낮고 단호한 목소리가 내 마음 깊은 곳을 울렸다. 과연 그는 어떻게 시작을 시작했을까?

안 되는 건 없다! 시작부터 다른 마인드셋

"정주영 대마법사님, 저도 건물주가 될 수 있을까요?"

난 딸린 식구가 많았어. 책임져야 하는 사람들이 많았지. 하지만 난 늘 혼자였어.

나라고 두려움이 없었던 건 아냐. 두려움을 느낄 여유가 없었던 거지. 주변에서 몇이나 내 계획이 이뤄질 것 같다고 응원했을 것 같나? 여러 사람한테 피해 주지 말고, 희망 고문하지 말고 제발 멈추라는 사람들 천지였어. 그럴 때마다 난 주문을 외웠어. '하면 된다.'

사람이 계획만 세워놓고, '아직 자본이 부족하니까', '시장 상황이 안 좋으니까', '경기가 최악이니까', '원화 가치가 떨어졌으니까' 이런저런 핑계만 찾다 보면 한도 끝도 없어. 누구나 성공하고 싶어 하지만, 도전이 없으면 꿈으로만 끝나지.

도전은 큰 그림을 그리는 데서 시작해야 해. 그래야 꿈꿀 가치가 있지.

"큰 그림은 대기업이나 그리는 게 아닐까요? 아직 저는 와닿지 않아요."

자네가 5년 뒤, 10년 뒤 어떤 모양의 건물로 돈을 벌 건지, 돈을 얼마나, 어떻게 벌 건지 구체적으로 그려보라는 거야.

작은 빌딩 몇 채로 월세만 받고 살 건지, 대규모 개발사업에 뛰어들어 지역 전체를 바꿔볼 건지, 글로벌 투자를 통해 세계로 뻗어갈 건지 등 목표를 확실히 정하고, 그걸 시각화해야 해. 회사는 경영자의 사고만큼 커진다고 했어.

생각하고 나면 어떻게든 길을 찾아내는 게 중요하다고. 돈은 그다음이야.

길은 스스로 뚫어라! 불가능을 가능으로 만드는 자세

"돈이 먼저 아닐까요? 돈이 없는데 어떻게 시작해요?"

돈으로 시작하면 문제가 생길 때마다 돈으로 막아야 해. 돈이 없으면 다른 길을 찾게 되지. 찾다 보면 길이 보인다고. 없으면 만들면 되고. 중요한 건 '내 것'으로 만들기 위해 어떻게 도전하느냐겠지. 일확천금은 없어. 쌓다 보니 천금처럼 쌓인 거지. 조그만 기회라도 있으면 일단 붙잡고 스스로 길을 뚫어나가는 법을 택할 거야.

먼저 남의 일을 하면서 경험과 신용을 쌓고, 적정한 기회에 내 일을 해야 해. 내 일을 해야 진짜 돈이 벌려.

"너무 막연해요."

누가 '시장 안 좋아서 건물을 못 산다', '은행 대출이 까다로워서 불가능하다' 이러는 사람이 있다면 실제로 사본 사람인지 확인해봐. 은행이 안 된다면 다른 금융기관이라도 찾아가보고, 금융기관에서 거절하면 돈을 굴리길 원하는 개인이나 회사를 찾아가보면 되지. 은행이나 개인이나 남의 돈 쓰는 건 마찬가지 아닌가. 은행이 효율적이긴 하지만 효율보다 타이밍이 더 중요할 때가 있어. 또 그것만 있어? 자네가 잘돼서 덕을 보기 바라는 사람들을 찾아. 정부 정책, 벤처기업 혜택, 민간임대사업자 혜택, 세금 감면 제도 등 모든 방법을 공부해서 써보는 거야.

자신에게 맞는 새로운 길을 적극적으로 찾는 태도가 중요해. 그 길의 끝에는 반드시 사줄 고객이 있어야 하고.

언제 사야 하는가, 팔아야 하는가? 선택의 문제

"그리고 '언제 사야 하나? 언제 팔아야 하나?' 이런 질문도 대마법사님 관점에서 듣고 싶어요."

시장 타이밍보다 '내 타이밍'이 중요하다고 봐. 난 매번 그랬어. 주변을 둘러보기 전에 나를 살폈다고. 내가 준비됐고, 사려는 물건에 가치 상승 여지가 있고 충분한 임대 수익이 예상된다면, 망설이지 말고 사.

팔 때는 달라야 해. 명확한 이유가 있어야 해. 더 큰 기회를 잡기 위해, 세금·재무 구조를 재정비하기 위해, 아니면 회사에 현금이 급히 필요해서… 그냥 '값이 올랐으니 대충 팔자'가 아니라, 분명한 출구 전략이 구체적으로 있어야 한다는 거야.

부동산이든 사업체든 대부분 팔고 나서 그만한 거 다시 못 잡는 경우가 태반이야. 그럼 돈이 녹지. 가만히 있으면 중간은 간다는 말이 괜히 나왔겠냐고.

두려움을 버려라! 공실 문제, 버텨야 할 때의 태도

"공실이 생겼을 때 스트레스가 큰데요. 이걸 어떻게 극복하면 좋을까요?"

공실이 있다는 건 임대 전략이 잘못되었거나, 입지가 좋지 않거나, 임차인 관리가 허술했다는 뜻이야. 그럼 빠르게 보완책을 찾아야 해. 문제는 언제 어디서나 터질 수 있어. 그 문제를 해결할 수 있는 능력이 있느냐, 없느냐로 프로와 아마추어가 갈리지. 남들이 '망했네…' 할 때가 기회야. 언론이나 남들 이야기는 거꾸로 들어. 경쟁이 적을 때가 진짜 기회야!

"버텨야 할 때는 어떤 태도가 필요할까요?"

무작정 된다고 믿으면서 가만있으라는 게 아니야. 스스로 설득되려면 철저히 계산되어야 해. 시장이 좋지 않아도 가치 상승의 본질이 확실하면, 그러니까 입지·수요·미래 개발 호재가 확실하면, 결국 때가 오게 되어 있거든. 세상은 사이클이고, 사업은 타이밍이야. 포기를 안 하면 실패도 과정이지만 포기하는 순간 그냥 다 끝나는 거라고.

세상은 다 연결되어 있다

"대마법사님이 생각하시는 건물주 성공법칙을 정리해주신다면요?"

세상은 다 연결이 되어 있어. 뭐든 사람이 하는 일이라고. 마음먹은 대로, 생각하는 대로 이루어진다는 말이 있지? 내 생각과 자

네의 생각이 연결돼서 오늘 이렇게 인연을 맺고 있지 않은가?

"제가 정리를 좀 해봤는데요. 먼저, '하면 된다'는 마인드를 탑재해야 합니다. 못할 이유부터 찾기보다, 가능성을 믿고 움직이는 것이 먼저입니다. 그리고 5년, 10년 뒤 어떤 건물주가 될지를 구체적으로 그려보는 큰 그림 시각화가 필요합니다. 자본, 협상, 레버리지 등 수단은 얼마든지 있으니, 배우고 찾아서 과감하게 실행해야 합니다. 매수·매도는 시장 타이밍이 아니라 내 전략에 따라서 판단해야 하고, 공실이나 위기가 닥쳤을 때는 '안 돼'가 아니라 '어떻게 하면 되지?'라는 시각으로 개선책을 찾아야 합니다. 가치 상승의 본질이 확실하다면 시장 변동에도 끈기 있게 버티는 태도가 필요합니다. 결국, 해보면 알게 됩니다. 모든 건 사람이 하는 일이고, 세상에 안 되는 일은 없으니까요."

말귀는 잘 알아듣는군. 나중에 '아, 그때 정주영 대마법사가 해보라고 한 덕에 이 자리까지 왔다'라고 말해주면 좋겠어. 내가 끝까지 지켜볼 거야. 해봐. 그리고 될 때까지 부딪쳐. '도전 정신', 그게 성공하는 건물주로 가는 마스터키야.

문을 닫고 나오며 정주영 대마법사의 주문 "하면 된다"가 말이 마음속 깊이 울렸다. '안 된다'는 생각이 사라지고, '될지도 몰라'라는 설렘이 피어올랐다.

나는 조용히 책상 앞에 앉아, 나만의 비밀 노트를 펼쳤다. 잉크가 종이에 스며들 듯, 그의 도전 정신이 내 안에 자리 잡았다. 멘토링이 끝난 후 나는 숙제를 받았다. 케이스 스터디를 하고 깨우침을 얻는 것이 목표였다. 나는 비밀 노트를 만들어서 부동산 마법 학교 선배 건물주의 선행 사례를 하나하나 정리했다.

자산가로 성장하는 첫걸음은 '생각의 변화'
가난한 엄마에서 부자 엄마로

"민지 엄마!" 대학을 졸업하고 아이를 낳은 뒤, 사람들은 그녀를 이렇게 불렀다. 평범한 직장인으로 사회생활을 시작했고, 착실히 월급을 모아 종잣돈을 마련했지만, 언제까지 이렇게 버틸 수 있을지 늘 불안했다.

또래의 '왕훈남'을 만나 결혼하고 아이를 낳아 키우다 보니, 늘 빠듯한 생활비와 각종 지출에 대한 고민이 가득했다. 살면 살수록, 벌면 벌수록 '밑 빠진 독에 물 붓기' 같다는 생각이 들었다. 그러다 유튜브를 보게 되었고, 근로소득만으로는 이 삶에서 벗어날 수 없겠다는 섬뜩한 깨달음이 찾아왔다.

그러던 어느 날 큰 결심을 했다. "이제 내 사업을 해보자."

평생을 전업주부였던 그녀의 엄마는 "집안 말아먹으려고 작정했구나! 정신 차려, 이것아!"라며 불같이 화를 냈지만, 나름 꼼꼼하고 치밀한 성격의 민지 엄마는 낮에는 직장에서 일하고, 저녁에는 창업을 위한 각종 공부에 매진했다. 그러다 그녀의 나이 서른이 되던 생일날, 결국 직장을 떠나 자영업자로서 새로운 길을 걷게 된다.

하지만 막상 창업을 준비하니 자기자본이 충분하지 않았다. 늘 사람들로 붐비는 유명한 상권에는 입점할 수 없었다. 그녀가 가진 예산 내에서 가능한 곳은 상권이 거의 형성되지 않은 작은 상가였다. 사람들이 주목하지 않는 외진 지역이었다.

그러나 민지 엄마는 그간 주경야독한 식견으로 '이 지역은 상권이 성장할 가능성이 있어!'라는 기대감으로 사업지를 정했다. '내가 상권을 키워내면, 거리의 주인이 될 수 있겠지. 사람들은 이 거리를 민지 맘의 앞 글자를 따서 엠엠 스트리트(MM Street)라고 부를 거야. 돈을 벌면 이 라인의 1층은 내가 다 임대해야지! 아! 생각만 해도 신나!'

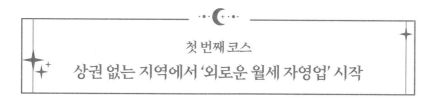

첫 번째 코스
상권 없는 지역에서 '외로운 월세 자영업' 시작

사람들은 더 이상 그녀를 민지 엄마라고 부르지 않았다. 이제는 '김 사장님'이다. 그러나 실제 그녀는 가게를 열고 최대한 아끼기 위해, 혼자서 모든 일을 하는 사장이자 직원이 되었다. 가게 내부를 직접 꾸미고, 아침 일찍 일어나 재료를 준비했으며, 가게에 들어오는 손님을 맞이하는 모든 과정을 혼자 도맡았다. 직장 다닐 때보다 두세 배 이상의 힘을 다했다.

그런데 그런 그녀를 맞이하는 현실은 너무나 차가웠다. 그녀의 뜨거운 열정과는 달리 가게는 텅 비어 있는 시간이 많았다. 한가로운 낮에 아무도 들어오지 않는 가게에 앉아 창문 너머로 지나는 사람들을 바라보는 것이 괴로웠다. 부정적으로 생각하지 않으려고 청소에 열중했지만, 바닥에 떨어지는 땀방울도 스스로 닦아내야만 하는 1인 사장의 처절한 현실을 마주할 수밖에 없었다.

남편 왕훈남은 그런 아내를 보고만 있을 수밖에 없어 스트레스였다. 매일 "오늘은 어땠어?"라고 물어보는 것도 미안할 지경이었다. 남편의 걱정과 함께 그녀 역시 셔터를 내리고 퇴근할 때마다 '이 지역이 정말 상권이 될 수 있을까?' '내가 상권을 유튜브로만 배운 게 문제일까?' 하는 의구심이 교차했다.

가게를 열고 6개월이 흘렀다. 통장 잔고는 늘 위태로웠고 마음속엔 점점 불안이 쌓여갔다. 침대에 누워도 불면증이 그녀를 괴롭혔다.

그러던 어느 날, 그토록 걱정하던 친엄마가 세상을 떠났다. 친엄마의 영정사진 앞에 앉아 말할 수 없는 복잡한 감정이 들었다. '엄마 말을 들었어야 했나 보다. 내가 정말 헛바람이 들었던 걸까? 이대로 가다간 그냥 돈만 날리겠구나.'

착한 남동생은 그녀의 형편을 짐작하고 자신이 엄마 장례비용을 다 부담할 테니 걱정하지 말라고 했다. 그 마음이 너무도 고마웠지만, 한편으로는 너무나 아팠다. 멀쩡하게 대학을 나와 번듯한 직장을 다녔던 그녀를 자랑스러워하며 엄마, 자기가 세상에 태어나서 가장 잘한 일은 너를 낳은 것이라고 추켜세웠던 엄마에게 성공한 모습을 꼭 보여드리고 싶었는데…. 이제는 다 끝난 듯했다.

엄마의 유품을 정리하며 엄마가 평생 애지중지해온 자개장롱을 차마 버릴 수가 없었다. 그렇다고 집에다 둘 수도 없어서 고민하던 차에 유튜브 영상에서 힌트를 얻어 자개장롱의 문짝을 활용해 가게의 벽면에 인테리어 소품으로 장식했다.

텅 빈 가게와 날마다 나가는 월세와 생활비에 지쳐, 그녀는 매일 밤 자책하며 마신 습관처럼 맥주 탓에 뱃살이 늘어나고 피부도 안 좋아졌다. '그냥 직장 다니면서 월급 받았으면 이런 스트레스는 없었을 텐데.' 매일 후회하며, 내일의 태양이 차라리 안 뜨기를 간절히 바라면서 자다 깨기를 반복하는 일상에 지쳐갔다.

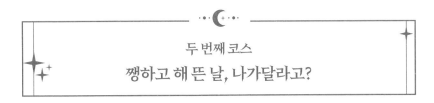

두 번째 코스
쨍하고 해 뜬 날, 나가달라고?

"새로운 시작은 늘 설레게 하지. 모든 걸 이겨낼 것처럼!"

그녀는 드라마 〈이태원 클라쓰〉의 박새로이처럼 절대 포기할 수 없었다. 돌아가신 엄마가 차마 이 땅을 떠나지 못하고 그녀가 성공하기만을 간절히 바라고 있는 것만 같았다. 이렇게 무너질 수 없었다. 가게를 어떻게든 살려내기 위해 사소한 것 하나하나에 신경을 썼다.

SNS에 매일 일상을 공유했다. SNS를 보고 손님이 찾아오면 절친한 친구를 대하듯 정성스럽게 대접했다. 이 공간을 찾아주는 손님들에게 어떻게든 특별한 경험을 선사하려 애썼다. 가게의 문턱을 넘어 들어오는 한 명 한 명을 소중히 맞이하며, 단골을 만들기 위해 최선을 다했다.

마침내 그녀의 진심이 통했는지, 그녀의 가게 앞에는 사람들이 줄을 서기 시작했다. 하루 매상이 세 자릿수를 경신했고, 가게의 팬이 된

손님들 덕에 그녀의 가게는 점점 거리의 랜드마크 같은 '힙한 가게'로 소문이 났다. 자개장롱 문짝을 소품으로 활용한 공간이 포토존이었다. 엄마의 유품이 손님들의 SNS에서 '좋아요'를 얻는 데 한몫 단단히 했다.

그렇게 가게의 인기가 높아지면서, 이제는 멀리서 일부러 찾아오는 손님들도 생겼고, 기다리는 줄이 점점 더 길어졌다. 그녀는 그제야 자신의 선택이 틀리지 않았음을 확신하며, 가슴 한편에 벅차오름을 감출 수 없었다. '역시 난 틀리지 않았어! 엄마 보고 있어? 이제 이 딸을 믿고 편히 쉬어.'

손이 부족해서 아르바이트생을 채용했다. 아르바이트생은 꼬박꼬박 "사장님!"이라고 그녀를 불러주었다. 그때마다 '직장 그만두고 창업하길 잘했구나!' 벅찬 감정이 차올라 뿌듯했다.

그러나 행복한 순간도 잠시. 상권이 발달하며 생각지도 못했던 고난이 닥치기 시작했다. 그녀의 가게 덕분에 주변에 많은 사람의 발길이 몰리자, 상가 건물주가 이 타이밍을 놓치지 않은 것이다.

"민지 엄마, 나한테 너무하는 거 아냐? 장사도 잘되는데, 임대료만 그대로야. 내 건물 덕에 대박 났으면 나도 좀 더 챙겨줘야 하는 거 아냐? 내가 아주 섭섭하다고~"

처음엔 술김에 장난치는 줄 알았다. 그런데 얼마 안 가 임대료를 두 배로 올려주든지 아니면 나가달라는 통보를 받고 이게 뭔가 싶었다.

"골목이 시끄러워져서 내가 너무 머리가 아파 죽겠어. 내가 민지 엄마 뒤치다꺼리하려고 건물주 된 줄 알아? 원래 나갈 때는 원상복구가 원칙인데 우리가 뭐 또 그렇게 삭막한 관계는 아니니까 그냥 두고 나가. 내가 원상복구 비용은 안 받을게."

이게 무슨 말인가? 장사가 잘돼서 시끄럽다고 나가라니. 그녀는 건물주가 보내온 내용증명을 받고, 순간 눈앞이 캄캄해졌다. 이게 무슨 영문인지 주변의 건물주들도 일제히 월세를 올리기 시작했다. 말도 안 되는 일이지만 해당 건물의 임차인들은 이게 다 그녀 때문에 벌어진 일이라며 불평을 해댔다. 그녀 덕분에 사람들이 많이 다녀서 장사가 잘된다고 고마워할 때는 언제고… 그녀의 상식으로 도저히 납득되지 않았다.

'내가 이 거리를 만들었는데, 내가 이 거리의 주인공인데, 나보고 나가라고? 새벽같이 출근해서 별 보고 퇴근하면서 이 거리를 내 손으로 일구고 키워냈는데, 그 덕에 내가 쫓겨나는구나.'

결국 그녀는 나가기로 했다. 어차피 이렇게 된 거 현실을 인정하고 새롭게 재정비해서 다시 시작하겠다는 마음이었다. 이전 가게에서 인테리어 소품으로 활용한 엄마의 자개장롱 문짝은 떼어내면 망가질 것 같아서 좋은 마음으로 두고 나왔다. 그런데 우연히 지나며 본 거리에서 충격적인 장면을 보았다. 그녀가 손수 인테리어한 공간을 그대로 두고 건물주의 아들이 간판만 바꿔서 장사하고 있었다.

도저히 참지 못한 그녀는 그대로 가게로 쳐들어가 벽에 붙여둔 자개장롱 문짝을 떼어내겠다고 소란을 부렸다. 경찰이 출동했고 재물손괴죄로 고소하겠다는 건물주를 경찰이 타이른 덕분에 훈방되었다. 기어코 뜯어낸 엄마의 유품을 품에 안고 터덜터덜 밤길을 걷던 그녀는 참아왔던 눈물을 왈칵 쏟아냈다.

'도대체 어디서부터 잘못된 걸까?'

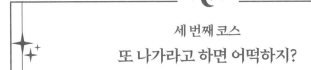

세 번째 코스
또 나가라고 하면 어떡하지?

집에 오는 길, 그녀는 자신에게 계속 물었다. '내가 왜 사장이 돼서 이런 개고생을 하고 있지? 내 선택 때문에 도대체 몇 명이 피해를 보는 거야.' 가족들에게도 너무 미안했다. 자영업을 시작할 때는 가족을 위해 반드시 크게 성공하겠다고 다짐했지만, 결과는 반대였다.

이대로 가다가는 결국 또 쫓겨나고 망할 것만 같았다. "직장을 계속 다녔더라면 이렇게까지 자존감이 무너지지 않았을 텐데. 다 접고 다시 취업할까?" 그녀는 그렇게 월세살이 하는 자영업자의 쓴맛과 냉혹한 현실을 온몸으로 겪으며, 매일 밤을 한숨 섞인 눈물로 지새웠다.

그녀는 자신이 느낀 좌절감을 뒤로하고 끝까지 포기하지 않겠다고 굳게 결심했다. '더 싼 월세를 찾아, 월세를 올려도 감당할 만한 곳을 찾아야겠다. 아예 지방으로 가볼까?' 그녀는 시간이 날 때마다 눈품, 손품을 팔았다.

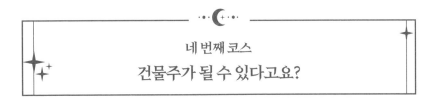

네 번째 코스
건물주가 될 수 있다고요?

어느 날, 절친 양 사장이 사장학교 동문인 윤나겸 세무사와 상담 후 건물주가 되었다는 소식을 듣고 귀가 번쩍 뜨였다. 양 사장은 약국을 운영하는 약사로, 얼마 전까지만 해도 같이 소주잔을 기울이며 월세로 사업장을 운영하는 임차인의 고달픔을 같이 나누던 사이였다.

아무리 생각해봐도 답은 하나였다. 건물주. 그녀는 반드시 건물주가 되어 그간 설움을 딛고 일어서고야 말겠다고 다짐했다. 그런데 그는 자기 자신에게 의문이 들었다. '도대체 왜 난 건물주가 될 수 있다는 생각을 아예 못 하고 살았던 걸까?'

그녀는 단순하게 계산했다. '보통 총사업비의 20%만 있으면 된다고 했는데. 내가 찍어놓은 건물이 25억 7천만 원이니까. 음, 대출이 80% 나온다고 하면 5억 1,400만 원이 필요하네. 아, 세금은 얼마나 나오지? 근데 그 건물 오래돼서 리모델링이든, 신축이든 해야 하겠던데, 그것도 자기자본이 20% 필요하다고? 아, 어렵겠구나.' 이렇게 은행에서 대출받기 위한 자기자본은 턱없이 부족하다고 생각했다. 건물주가 되기 위한 길에 들어섰지만 단 한 걸음도 앞으로 내딛지 못하고 있었다.

그러던 어느 날, 그녀에게 한 줄기 빛이 보였다. 우연히 양 사장 건물에 들렀다가 윤 세무사를 만나게 된 것이었다. 윤 세무사는 그녀의 상황을 진단하더니 의외의 조언을 해주었다. "사장님은 사업을 열심히 해서 재무제표가 성장세이니 중소기업 진흥공단에 가서 상담해보세요."

'중소기업진흥공단? 나는 중소기업이 아닌데, 나같이 장사하는 사람도 중소기업으로 봐주나?' 그녀는 거절당해봐야 본전이라는 생각으로 중소기업진흥공단(중진공)을 찾아갔다. 그리고 생각지도 못한 답변을 들었다.

"25억 7천만 원 중에 25억 원을 대출해준다고요? 그것도 2%대 이자로요?"

중진공 담당자는 현재 영업이익이 성장세이고 영업이익만으로도 대출 이자는 충당이 가능해 보여서 25억 원까지 대출이 가능하다고 했다. 그녀는 순간 뒤통수를 세게 얻어맞은 듯 충격받았다. '그럼 나는 할 수 있는데, 고작 이런 정보를 몰라서 가족들을 고생시키고 자책하며 월세를 전전했다고? 진짜 내가 너무 몰랐던 거구나.'

대출받고 난 후, 그녀는 윤 세무사를 찾아가 몇 번이고 고개를 숙이며 고마운 마음을 전했다. "상황을 보아하니 법인으로 전환해도 될 것 같더군요. 법인으로 전환하고 남은 자기자본금을 신축 자금의 자기자본으로 활용하세요. 리모델링보다는 향후 자산 가치 성장 측면에선 신축이 나을 거예요."

'이게 또 무슨 소리인가? 나는 장사를 하고 있는데 법인을 만들라니.' 그러나 중진공을 처음 알게 되었을 때처럼 윤 세무사의 말은 그녀가 모르는 또 다른 기회를 가져다줄 것만 같았다.

"신축 규모는 신중하게 선택하세요. 특히 지방은 용적률을 다 채운다고 능사는 아니에요." 윤 세무사 옆을 지나가던 남자가 한마디 보탰다. 나중에 알게 된 그의 별명은 '논현동 능력자'였다. 그때는 그 말이 정확히 무슨 의미인지 와닿지 않았다.

개인사업자에서 법인으로 전환하고 나니 추가 대출이 나왔다. 양 사장은 자신보다 대출이 더 나온 걸 보며 신기해했다. 별도의 대출 수수료가 들어간 것도 아니었다. '본업을 열심히 잘했다고 대출을 이렇게 해주는 것을 보니 그동안 세금 낸 게 헛되지는 않았구나. 우리나라 사장하기 좋은 나라구나.' 하는 생각이 들었다.

이제 어엿한 법인의 대표이사가 되어 김 대표라고 불리게 된 그녀는 꽃길만 걸을 줄 알았다. 하지만 현실은 그리 호락호락하지 않았다.

건물주만 되면 다 해결될 줄 알았는데

마침내 김 대표는 건물의 최상단 중앙에 그토록 꿈꿔왔던 이름, '민지 맘' 이니셜을 활용해 MM빌딩이라고 이름 붙였다. 난생처음 등기권리증이란 증서를 만져보았으며, 자신만의 건물에서 사업을 할 수 있게 되었다는 기쁨을 누리는 것을 넘어 SNS에 수십억 건물주의 일상이라는 허세도 부려봤다. 매출이 좋으니 법인 명의 리스로 고급 외제 차도 한 대 뽑았다. 지금까지 고생한 자신을 위한 명품가방 선물도 빼놓지 않았다. 자수성가의 아이콘으로 SNS 계정에 '좋아요' 숫자 올라가는 재미가 매출 올라가는 재미보다 더 크게 느껴질 정도였다. 마치 인생의 성공을 다 이룬 듯, 김 대표는 틈만 나면 마음껏 SNS를 누볐다.

그러나 딱 거기까지였다. 난생처음 '재산세' 고지서를 받았다. 건물의 유지, 보수 관리에 들어가는 비용도 적지 않았다. 설상가상 신축한 건물에서 물이 새기 시작했다. 싸게 해준다고 해서 아는 언니 남편한테 맡긴 공사였는데, 물이 새는데도 도무지 와서 보수를 해줄 생각을 안 했다. 이제 보니 건물주는 단순히 월세 받는 주인의 역할 그 이상이었다. 본업을 하면서 임대업을 겸하는 것과 다름이 없었다. 그리고 임대업의 고난이 시작됐다.

윤 세무사 사무실에서 만났던 논현동 능력자의 조언을 무시하고, 시공사 대표의 제안대로 최대 면적으로 신축을 했다. 김 대표는 직접 사용하는 공간 외에 남는 공간을 세를 주었는데, 물이 샌 곳이 하필 임차인이 사용하는 공간이었다. 누수로 임차인이 영업하지 못하는 데다 각종 가구와 가전이 침수되어 모든 보상을 해줘야 하는 상황에 부닥쳤다. 처음엔 보수 비용만 들 줄 알았는데, 세입자는 영업하지 못해 발생한 물질적 피해에 더해 그로 인한 정신적 피해보상까지 청구했다. 김 대표는 욕이 나올 정도로 어처구니가 없었다. '이걸 어떻게 해야 하나.' 건물주로서 기대했던 월세 수입은커녕 자신을 상대로 손해배상 소송을 하겠다는 임차인 때문에 머리가 깨질 것 같았다.

김 대표는 살면서 두 번째 내용증명을 받았다. 이번엔 임차인이었다. 변호사도 선임해야 했다. 물이 새는 건물로 소문나니 다른 임차인들도 나가버렸다. 분쟁 중인 임차인은 다른 곳에 가게를 얻어야 먹고 살 수 있으니 자신이 낸 보증금을 돌려달라고 김 대표의 업장에 와서 아우성쳤다. 임차인은 김 대표의 업장에 드러누워 막말해댔다.

"대표님, 인생 똑바로 사세요. 도대체 나한테 왜 이래요. 건물 개판으로 지어서 영업도 못 하게 하더니 이제는 보증금도 안 돌려주겠니, 이거 완전 사기꾼 아냐! 내가 그 돈을 어떻게 모았는지 알면서 나한테 어떻게 이러냐고!"

지나는 사람들은 임차인의 울부짖음에 동정했고 김 대표에게 피도 눈물도 없는 갑질 건물주라며 손가락질했다. 모두 퇴근한 깊은 밤, 그녀는 홀로 사무실에 앉아 다시금 깊은 생각에 빠졌다.

'건물주만 되면 다 해결될 줄 알았는데, 또 어디서부터 잘못 생각한 걸까?'

부동산 투자가 돈이 되는
가장 단순한 작동 원리

옛날 옛적에 '땅부잣집 막내아들'이 있었다. 막내아들은 집안 어른들이 과거에 급제하고 벼슬을 해서 나라로부터 증여받은 비옥한 논밭을 상속받은 덕에 일하지 않아도 풍족하게 자랐다. 당시에는 땅을 많이 소유하는 것이 최고의 재산이었고, 수십만 평을 상속받은 막내아들은 많은 소작농*에게 논밭을 빌려주며 부를 복리로 쌓아갔다. 소작농들은 열심히 농사지어 얻은 수확물 일부를 막내아들네에 바치고 나면, 밥은 먹고 살 수 있었지만 부자가 될 수는 없었다. 막내아들과 소작농의 '부의 격차'는 시간이 지나도 좁혀질 줄 몰랐다.

---

* 일정한 소작료를 지급하며 다른 사람의 농지를 빌려 짓는 농사. 또는 그런 농민 (출처: 네이버 국어사전)

자본주의 시대가 시작되었다. 막내아들의 후손은 땅 위에 농작물 경작하는 대신 개발을 통해 건물들을 세우기 시작했다. 이제 논밭에서 일할 사람들 대신 세워진 건물에 세 들어 살 임차인들이 찾아왔다. 현대 사회에서 막내아들의 후손은 임차인을 통해 수익을 얻으며 여전히 떵떵거리며 살고 있다. 그런데 이제는 '부의 격차'가 좁혀지기 시작했다. 아니, 소작농 후손의 일부는 역전해버리고 말았다.

근로소득이 유일한 부의 원천이었던 옛날의 소작농과 달리, 요즘 임차인들은 자본주의 시스템 덕에 레버리지라는 도구를 사용할 수 있게 되었기 때문이다. 성실하게 일해서 고정 소득 창출 이력만 인정받을 수 있다면 금융권에서 대출받아 자산을 늘려가고, 잘만 운영하면 자신만의 건물을 소유할 수도 있게 된 것이다. 예전에는 땅을 얻기 위해 평생 농사에만 매달려야 했지만, 이제는 기회만 잘 잡으면 누구나 '땅부자 가문'에 도전할 수 있는 시대가 되었다.

과거 농경 사회에서 '땅'은 경제활동의 절대적인 요소였다. 농부들은 땅의 비옥함과 경작 능력에 따라 수확량이 결정되었고, 이 수확물은 교환 가치로써 생계와 부의 원천이 되었다. 당시에는 누가 더 좋은 땅을 많이 가지고, 이를 얼마나 효율적으로 농사짓느냐가 곧 그 사람의 부의 축적을 좌우했다. 땅은 그 자체로 생산수단이자 부의 척도였으며, 농사를 잘 짓는 농부가 존경받았다. 더 큰 땅을 소유하려는 열망이 사회적 위상을 결정짓기도 했다. 그러나 애초에 일을 열심히 해서 큰 부자가 된다는 건 사농공상(士農工商)이라는 계급사회 구조상 매우 드문 일이었다.

계급이 없어진 현대 자본주의 사회에서도 유한 자원인 '땅'은 여전히 경제활동의 절대적인 요소로 남아있다. 다만 이제는 자본을 잘 활용해 개발을 통한 교환 가치를 극대화하느냐가 관건이다. 사람들은 땅을 단순한 물리적 자산이 아닌 금융적 자산으로 바라보며 부동산 개발을 통해 상업적 이익 실현에 도전한다. 입지, 트래픽, 상업성 등을 분석하고, 효율적 자본 운용을 통해 더 큰 수익을 얻는 것이 오늘날 '땅을 통해 부를 축적하는 법'이 된 것이다.

다만 이제는 농사를 잘 짓는 것에서 자본을 잘 운용해 트래픽이 있는 건물로 개발하는 것으로 방법이 바뀌었을 뿐, 수많은 현대의 소작농들은 아직도 소작농의 역할만 충실하게 하고 있다.

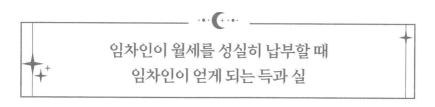

임차인이 월세를 성실히 납부할 때 임차인이 얻게 되는 득과 실

득(得)

신용도 확보와 사업 성장 기회 성실히 월세를 내는 임차인은 금융기관과 임대인으로부터 신용도를 인정받는다. 이는 사업 확장이나 자금 조달 시 중요한 자산이 되며, 추후 상업용 부동산 매수에도 꼭 필요한 요소가 된다.

상권 활성화와 장기적 안정성 확보 사업이 성장하고 고객 트래픽이 늘어나면서 해당 상권이 활성화되고, 이는 사업 성장의 디딤돌이 된다. 안정적인 사업 운영은 임대인과 장기 계약을 체결할 가능성을 높이며, 비용 절감 효과를 제공한다.

임대료 협상에서의 유리한 위치 월세 납부의 신용도를 통해 임대인에게 신뢰를 얻는 임차인은 장기 임대 조건이나 임대료 조정 협상에서도 유리한 위치를 차지할 수 있다. 이는 상권 내 입지 확보와 더불어 사업 성장에 중요한 기반이 된다.

실(失)

자산 축적의 한계 월세를 오래 냈더라도 해당 건물에 대한 소유권은 임차인에게 귀속되지 않는다. 임차인으로서 아무리 상권을 일구더라도 자산 축적의 기회가 제한된다는 점에서 실로 작용할 수 있다.

임대료 상승 가능성 상권 활성화에 따라 인근 지역의 임대료가 상승한다면 상권 활성화의 주역이었던 임차인 또한 상승한 임대료를 내야하는 악순환이 시작될 수 있다. 자신의 노력으로 형성한 상권 때문에 오히려 높은 임대료 부담을 감수하게 됨으로써 수익률이 하락하는 상황이 초래될 수 있다.

명도 가능성 최악의 상황은 쫓겨나는 것이다. 해당 상권의 활성화로 인해 건물의 가치가 상승한다면 임대인 역할을 하는 건물주는 상승한 수익률을 기반으로 매각해 이익 실현을 할 수 있다. 새롭게 매수한 건물주는 수익률을 극대화하기 위해 기존 임차인을 내보내려고 할 확률이 매우 높다. 매각하지 않는다고 하더라도 건물주가 임대료보다 더 큰 이익을 얻고자 명도를 시도할 가능성이 매우 높아진다.

임차인이 월세를 성실히 납부할 때 임대인이 얻게 되는 득과 실

득(得)

안정적인 수익 창출 임차인이 성실히 월세를 납부하면 임대인은 투자한 회사에서 배당받는 것처럼 매달 안정적인 수익을 확보하게 된다. 우량한 임차인은 장기적인 현금흐름을 보장하는 중요한 자산으로 볼 수 있다.

장기 계약을 통한 공실 리스크 해소 월세를 밀리지 않고 잘 내는 우량 임차인은 건물이 노후하더라도 이전할 가능성이 낮다. 권리금이 커질수록 장기 계약이 가능한 임차인이 된다. 부동산 개발에 소극적인 임차인이라면 신규 임차인 유치를 위한 시설 투자에 돈을 들이지 않아도, 건물의 수익성과 안정성을 유지해나갈 수 있는 기반이 된다.

건물 가치 상승 임차인이 성공적으로 상권을 활성화하고 고객 트래픽이 높아지게 되면 건물의 가치는 복리로 증가한다. 임대인은 임차인이 대신 일구어준 트래픽과 상권 활성화 덕분에 임대료 인상뿐 아니라 자산 가치 증대를 경험할 수 있다. 자산 가치가 증대되면 자산재평가를 통해 레버리지를 활용해 다른 투자를 할 수도 있다. 물론 매각을 통해 목돈을 만질 확률도 매우 높아진다.

실(失)

?

표면적으로 관찰해보면 임차인과 임대인은 모두 상권 활성화와 건물 가치 증대에 기여하며 상호 보완적인 역할을 하는 것처럼 보인다. 임차인은 자신의 사업 운영을 통해 상권을 활성화하고, 임대인은 이를 통해 건물 가치를 높이며 임대료 수익을 확보하는 것이다. 두 주체가 협력할 때 상업용 부동산의 가치 증식이라는 공동 목표를 효과적으로 이루는 것처럼 보인다. 그러나 땅부잣집 막내아들의 후손은 여전히 현대판 도련님인 건물주고 소작농의 후손은 현대판 쉰네인 임차인으로 남을 확률이 높다.

임차인은 상권을 활성화해도 건물의 소유권을 얻지 못하며, 사업을 잘해서 얻게 될 소득 외에 기대할 수 있는 이익이 제한적이다. 반면 임대인은 자산 가치를 직접적으로 소유하며 상권 활성화에 따른 부동산 자산 증대 효과를 온전히 누릴 수 있게 된다. 이러한 상황 가운데서 건물주의 가장 큰 리스크는 임차인이 갑자기 망해서 월세를 못 내는 것이다. 그러나 기존 임차인이 망해도 새로운 임차인이 그 역할을 대신한다면 건물주는 다시 똑같은 효과를 기대할 수 있게 된다.

임대인은 은행에 지급해야 할 대출 이자를 낼 수 있는 기초자산으로써 월세 현금이 창출되고 있다면 이래도 저래도 계속 이익을 쌓아갈 수 있는 부의 축적 구조를 이루게 되는 것이다. 이쯤 되면 개발이 돈이 되는 가장 단순한 원리가 와닿을 것이다.

자본주의 사회에서 임차인이 임대인으로 지위를 전환할 수 있는 지름길은 부동산 개발에 참여하는 것이다. 부동산 개발의 원리를 이해하면 임차인은 자신의 상권 운영 능력을 기반으로 자산을 관리하고 증식하는 방법을 적극적으로 활용할 수 있는 무기를 얻게 된다.

트래픽을 만들 수 있는 우량한 임차인은 가장 낮은 가치의 부동산을 매수해서 가장 비싸게 팔 수 있는 역량을 갖춘 것과 마찬가지다. 부동산 개발의 본질은 자산을 소유하는 것에 그치지 않고, 해당 자산의 가치를 장기적으로 증대시킴으로써 월세 이익과 시세 차익을 동시에 얻는 데 있다.

농사로 돈 버는 원리를 이해했다면 부동산 개발로 돈 버는 원리 또한 명확하게 이해할 수 있다. 농부가 밭을 선택해서 땅을 갈고 씨앗을 심어 작물이 자라기를 기다리며 시간과 노동을 투여하고 그 열매를 수확해 돈으로 바꾸듯이, 부동산 개발 역시 용도에 적합한 토지를 발굴한 뒤 계획을 세우고 시간과 노동을 들여 가치 창출을 실천함으로써 마지막에 수확 단계에서 자본 이득을 실현할 수 있다.

초보인 당신을 당하게 만드는 악인의 20가지 노하우

어느 시장이든 무리를 지어 다니는 하이에나가 존재한다. 이들은 몰려다니며 먹잇감을 찾는다. 코인이나 다단계 시장에서 노인들의 은퇴 자금을 노리는 것처럼, 상업용 부동산 시장에서는 젊은 층이 새로운 타깃으로 자리 잡았다. 수많은 부동산 유튜버는 자신도 가난한 젊은 시절을 보낸 흙수저임을 강조하면서 동질감을 느끼게 하고 '최소한의 자금으로 건물주가 될 수 있는데 왜 안 하냐'는 말로 현혹한다. 저자가 이 책을 집필하게 된 동기 또한 막연한 건물주 마케팅으로 선량한 젊은이들이 신용불량의 나락으로 떨어지는 상황들을 보아왔기 때문이다.

현대 자본주의 사회에서 레버리지를 활용할 때는 미래의 신용을 저당 잡히는 리스크를 감당해야 한다. 실패하면 바로 '신용불량자'라는 낙인과 함께 핸드폰 하나도 개통하지 못하는 처지에 놓일 수도 있기 때문이다. 보통 이들이 써본 계약서는 월세 계약서 정도일 뿐, 살면서 건물주가 될 생각이나 준비조차 해보지 않은 세대다.

하지만 SNS에 자칭 몇백억 자산가라고 잔고를 인증하면서 '한방'을 노리고 레버리지와 풀 대출을 최대한 활용하라고, 바보같이 살지 말고 자신처럼 경제적 자유를 누리라고 한다. 흔한 오해는 희망 고문으로 이어진다. 그 흔한 오해의 씨앗이 되는 '말'을 살펴보겠다. 건물주가 되는 과정에서 만나는 사람이 하는 말은 법적인 책임이 따르지 않는 말과 법적인 책임이 따르는 말로 구분이 될 수 있다. 이런 말을 들었다면 악인이 이빨을 드러내기 시작한 것이다. 긴장하기 바란다.

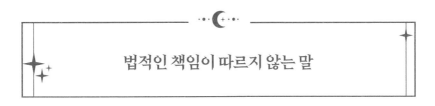

법적인 책임이 따르지 않는 말

이 말은 당신이 듣고 오해해도 말한 사람에겐 책임이 따르지 않는다는 것이다. 알아서 걸러서 들어야 하는 '립서비스'다.

"사장님 진짜 운 좋으시네요. 이 매물은 진짜 운명인 거예요! 지금 안 잡으면 평생에 단 한 번 오는 기회를 날리는 겁니다!"
──✶ '평생에 한 번'이라는 말에는 어떠한 책임도 따르지 않는다. 매수자를 흥분시키거나 자극하는 말은 일단 걸러야 한다. 어떠한 기회든 양면성이 있다. 이 한 번의 기회를 오해함으로써 나락행 열차에 탑승할 수도 있다.

"대기업 입주 예정이니 시세가 확 뛰는 건 당연하죠. 알고도 매입하지 않으면 멍청한 거예요."

———✳ '입주 예정'이라고 했지 '입주한다'고는 안 했을 수 있다. 분양할 때 팀장들이 담당 팀원 교육 시 하는 말이 있다. 분양의 성공 전략을 한마디로 말하면 '바보 찾기'다. 똑똑한 사람들은 거르고 바보를 찾으면 바로 계약이 된다는 의미다. 그런데 부동산 거래 경험이 드문 부동산 약자라면 누구나 바보 취급을 당할 수 있다. 그리고 이 효과는 이 말을 들은 당신의 마음 안에서 일어난다. "나 바보 아닌데! 내가 왜 멍청이야! 멍청하지 않다는 걸 증명해 줘야겠군!" 하고 즉각적인 반응을 하면 안 된다.

"세만 살아보셔서 잘 모르실 수 있는데, 이런 매물은 임대는 '전혀' 걱정 안 하셔도 됩니다. 공실 나오기만 하면 '무조건' 나가는 물건이에요."

———✳ '전혀', '무조건' 이런 단어가 나오면 걸러야 한다. 전혀 걱정 없다는 식의 말에는 근거가 없는 경우가 태반이다. '세만 살아보셔서 잘 모르실 수 있는데'의 뉘앙스는 상대의 감정을 자극하는 말일 뿐 어떠한 정보도 주지 않음을 인지해야 한다.

"이 매물은 진짜 오토예요. 오토! 소유권 이전만 딱 하면 그날부터 아무 신경 안 쓰고 따박따박 월세 받으시면서 여행이나 다니세요."

———✳ 과거에는 '황금알을 낳는 거위 같은 매물'이라는 말을

했는데 요즘은 '오토'라는 표현을 자주 한다. 자동으로 돌아간다는 의미다. 이런 말은 물건을 매력적으로 보이게 하려고 하는 수식어구일 뿐, 사실 여부는 확인할 수 없다. 모든 말에서는 정보만 획득하면 된다. 나머지 수식어구는 뇌에 저장하지 말고 한 귀로 듣고 한 귀로 흘려버려야 하는 것이다.

"진짜 보는 눈 대박이시네. 지금 이 가격은 어디서도 볼 수 없는 가격이에요. 놓치면 두고두고 후회할걸요."
——✳ 일단 당신을 치켜세우면 호구로 보인다는 말이다. 더구나 '지금이 기회다', '놓치면 후회한다'라는 말로 당신을 압박한다면 상대의 눈에 당신이 현재 호구로 보이기 때문에 그런 말을 할 확률이 매우 높다.

"임차인들 전부 입주 확정이니까 그냥 수익이 보장된다고 보시면 돼요. 고민을 왜 합니까? 걱정 붙들어 매세요."
——✳ 세입자와의 계약이 다 된 것처럼 말하지만 '확정', '수익 보장이라고 보시면 돼요'는 아직 이루어지지 않은 상황이라는 표현이다. 실제 사실관계 확인을 위한 서면 자료를 요청하면 '그건 좀…'이라고 말끝을 흐릴 수 있다. 만에 하나 '이 양반이 속고만 사셨나' 하며 관련 자료를 내민다면 한 발 뒤로 물러나라. 매수 의향서도 제출하지 않았는데 매도자의 계약 관련 정보를 임의로 제공하려고 준비하는 경우는 '다른 의도가 있을 확률'이 높다.

"계약금만 입금하면 바로 건물주 되는 겁니다. 기회를 날리실 거예요? 일단 오늘 가계약금이라도 넣으시죠."

──✳ 당신의 감정을 자극해 흥분 상태로 만들고 해당 타이밍을 활용해 뇌의 이성적인 판단이 잠시 정지된 틈을 이용, 즉각적으로 계약을 진행하도록 압박하는 경우다. 아무리 좋은 거래 조건이라도 적정한지 면밀한 검토가 필요하다.

'부동산 고수'라면 현장에 가보지도 않고 계약할 수 있지만, 고수가 아닌 생초짜인데 현장에 가보지도 않고 계약금을 입금하는 행위는 상대에게 '호구 인증'을 하는 것과 같다. 만약 경쟁이 치열해서 가계약금이라도 넣어야 하는 상황이라면, 버려도 후회하지 않을 정도의 금액만 가계약금으로 넣기 바란다.

"제가 대표님이니까 소개하는 물건이에요. 어디 가서 저한테 들었다고 하시면 안 됩니다."

──✳ 그 비밀스러운 특별대우를 받는 고객이 상대의 휴대폰에 1만 명쯤 있을 수 있다. 물론 상대가 진심으로 그렇게 말할 수도 있다. 그럼에도 불구하고 왜 상대가 나에게 특별대우를 해주는지 곱씹어보기 바란다. 때론 그 말이 진짜일 수도 있고, 때론 입에 발린 말일 수도 있다. 그러나 특별대우는 어떠한 경우에도 신중한 대응이 필요하다.

"이 정도 매물 다시는 안 나와요. 나중에 가서 '아 그때 할걸' 후회하시지 말고 지금 결정하세요."

──✳ 물론 부동산 가격은 오늘이 가장 싸다고 한다. 그럼에

도 불구하고 확정적으로 말하는 경우는 대다수가 과장된 미래 예측이다. '다시는 안 나와요'라는 말은 책임을 질 수 없는 단순한 립서비스로 기억하라. 만약 같은 조건의 물건이 시장에 나온다 해도 그 사람에게는 어떠한 책임도 없다.

"빨리 정해주세요. 안 하셔도 상관없습니다. 포기해주시면 다음 분에게 넘어가면 되거든요. 하실 거예요, 마실 거예요?"

——✳ 이미 경쟁자가 많다는 식으로 압박하고, 시세가 곧 오를 것처럼 조급하게 만드는 말이다. 상황에 따라서 이 말 또한 사실일 수도 있다. 하도 손님이 많아서 바쁜 직원이 무뚝뚝하게 고객을 응대하듯 하는 말이라면 말이다. 그러나 시급한 결정으로 유도해 판단력을 흐리게 하는 말일 수 있으니 꼼꼼히 따져봐야 한다.

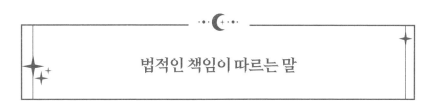

법적인 책임이 따르는 말

이제 법적인 책임이 따르는 말을 보자. 책임이 따르는 말을 믿고 계약했는데 사실과 다를 경우, 법적인 대응을 통해 처벌 혹은 보상을 요구할 수 있으니 더 주의 깊게 보기 바란다. 이런 말을 듣는다면 이빨을 드러내는 것을 넘어 목덜미를 물겠다고 달려드는 것이다. 일단 피해라. 산속에서 만난 맹수는 당신보다 강하다.

"임대 수익률이 10%로 보장됩니다. 구체적으로 계약서에 명시해드릴 수 있어요."

──✳ 수익률을 보장한다면 계약서에 어떤 조건으로 명시되는지 확인이 필요하다. 일반적으로 어떠한 경우에도 '보장'을 하는 경우는 시행사가 급하지 않으면 내걸지 않는 조건이다. 또한 당신에게 지급하는 임대 수익률 10%는 당신이 지급하는 가격에 포함되어 있을 확률이 높다. 그러니까 당신이 10%에 해당하는 만큼 원래의 가격보다 더 지불하고, 나중에 받는 것은 당신이 준 돈을 나눠서 임대 수익의 명목으로 지급받게 되는 구조일 수도 있다.

"이 건물은 공실률이 거의 없습니다. 현재 임대 상황을 보고도 모르시겠어요?"

──✳ 실제 임대율을 보여주며, 공실 현황 자료를 제공한다면 신뢰성 검토가 가능하다. 통상 임대차 현황이라고 부르는 이 자료는 부동산 중개인이 정확히 사실관계를 확인하지 않고 대충(?) 만드는 경우도 간혹 있다. 이것을 걸러내는 노하우는 "이 자료를 첨부해서 계약할 때 문제가 생길 경우 책임지겠다는 특약사항을 넣어도 되나요?"라고 물어보면 된다. 열이면 아홉은 "아, 그건 매도자에게 직접 자료를 받아 제공하겠다."라고 말이 바뀔 수도 있다.

"대기업이 곧 입주할 예정으로 개발이 확정된 지역입니다. 개발 계획서도 확인 가능합니다."

──✳ 실제 개발 계획서나 확정 자료가 있다면 근거가 있는 말이다. 그러나 이러한 개발 계획서가 너무 거대한 사업이거나 시행사가 토지의 소유권도 확보 못 한 상황, 토지의 소유권을 확보했다 해도 사업 인허가가 나기 전 상황이라면 이는 아직 갈 길이 먼 프로젝트라고 보면 된다.

개발 확정이라는 말이 실제 사업 인허가가 난 것인지, 인허가 접수를 한 것인지, 전체 사업 구상하고 있다는 말인지 정확한 사실관계를 확인할 필요가 있다. 규모가 큰 사업일수록, 지자체가 연관된 사업일수록 실제로 진행되기까지는 정말 오랜 시간이 걸려서 실질적인 선택의 근거가 되기 어려울 수도 있기 때문이다.

"임차인들이 모두 계약을 마친 상태입니다. 계약서 사본도 보실 수 있습니다."

──✳ 임차인 계약서를 통해 현재 임차인 리스트와 계약 조건을 확인할 수 있다면 신뢰할 수 있다. 계약서 사본을 확인할 때 중요한 건 실제 임차 계약자와 현재 사용자가 동일한지 여부다. 실제로 월세를 납부하고 있는지, 해당 사업자는 정상적인 사업체인지도 실제로 방문해 확인할 수 있다. 가끔 있는 일이지만 임차인이 가공으로 세팅되어 있다가 소유권 이전 후 나가버려서 공실이 되는 경우도 있기 때문이다.

"매도자의 담보 대출도 이미 정리되어 깨끗한 상태입니다. 관련 서류를 확인해드릴게요."

──✷ 등기부등본과 담보 대출 내역을 보여주면 책임을 질 수 있는 내용이다. 다만 등기부등본은 계약 당일까지 해당 시점으로 확인해볼 필요가 있다. 추가 근저당 여부나 가압류 등 권리 침해의 여지가 있는지 실시간으로 확인이 필요하다. 특히 근저당이 다수이고 금융권뿐만 아니라 개인 근저당이 많은 부동산은 잘못하면 채권자가 '사해행위 취소소송'*을 걸어 계약행위 자체를 취소해달라고 소송이 들어올 수도 있기 때문이다.

"전세금 승계에 문제가 없습니다. 전세보증금 상환에 대한 조건이 계약서에 명시됩니다."

──✷ 계약서에 보증금 승계 조건이 구체적으로 명시되어 있다면 신뢰할 수 있다. 물론 임차인에게 확인하는 절차가 필요하다. 가끔 있는 일이지만 임차인 모르게 서류가 위조되는 경우가 있고, 임대인 모르게 전대차 계약을 해서 소소에 휘말리게 되는 경우도 있다.**

---

* '사해 행위 취소의 소(詐害行爲取消의訴). 법률 채무자가 채권자를 해함을 알고 재산권을 목적으로 한 법률 행위를 한 경우에, 그 수익자 또는 전득자에 대한 관계에서 채무자의 법률 행위를 취소하고 원상 회복을 청구하는 일. (출처 : 네이버 국어사전)

** '[단독] 건물 통째로 빌린 뒤 호실별로 다시 전세…'보증금 먹튀' 의혹 경찰 수사(jtbc 뉴스, 2024.01.08.)

"매매 가격은 시세에 맞춰 책정했습니다. 주변 매물 시세를 함께 보여드릴게요."

——✳ 주변 시세와 비교할 수 있다면 사실 여부를 검토할 수 있다. 그러나 주변 시세를 비교할 때는 동일한 기준, 동일한 여건이어야 한다.

도로 하나만 건너도 용도지역이 바뀌고, 동의 이름이 바뀌며, 아예 다른 상권일 수도 있다. 특히 이면 지역과 대로변 지역을 지리적으로 가까운 지역에 있다고 해서 동일한 기준으로 비교하면 안 된다. "대로변이 이 정도인데 이면인데 이 정도면 정말 싼 거다."라는 말은 "대로변은 대로변이라 비싼 거고, 이면은 이면이기 때문에 싼 거다."라는 말이다. 이면은 같은 이면끼리, 용도지역과 도로 조건이 동일한 컨디션의 매물과 비교해야 한다. 바로 옆에 붙어 있는 필지라 해도 코너 필지는 공시지가부터 차이가 나기 때문이다.

"이 건물의 상태는 확인되었고, 안전 진단서와 평가서를 제공해드리겠습니다."

——✳ 신축일수록 건물 하자가 많을 수 있다. 건물은 안전 진단서, 평가서를 통해 실제 상태를 검증할 수 있다면 신뢰할 수 있다. 그러나 대부분의 꼬마빌딩은 관리 상태가 엉성하다. 특히 구옥이라면 확인할 수 있는 자료 자체가 없는 경우가 많다. 이때는 매수 의향서에 위 내용에 대한 자료 요청하거나 매수 전 관련 자료 제공을 매수 조건으로 제시할 수도 있다.

건물의 주기적인 유지-보수관리 이력은 건물의 가치를 평가

할 때 매우 중요한 요소가 된다. 또한 건물이 공부상의 정보와
일치하는지 확인해야 한다. 만약 매수한 건물이 타인의 토지
를 침범하고 있다면, 또 반대의 상황이라면 계약 전 해당 건물
주와 교통정리를 어떻게 할 수 있을지 꼼꼼히 검토하는 것이
시행착오를 줄일 수 있다.

"이 매물은 법적 분쟁이 없는 상태입니다. 등기부등본을 함께 확
인하시죠."
──✳ 등기부등본 및 관련 서류로 법적 분쟁 여부를 확인할
수 있는 경우 책임이 따른다. 요즘에는 땅의 주인과 건물의 주
인이 동일한 경우가 많지만, 연식이 있는 건물은 땅의 주인과
건물의 주인이 다른 경우가 많다. 또한 공유자들이 여럿이어
서 팔겠다고 해놓고 공유자 중 일부가 반대해서 못 파는 경우
도 있다. 토지의 주인과 현재 건물의 주인이 일치하는지 토지
등기부등본과 건물 등기부등본의 확인이 필요한 이유다. 필지
가 여럿이고 주인이 여럿일 경우 모든 권리자의 '매도의향확
인서'를 확인한 후 본격적인 계약 검토 절차에 착수하는 것이
타당하다.

"이 급매물은 저만 팔 수 있습니다. 건물주에게 전속으로 위임받
았어요. 원하시면 전속 계약서를 보여드릴 수도 있습니다."
──✳ 전속 계약을 했다는 계약서를 보여주고 실제 매도인의
위임을 받았다며 허위 매물이 아니라고 안심시켜준다면 일단
신뢰할 수 있다. 그런데 여기서 중요한 것이 있다. 바로 '전속

계약 기간'이다. 통상 전속 계약이 지났는데도 여전히 자신만이 매물을 판매할 수 있다며 급매를 사게 해주는 대가로 과도한 중개 수수료를 요구하는 경우가 있다. 그러나 전속 계약 기간이 지났다면 해당 매물은 누구라도 중개할 수 있는 물건이다. 누구라도 중개할 수 있는 물건은 공동중개의 형태로도 매매할 수 있다. 따라서 관련 내용을 확인하고 싶다면 네이버 부동산에 해당 물건에 대해 매물등록을 몇 군데의 부동산에서 했는지 확인해보기 바란다. 복수의 부동산에서 해당 매물을 등록했다면 중개가 가능한지, 사실관계 여부를 확인한 후 거래하는 것이 좋다.

또한 급매물 가격은 매도인이 실제로 제시하지 않은 가격일 확률이 높다. 중개인의 희망 중개 가격이라는 말이다. 즉, 매도인이 확정해준 것은 아니지만 "내가 한번 깎아볼 테니 나에게 맡겨봐라." 정도로 이해하면 되겠다.

『레버리지』의 저자 롭 무어

비전 수립, 시각화(Visualization), 레버리지를 고려한 큰 그림 구상

목표가 어렴풋하면 의욕도 흐려집니다. 부동산 투자에서는 '언제, 어디, 어느 정도 자산을 목표로 하는가?'를 구체적으로 시각화해야 합니다. 내가 꿈꾸는 건물을 머릿속으로 그리는 순간, 그것이 현실이 되려면 일단 '해당 토지의 지역과 건물의 특성을 특정해서 본 건물을 통해 얼마의 이익을 얼마의 기간에 실현하는 것을 목표로 설정할지' 구체적으로 그려야 합니다. 그것이 '첫 발걸음'을 떼는 비결입니다. 어떤 게임이든 '게임의 법칙'을 알아야 참여 자격이 주어지기 때문입니다. 규칙부터 익히기 바랍니다.

2단계 "눈을 감고, 생각하고, 그려라"

어느 어스름한 밤, 고풍스러운 성채의 현관 앞에서 대마법사 롭 무어와 마주했다. 1980년생, 나보다 어린 그였지만 대마법사 로 불리기에는 손색이 없었다. 영국 출신의 화가 롭 무어. 한때는 가난한 예술가였지만 지금은 영국에서 잘 나가는 부동산 투자가 로 성장했다. 무엇이 그를 이끌었을까?

우리는 성채의 차가운 돌담을 따라, 달빛이 비치는 넓은 정원을 걷기 시작했다. 한동안 아무 말 없이 산책로를 따라 걷다가 벤치에 앉았다.

"이 오래된 성채도 벽돌 하나하나 쌓아서 올렸을 거예요. 지 금도 쉬운 일이 아닌데, 그때는 얼마나 더 어려웠을지. 아마 수 백 아니 수천 명이 투입돼서 땀과 피로 만들어졌겠죠. 과연 누구 의 생각으로 시작됐을까요? 현대 사회에서 부동산 마법은 성주 나 귀족이어야만 가능했던 일을 저 같은 예술가에게도 열어주었 어요. 자본주의가 아니었다면 저는 아직도 귀족이 주는 돈이나 바라며 그림을 그리고 있었을 거예요. 부동산 투자는 단순한 투 자 이상의 의미를 담고 있어요. 그것은 바로 시간과 기억, 그리 고 기회의 조합으로 만들어내는 종합 예술이에요, 적어도 저에 게는 말이죠."

시각화(Visualization)의 힘

"대마법사님 책을 정말 수도 없이 읽었습니다. 무엇보다 '시각화를 통해 성공을 구체적으로 그려라'라는 메시지가 눈에 띄었어요. 요즘 들어 자기계발서에 특히 많이 나오는 메시지인데요. 어떻게 하면 그 시각화가 실제 부동산 투자를 하는 데 도움이 될 수 있을까요?"

사람들은 흔히 자신이 뭘 원하는지도 잘 몰라요. 그냥 '돈 되는 건물 사고 싶다'라는 식으로 막연하게 말하는 경우도 많고요. 그게 복권에 당첨되고 싶다는 말이랑 뭐가 다를까요. 제가 말하는 시각화는 훨씬 구체적으로 미래를 '보고 느끼고 만지고 재현하는' 과정을 의미해요.

예를 들어 어떤 지역의 토지를 구입해서 그 토지에 부속된 건물을 어떻게 꾸미고 운영할지, 임차인이나 고객의 반응이 어떨지를 머릿속에 명확히 그려보고 그게 자신이 진짜 원하는 것인지를 분별해보라는 거죠. 이렇게 하면 단순히 '돈 벌겠다'라는 추상적 목표보다 훨씬 강력한 동기 부여가 되거든요.

"정말 공감합니다. 저도 글을 쓰는 작가 출신이라 시작 부분을 쓸 때 이미 마지막 장면을 구체적으로 정해놓고 시작하거든요. 그래서 당신의 말이 더욱 와닿아요. 실제로 부동산 가치 상승이나 임대 수익 같은 목표를 눈앞에 '그림'처럼 떠올리면, 당장의 행동 에너지가 달라진다는 말이죠?"

맞아요. 그런 '가상 시나리오'를 구체적으로 구상하면, 현실에서 필요한 행동도 뚜렷해지죠. AI도 최적화가 될 때까지 수많은 시나리오로 머신러닝을 하잖아요. 건물을 사기 위해 필요한 자금의 규모는 얼마인지, 어느 금융기관 혹은 파트너에게 연락해야 할지, 공간에는 어떤 브랜드를 유치할지, 공간은 어떻게 꾸밀지… 누가 얼마를 내고 어떤 목적으로 사용할지, 이 공간은 고객에게 어떤 가치를 창출할지 등의 계획들이 자연스럽게 명확해져야 꼭 해야겠다는 확신이 들겠죠.

결국 시각화 과정은 막연했던 가슴 속의 의지를 구체적인 실행 계획으로 전환하는 포인트, 그게 바로 트리거(trigger, 방아쇠)가 되는 거예요.

물론 '시각화'는 시작에 불과해요. 부동산 투자는 대부분 많은 자금이 필요하고, 관리·운영에도 지루한 시간과 쓰디쓴 노력이 들어가죠. 그렇다면 어떻게 해야 빠르게 확장할 수 있을까요? 여기에 '레버리지' 마법이 필요해요. 사람들은 레버리지라고 하면 대출만 생각하는데 제가 말하는 레버리지는 돈뿐만 아니라 타인의 시간, 기술, 인맥을 함께 전폭적으로 활용해서 자신이 가진 것 이상의 결과를 아주 빠르게 확장하는 걸 말합니다.

돈만이 아니라 시간·인맥·기술도 레버리지 대상

"로버트 앨런 대마법사는 저서에서 'No Money Down(0원으로 건물주 되기＝타인의 자본으로 건물주 되기)'을 이야기하셨는데, 당신의 레버리지가 좀 더 폭넓은 개념이라고 이해하면 될까요?"

앨런 대마법사가 말한 '타인 자본(오너 파이낸싱, 재무적 투자자 유치)'도 레버리지의 일부라고 봐요. 전 거기에 마케팅이나 브랜딩, 심지어 SNS 활용 같은 비금융적 요소도 포함해야 한다고 보는 거죠. 요즘 시대엔 사람들의 관심이나 이미지, 네트워크가 가치 상승에 어마어마한 영향을 주니까 말이에요. 가끔은 돈보다 훨씬 더 강력한 힘을 갖고 있거든. 그리고 명확하게 그 힘은 돈으로 바꿀 수 있는 시대고요.

레버리지와 리스크? '단계별 시도'로 리스크 완화

"그런데 레버리지가 위험한 면도 있잖아요."

하이 리스크 하이 리턴(high risk, high return)? 부인할 수 없죠. 레버리지가 수익을 빠르게 불려줄 수 있지만, 그만큼 손실도 커질 수 있다는 건 당연한 거예요. 금융권 대출이든, 파트너 자금이든, 심지어 SNS 팔로우 같은 무형자산도, 한 번의 스캔들이나 시장 침체가 오면 엄청난 타격을 받을 수 있거든요.

그러면 뭘 준비해야겠어요? 또 시각화 마법을 써보는 거예요. 공실에는 어떻게 대처할 것인가? 금리가 인상되면 어떻게 대비할 것인가? 온라인 평판 관리나 팬 관리는 어떤 방식으로 지속할 것인가? 결국 '기-승-전-리스크 관리'인데 이 리스크 관리도 시각화가 필요하죠. 그래서 나는 작게 시작해서 빨리 실패도 경험해보고, 그 과정에서 자신의 강점을 발견하라고 조언하고 싶어요. 예술적 감각이 뛰어나면 디자인 레버리지를, SNS 팔로워가 많다면 홍보 레버리지를, 금융 지식이 풍부하면 대출 레버리지를 우선 활용하는 거죠. 그러면서 자신만의 노하우를 쌓고, 한 걸음씩 더 큰 프로젝트로 확장해나가는 거예요.

"론칭-피드백-확장, 이렇게 이해하면 될까요?"

정확히요! 소형 빌딩 한 채라도 자신의 강점을 활용해 잘 운영해보면, 투자로 돈을 버는 자본가들에겐 스카우트 대상이 되는 거예요. '오, 이 사람 뭔가 해내는구나!' 하고 신뢰하게 되거든. 그게 바로 레버리지의 출발점이 되죠.

여기서 시각화도 아주 유용해요. 소형 프로젝트부터 '어떻게 성공적으로 꾸며낼지' 구체적으로 상상하고 실천하면, 반드시 결과물로 이어지니까요. 보통 그 내용이 프레젠테이션에 담기고요. 부동산 투자는 결국 미래가치 비즈니스잖아요. 미래를 상상하고 확신이 들면 투자를 결정하는 거죠.

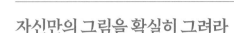

자신만의 그림을 확실히 그려라

"100% 공감해요. 건설을 하기 전에 프리콘(Pre-construction) 처럼요. 프리콘이란 건축을 하기 전에 3D 공간 재현 기술로 미리 디지털로 지어보는 거예요. 저는 BIM(Building Information Modeling)을 활용해서 프리콘을 하고 있어요. 건축을 하기 전엔 정교하게 건축 모형을 만들어서 실제 건축 과정에서 또 건축 후에 발생할 수 있는 리스크를 예측하고 회피 전략을 마련하죠.

대마법사님 말씀을 정리하자면, 구체적인 시각화로 목표를 설정해 행동 에너지에 방아쇠를 당기고, 각종 레버리지를 총동원해서 부동산 가치를 끌어올리며, 리스크 관리 역시 구체적으로 시각화해서 준비하고 단계별로 성과를 내면서 확신이 생기면 확장하라는 것이죠. 맞나요?"

이 학교를 나갈 때 대마법사들의 레버리지를 활용해서 그림을 그려보세요. 완성된 장면을 '시각화'해서, 누구와 어떻게 협력할지를 레버리지 개념으로 구상하는 거죠. 눈을 감고 실제로 그려보세요. 글로 써보고 그림으로 그려보고. 요즘은 직접 그림을 못 그려도 AI 기술로 다 되잖아요? 더 실감나게 시각화를 해보세요. 그리고 시각화의 그림을 숫자로 바꿔보세요. 그게 프로젝트의 타당성이 될 테니까요.

"단순히 '임대료를 얼마 받고 싶다'가 아니라, 어떤 공간을 만들고, 그 공간에 사람들이 모여 어떤 가치를 느끼게 될지를 그림처럼 머릿속에 그리는 거군요. 머릿속에서 구체적인 그림이 그려지니까 그림을 현실로 만드는 구체적 수단인 대출·투자·SNS 홍보·디자인 콘셉트 등도 하나씩 다 떠오르는 듯해요. 이게 대마법사님이 말하는 레버리지 마법의 시작점인가요?"

대화가 끝나고 혼자 남은 정원 한편에서 롭 무어 대마법사가 남긴 말을 되새겼다.

"부동산으로 부자가 된다는 것은, 단순히 금전적 이익을 넘어서 그 땅의 영혼과 대화하는 일이에요. 이 땅의 숨은 에너지를 읽고, 그 에너지에 내가 그린 그림의 마법을 불어넣는 것, 땅의 영혼이 동의하고 에너지를 내어줄 때 그때 부동산 마법이 시작됩니다. 진정한 레버리지는 바로 땅에서 시작된다는 걸 잊지 말아요."

'땅의 레버리지라니, 신박한데?' 사람은 가도 땅은 남고 건물도 남는다. 땅에 담긴 무한한 가능성을 깨우는 게 진정한 땅의 레버리지가 된다. 나는 그걸 돕는 역할이고. 달빛 아래 펼쳐진 신비로운 산책은, 부동산이라는 거대한 무대 위에서 나 혼자가 아닌, 땅의 영혼과 함께 걷는 길이라는 새로운 관점을 갖게 해주었다.

부동산은 홀로 존재하지 않는다. 보이지 않는 연결을 파악하고 조화롭게 활용해야 한다. 그것이 쇼핑과 다른 점이다.

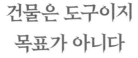

건물은 도구이지
목표가 아니다

건물주가 가진 계급의 환상과 현실
금수저가 곧 경제적 자유를 뜻하지는 않는다

　대한민국을 흔드는 보이지 않는 계급의 상징, 바로 금수저와 흙수저. 금수저의 상징은 다름 아닌 건물주다. 흔히 건물주는 각종 월세 수익만으로도 모든 경제적 자유를 누리며, 어떤 경제 위기에도 흔들리지 않는 완벽한 안정 속에 있는 모습으로 미디어에 노출된다. 정말 그럴까? 여기서 팩트 체크를 한 번 해보자.

　부동산 자산을 실질적으로 보유하고 운영하는 사람들은 분명히 부를 축적한 부자들이다. 그들은 자산을 통해 부를 증식하고, 자산이 돈을 벌어주길 기대할 수 있다. 하지만 실제 건물주들 사이에서도 단순히 월세 수익을 받는 것만으로 경제적 자유를 얻었다고 느끼는 사람은 생각보다 많지 않다. 오히려 자산을 관리할수록 그로 인해 겪어야 하는 책임과 리스크, 그리고 예기치 못한 어려움이 그들의 일상에 큰 영향을 미치기 마련이다.

무엇보다 부동산 자산의 축적을 단순히 인생의 목표로 삼는 것은 진지하게 되짚어볼 필요가 있다. 건물 소유는 자산 운영과 수익 창출을 위한 하나의 도구이지, 그 자체가 인생의 목표가 될 수도 없고 되어서도 안 되기 때문이다.

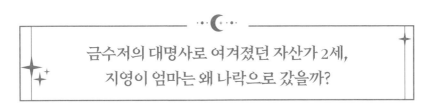

금수저의 대명사로 여겨졌던 자산가 2세, 지영이 엄마는 왜 나락으로 갔을까?

지영이 엄마는 아버지로부터 서울 강남에 있는 대형 상가 건물을 상속받은 금수저 자산가 2세다. 주변에서도 '놀고먹어도 평생 돈 걱정은 하지 않겠구나'라는 부러움의 시선을 받으며, 마치 귀족과도 같은 삶을 살았다.

그러나 아버지가 세상을 떠난 뒤, 상황은 급변했다. 아버지 때는 고분고분했던 세입자들이 지영이 엄마가 건물 운영을 맡자 불만을 터뜨리기 시작했다. 상대적으로 젊고 경험이 부족한 그녀는 세입자와의 관계부터 시설 관리, 재산세와 각종 비용까지 모든 것이 버거웠다. 심지어 감정싸움으로 번지며 악소문이 돌았고, 세입자들은 신축 상가로 떠나기 시작했다. 공실이 늘어나며 월세 수입은 끊기고, 은행 이자 납부도 점점 벅차졌다.

답답한 상황에 지영이 아빠는 저가형 브런치 카페를 직접 운영하겠다고 나섰다. 하지만 지영이 엄마는 감각 없는 남편이 못미더웠고, 차라리 유명 디자이너를 불러 럭셔리 콘셉트로 카페를 열자며 밀어붙였다. 결국 "내 건물이니까 내가 알아서 할게"라며 독단적으로 진행했고, 자금은 모두 대출로 충당했다.

오픈 초반, 돈을 쓴 인플루언서 마케팅으로 줄 서는 가게가 되었다. 기존에 멀쩡하게 있던 임차인도 다 내보내고 건물 전체를 복합문화공간으로 리뉴얼했다. 그러나 그 반짝임은 오래가지 않았다. 시장 수요를 고려하지 않은 취향 위주의 공간은 금세 한계를 드러냈고, 수입보다 지출이 늘며 적자가 이어졌다. 이자는 연체되고, 재산세도 밀리면서 압류가 들어왔다.

대출이 늘어나고 연체가 잦아졌는데, 재무제표까지 손실로 이어지자 결국 은행은 대출 만기 연장을 거부했고, 다른 금융기관들도 대출을 거절했다. 그때까지도 현실을 직시하지 못했던 지영이 엄마는 급하게 사채까지 끌어다 썼지만, 건물은 경매로 넘어가고 말았다. 시세의 70%에 급매를 내놨지만 '경매 진행 중'이라는 말에 매수자들도 사라졌다. 전국에서 경매업자들은 몰려들었고, 그들의 뒷말은 지영이 엄마의 멘탈을 무너뜨렸다. "딸년이 다 말아먹었더만, 부자는 3대를 못 간다더니…"

친구들도 하나둘씩 떠났고, 남편과도 갈등 끝에 결국 이혼에 이르렀다. 상속받은 건물 하나로 평생 풍요롭게 살 줄 알았지만, 준비 없이 물려받은 자산은 오히려 재앙이 되었다.

지영이 엄마의 이야기 속에는 건물주라는 지위를 유지하고 관리하고 지키기 위해 노력하지 않았을 때 발생할 수 있는 리스크가 무엇인지 깨우치게 해준다.

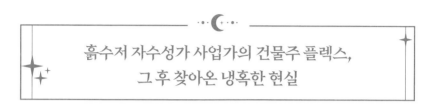

흙수저 자수성가 사업가의 건물주 플렉스, 그 후 찾아온 냉혹한 현실

자수성가한 사업가 지혜 엄마는 흙수저 출신이다. 오랜 직장 생활과 자영업으로 자산을 모아가던 중 경매에 눈을 떴고, 마침내 다세대 주택 한 채를 매입하며 건물주가 되었다. 그녀에게 그 건물은 흙수저에서 벗어난 경제적 자유의 상징인 '왕관'과도 같았다. 유튜브를 개설하고 자신처럼 되고 싶어하는 이들에게 컨설팅까지 시작했다. "나가 드디어 건물주가 됐다 이거여! 1억으로 건물주 되기 겁나게 쉬워 불어야~"

하지만 왕관의 무게는 생각보다 무거웠다. 건물 관리, 수십 명에 이르는 세입자의 계약과 월세 납부 체크, 매달 나가는 유지비, 직접 청소까지 도맡은 일상은 녹록지 않았다. 세입자의 불만은 늘어났고, 건물 관리 상태에 대한 지속적인 항의도 이어졌다. 특히 지역 특성상 외국인 세입자도 많았는데, 이들과의 소통도 쉽지 않았다. 월세를 미납한 세입자를 명도시키자 앙심을 품은 이가 구청에 불법 건축물로 신고했는데, 알고 보니 이전 건물주의 불법 방 쪼개기가 적발된 것이었다. 결국 건물은 '불법 건축물'로 등재되어 대출도 막혔다. 이러다 보니 수입보다 관리비가 더 많이 나가는 달도 있었다.

설상가상 지역 경기 악화로 다수의 세입자가 월세를 미납했다. 명도를 시도했지만 "여기서 쫓겨나면 오갈 데가 없다며 차라리 죽겠다." 라며 버티는 사람들 앞에 지혜 엄마는 정신적·재정적 한계를 맞았다.

결국 건물을 매각하려 했지만, 불법 건축물 상태로는 쉽지 않았다. 그때 인근 중개인으로부터 달콤한 제안을 받았다. "요즘 금리가 높아져 매수세가 약하긴 하지만 사모님 건물은 입지가 좋아서 투자자들이 관심이 많아요. 공실 상태 보니까 일단 팔려면 현 상태로는 안 되고, 리모델링을 좀 하는 게 좋겠고요. 그런데 불법건축물이라 대출이 안 되잖아요. 제가 현금 부자 한 분을 알아요. 서로 믿고 빠르게 진행하면 손해 없이 매각하실 수 있을 겁니다."

지혜 엄마는 중개인이 소개해준 투자자와 미팅을 가졌고, 드림카를 타고 나타난 그는 젊고 성공한 사업가처럼 보였다. 공격적인 건물 투자로 큰돈을 벌었다고 했다. 계약 조건은 근저당 설정. 조금 의심도 있었지만, 명함과 화려한 경력, 자신감 있는 태도에 설득당했다. 소유권 이전 서류를 넘겼고, 계약금으로 3억 원을 현금으로 받았다. '이제 끝났다' 싶었지만, 얼마 후 청천벽력 같은 소식이 들려왔다.

"그 사람들 구속됐대요. 토토 자금 세탁한 혐의래요. 채권자들이 근저당 잡은 걸로 경매 넣었답니다."

그제야 지혜 엄마는 자신이 당했다는 걸 깨달았다. 경매로 얻은 자산을 경매로 잃게 생긴 것이다. 3억 원은 돌려주겠다고 했지만, 채권자들은 근저당 최고액 4억 5천만 원에 이자 포함 10억 원을 상환하지 않으면 경매를 진행하겠다고 했다.

건물이 경매에 들어가자 세입자들은 보증금을 달라며 들이닥쳤고, 지혜 엄마는 졸지에 전세 사기꾼으로 몰렸다. 경찰 조사까지 받게 된 그녀는 생각했다.

'도대체 어디서부터 잘못된 걸까?'

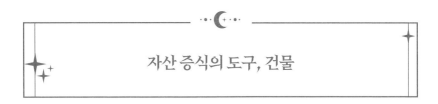

자산 증식의 도구, 건물

건물은 돈을 벌어다 주는 도구일 뿐, 그 자체로 목표가 될 수 없음을 인지해야 한다. 건물은 해당 사업의 특성을 이해하고 제대로 활용하며 리스크를 관리할 때 비로소 경제적 가치를 만들어낼 수 있는 도구에 불과하다.

하지만 건물주가 되어보지 않은 많은 사람은 '건물 소유가 곧 안정적인 경제적 자유로 독립을 시켜줄 것이라는 착각'을 한다. 그래서 건물주가 되는 것에 집착하고 막상 건물을 매수하는 순간에 정신이 흐려지는 시행착오를 겪기도 한다. 그러나 건물주는 사장과 같은 직함일 뿐 그 이상도 그 이하도 아님을 명심해야 한다.

그래서 시각화를 해보는 것이 필요하다. 건물주가 되기 전, 건물주가 되고 난 후의 미래를 구체적으로 그려보았다면 그것을 역산해서 내일을 계획하고 그 전제로 오늘을 살아가면 된다. 흘러가는 대로 살아가는 것이 인생이 아니라 계획한 대로 이뤄내는 과정이 인생의 본질이기 때문이다.

본업을 잘하는 것도 중요하지만
사람 레버리지 기회를 놓치지 마라

지용이 엄마는 서울 성동구 성수동의 조용한 골목 근처에 작은 카페를 열며 사업을 시작했다. 초기 투자금 대부분을 쏟아부은 만큼, 가게에 대한 열정은 남달랐다. 다행히도 건물주 할아버지는 지용이 엄마의 사업을 진심으로 응원하며 아낌없는 지원을 해주는 이상적인 파트너였다.

할아버지는 임대료를 크게 올리지 않았고, 필요한 설비나 인테리어에 대해서도 유연하게 협조해주었다. 냉난방기 설치 비용으로 고민하던 지용이 엄마에게 "어차피 내 건물인데, 그 정도는 내가 해주는 게 맞지."라며 흔쾌히 지원해주기도 했다. "지용이 엄마 같은 사람이 잘 돼야 우리 건물 가치도 올라가는 거지."

언제나 따뜻하게 응원해주는 건물주 할아버지 덕분에, 지용이 엄마의 카페는 점차 성수에서 줄 서는 집으로 소문이 났다. 건물주 할아버지의 신뢰를 바탕으로 가게 운영에 자신감을 얻은 그녀는 사업 성장에 모든 노력을 기울였다.

어느 날, 할아버지는 부족한 돈은 나중에 받을 테니 자신의 건물을 매수하는 것이 어떠냐고 제안했다. 지용이 엄마는 굳이 무리해서 대출까지 내고, 부족한 돈을 할아버지에게 빌려서까지 매수하는 것은 무리라고 판단해 제안을 정중히 거절했다.

"어르신, 죄송합니다. 사업이라는 게 한 치 앞도 모르는 일이라, 지금 제 형편으로는 조금 어렵네요."

"평안 감사도 저 싫으면 그만이지. 괜찮네."

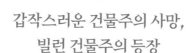

갑작스러운 건물주의 사망, 빌런 건물주의 등장

그렇게 인자하기만 하던 건물주 할아버지가 갑작스럽게 심근경색으로 세상을 떠났다. 이 일은 지용이 엄마의 인생도 바꾸어 놓았다. 상속세를 감당할 수 없었던 자녀들 일부는 부동산 급매를 추진했지만, 할머니가 반대하며 매각은 무산됐다. 시간이 흐르면서 갈등은 더욱 심해졌고, 할머니의 건강까지 나빠졌다. 결국 자녀들의 관리 소홀 끝에 건물은 경매로 넘어가고 말았다.

그 소식에 충격을 받은 지용이 엄마는 불안한 마음을 달랬다. '경매로 넘어가면 나는 어떻게 되는 거지? 새로운 건물주가 올 텐데… 그래도 「상가건물임대차보호법」이 있으니 별일 없겠지.'

하지만 안 좋은 예감은 현실이 되었다. 경매로 낙찰받은 새 건물주는 지역에서 '빌런 건물주'로 불리는 사채업자 강 사장이었다. 그는 건물을 철거하고 신축한 뒤 위장 세입자를 동원해 시세를 부풀려 되팔 생각이었다. 기존 세입자 퇴거는 그에게 단지 과정일 뿐이었다.

지용이 엄마는 남은 계약 기간을 내세워 맞섰지만, 강 사장은 위협적인 태도로 명도를 요구했다. 급기야 가게 외부 유리를 깨고 공포 분위기를 조성했다. 공용 주차장에는 공사 차량과 폐기물 트럭을 가득 세워 손님들의 접근을 막았고, 가게 입구에는 공사 폐기물을 쌓아 악취를 유발했다.

"뭐하는 짓이에요?"

"나는 내 일 하는 중이니까 아줌마도 아줌마 일 하세요."

"정말 너무한 거 아니에요?"

"너무하는 건 당신이지. 뭘 얼마나 더 달라고 사람 피곤하게 해. 적당히 챙겨 받고 나가면 서로 얼마나 좋아."

이렇듯 강 사장은 노골적으로 영업을 방해했고, 매출은 눈에 띄게 줄어들었다. 손님들은 하나둘 발걸음을 돌렸고, 가게는 점점 사람들의 기억에서 잊혔다. 지용이 엄마는 여러 차례 경찰을 불렀지만, 강 사장은 "내 땅에 잠깐 쓰레기 둔 게 무슨 문제야?!"라며 뻔뻔한 태도로 일관했다.

이 과정에서 지용이 엄마는 심각한 스트레스와 불안을 느꼈고, 끝내 눈물을 흘리며 법적 대응을 결심했다.

자기주도적일 수 없는 임차인의 한계 그리고 막대한 비용 손실

지용이 엄마는 변호사를 선임하고 소송을 통해 강 사장의 불법적인 영업 방해와 강제 명도를 막으려 했다. 법적으로는 보호받을 권리가 있었지만, 복잡한 소송 절차가 길어지면서 그가 감당해야 할 현실적 어려움은 계속 쌓여갔다. 소송이 진행되는 동안 카페는 엉망이 되었다.

가게를 운영하며 쌓아온 권리금과 브랜드 가치는 지용이 엄마의 노력과 성취였다. 권리금이라도 받고 매장을 매각하려 했으나 그마저도 강 사장의 방해로 쉽지 않았다. 자신이 쌓은 가치를 임차인이라는 이유로 지켜낼 수 없는 상황에 지용이 엄마는 크게 좌절했다. 또한 계약서상에 법적인 권리가 보장되어 있어도 현실에서 이를 끝까지 지켜내는 것은 별개의 문제라는 사실을 깨달았다.

"자신의 사업을 주도적으로 지키기 위해서라도 자신의 사업장을 자신의 건물에 만들어야 한다."

어느 책인가에서 읽었던 구절이 머릿속을 맴돌았다. 할아버지 건물주가 생전에 매수를 제안했던, 하늘이 준 기회를 뻥 차버린 자신의 지난 과거가 후회스러웠다. 사업적 시야가 너무 좁았던 자신의 탓이었다.

결국 지용이 엄마는 강 사장과의 갈등 속에서 가게를 유지할 수 없다는 판단에 따라, 이사하기로 마음먹었다. 사람들이 성수동을 잘 알지 못하던 시절부터 일궈온 브랜드 가치는 상당했지만, 이 모든 것을 내려놓고 새로운 곳에서 다시 시작하기로 마음먹는 것은 말처럼 쉽지 않았다. 새로운 상권에서 브랜드를 재구축하는 데 최소 5천만 원 이상의 초기 자금이 들었다.

인테리어비, 광고비, 기존 고객층을 유지하기 위한 비용 등이 줄줄이 발생했다. 이전 후 첫 달 정산을 해보니 성수 매장 매출의 '반의반 토막'이었다. 새 상권에서 사업이 자리를 잡을 때까지 최소 6개월은 더 걸릴 것으로 보였다. 이 기간을 어떻게든 버텨내야 한다고 생각하니 막막했다. 결국 그녀가 할 수 있는 건 현실을 받아들이는 일 외에 없었다. 이를 통해 '임차인으로서는 사업의 가치를 지켜내는 것이 얼마나 어려운 일인가'를 온몸으로 느꼈다.

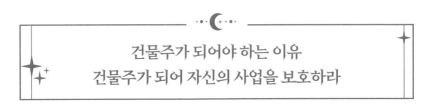

건물주가 되어야 하는 이유
건물주가 되어 자신의 사업을 보호하라

지용이 엄마는 이 모든 고난을 겪으며 한 가지 결론에 이르렀다. 사업에서 축적한 가치를 지키려면 결국 적정 타이밍에 반드시 건물주가 되어야 한다는 것이었다. 만약 자신이 건물주였다면, 상황은 많이 달라졌을 거라고 생각하니 분통이 터졌다. 지용이 엄마는 같은 실수를 두 번 반복할 수 없었다. 새롭게 자리 잡은 사업장의 근처가 성수동처럼 지가 상승의 여지가 보이자 사업체의 잉여금을 영혼까지 끌어모아 건물주가 되기로 결심했다. 살고 있던 아파트의 전세금과 추가 신용 대출을 통해 사업장을 매입하기 위한 자기자본을 확보하고, 대출을 받아 매입했다.

더 이상 외부의 압박에 흔들리지 않는 안정적인 사업 기반을 만들고자 온 힘을 다했다. 그가 만약 사업 초기에 이런 지식이 있었다면, 과연 성수에서 어떻게 되었을까? 해당 지역은 할아버지의 제안 시점을 기준으로 평당 단가가 올라서 이제는 '넘사벽'*이 되어버렸다.

지용이 엄마의 경험은 사업에서 쌓아온 브랜드와 권리금을 온전히 지키기 위해 건물주가 되는 것의 중요성을 일깨워 준다. 임차인으로서는 임대료 인상, 계약 종료, 명도 압박과 같은 위험에서 벗어날 수 없으며, 그로 인해 사업의 가치가 외부에 의해 쉽게 손상될 수 있는 여지를 늘 안고 살아야 한다. 사업의 안정성과 자산의 보호를 위해 자영업자는 건물주가 되는 것을 진지하게 고려해야 하며 이에 대한 지식을 사업 초기부터 꾸준히 습득해나가야 한다.

지용이 엄마는 결국 건물주의 지위를 확보하고 난 후에 자신의 자산과 브랜드 가치를 온전히 지킬 수 있게 되었다. 이는 그가 겪었던 모든 고난의 최종적인 해법이 되었다. 본업에 충실해 왔기 때문에 손실을 빠른 시간 내에 극복할 수 있었고, 건물주가 되기로 결심했을 때, 강사장 때문에 일시적인 손실이 발생한 시기를 제외하고는 사업장의 재무제표상 영업이익은 안정적이고 매출이 꾸준했기에 은행은 그의 신용을 높이 평가했다. 또한 꾸준히 불입해온 적금과 정기예금도 대출의 한도와 금리를 인하하는 데 도움이 되었다.

지용이 엄마처럼 일시적인 어려움으로 재무제표에 손실이 발생해도 통상적으로 은행에서는 지난 3년간의 영업이익 흐름을 중요하게

---

* '넘사벽'은 주로 인터넷과 젊은 세대 사이에서 사용되는 신조어로, "넘을 수 없는 사차원의 벽"의 줄임말로, 어떤 대상이나 수준이 너무나 뛰어나거나 차이가 커서 도저히 따라잡거나 비교할 수 없는 상태를 뜻한다.

본다. 일시적인 손실인지, 지속적인 손실인지 역시 중요한 지표가 된다. 따라서 만약 지용이 엄마가 일시적인 손실이 발생하기 이전에 본업의 재무제표를 견고하게 쌓지 못했다면 건물주가 되는 것은 훨씬 더 복잡했을 것이다.

본업의 안정성과 재무 구조는 단순히 사업 운영을 위한 것에 그치지 않고, 건물주로 나아가고자 할 때도 가장 중요한 근간이 됨을 명심해야 한다. 본업의 사업장을 임대로 운영하는 사람들은 늘 투자 목적으로 무자비하게 달려드는 자본 세력과 싸워야 하는 숙명에서 절대 자유로울 수 없음을 깨달아야 한다. 누구나 사업이 잘되면 해당 사업장이 있는 건물은 사람들의 주목을 받고, 부동산 가격이 상승한다면 자연발생적으로 그러한 정글에 노출될 수 있다. 이러한 상황에서 자본적 세력의 침탈을 막고 사업의 가치를 자기주도적으로 유지하기 위해서는 스스로 자신의 사업을 지킬 수 있는 건물주가 되는 것이 가장 효과적이다.

여기서 구분할 것이 있다. 재테크 수단으로 건물을 사는 것과 본업을 위한 사옥을 마련하는 것은 겉보기에는 비슷할지 몰라도 그 결은 분명히 다르다. 재테크는 자영업자에게 필수가 아닐 수 있다. 그러나 본업의 생존을 위해 사옥을 마련하는 것은 사업의 안정성과 장기적인 브랜드 가치를 지키기 위한 필수 과정이다. 자영업자에서 기업가로 성장하려면 이러한 차이를 이해해야 한다. 본업을 지키기 위해 구축하는 사옥은, 사업이 잘돼서 잉여자금으로 획득하는 트로피 빌딩과는 본질적으로 다르다.

부동산 대출의 작동 원리 이해하기

"도대체 어떻게 20억 원으로 100억 원짜리 프로젝트를 할 수 있는 거죠? 은행은 뭘 믿고 이렇게 많은 돈을 빌려주는 걸까요?"

일반인의 상식으로는 쉽게 이해되지 않는 것이 바로 부동산 금융 작동 원리다. 극단적인 경우로 프로의 대출 세계에서는 총사업비 기준 자기자본 50억 원이 있으면 1천억 원의 프로젝트도 진행 가능한 경우가 있다고 하니, 그 원리가 쉽게 납득이 되지 않을 수 있다.

개발을 통해 자산 가치를 키우는 원리를 알려면 자본주의 시장의 핵심 요소인 '레버리지'의 원리와 부동산과 금융의 상관관계에 대한 이해가 선행되어야 한다. 부동산 개발과 금융은 독립된 두 영역이지만, 서로 결합하는 경우 놀라운 가치를 생성한다.

부동산을 개발한다는 것은 물리적으로 자산의 가치를 끌어올리는 과정이다. 부동산을 보디빌딩에 비유한다면 개발은 웨이트 트레이닝을 하는 과정과 유사하다. 금융은 그 과정에서 생명의 원천이 되는 '피'의 역할로 순환이 막히면 생명에도 지장을 주게 된다. 바꿔 말해 피가 잘 돌면 부동산 개발과 금융의 시너지 효과를 통해 부의 미래가치를 창출하는 강력한 도구가 될 수 있다.

부동산 개발이란 금융을 통해 누군가의 생각을 현실로 반영하고, 본 과정에 참여한 금융은 부동산의 자산 가치 상승을 실현한다. 이 과정을 통해 경제가 활성화되고 개발사업 참여자들이 직접 이익을 배당받을 수 있으며 사회의 구성원들 역시 간접 이익을 얻을 수 있게 된다.

개발 과정에서 새로운 일자리가 창출되고 개발 과정에서 자본이 지출되니 지역 상권이 활성화된다. 돈이 몰리고 사람이 몰리면, 트래픽이 높아지기 때문에 이로 인해 이전보다 부동산 가치가 상승한다. 상승한 가치는 더 높은 임대료와 매각가를 견인함으로써 이전보다 더 나은 자본 이득을 창출하게 되는 것이다.

건물을 살 때 100% 현금으로 사는 사람은 손에 꼽는다. 자본주의 사회에서 효율로 보면 소유를 목적으로 하는 경우 외에도, 과도한 자기자본율로 비현실적인 수익률이 나오기 때문이다. 부동산 투자의 기본은 최소한의 자기자본을 투자해 최대한의 이익을 창출하는 것이다. 이 과정에서 레버리지라는 명분으로 사용되는 부동산 담보 대출은 개인과 기업이 부동산을 활용해 자금을 조달할 수 있는 가장 일반적인 부동산 금융 상품 중 하나다.

1. 실물 자산으로서 절대 0원이 되지 않는 가치

부동산은 물리적으로 존재하는 실물 자산이다. 주식이나 채권은 시장의 신뢰로 가치가 형성되며, 극단적인 상황에서는 가치가 0으로 수렴될 수도 있다. 반면 부동산은 최악의 경기침체 상황으로 인해 부동산 가치가 하락하더라도, 해당 자산이 0이 되지는 않는다. 또한 부동산은 상황에 따라 주거, 상업, 산업 등 다양한 용도의 전환을 통해 가치를 상승시켜 매각함으로써 투자금을 회수할 수 있다. 성수동의 사례처럼 공업지역의 토지에 상권이 형성되고 고급 주거지로 전환이 이루어질 경우, 폭발적으로 가치가 상승했던 특성이 있다.

2. 누구나 필요로 하는, 수요 대비 공급이 한정적인 가치

부동산은 인간 생활과 경제 활동에 필수적인 자산이다. 모든 사람은 거주지가 필요하다. 특히 도심지나 인프라가 잘 갖춰진 지역의 주거용 부동산은 꾸준한 수요를 보인다. 그뿐만 아니라 사회에서 경제 활동이 이루어지는 한, 상업 및 산업용 부동산의 수요는 지속적으로 존재한다. 물류센터, 데이터센터와 같은 새로운 유형의 부동산은 기술 발전과 경제 변화에 따라 더욱 주목받고 있다.

무엇보다 부동산은 입지가 고정되어 있으며, 좋은 입지는 공급이 제한적이다. 이는 개발 호재가 발생할 경우, 특정 지역 부동산의 가치를 지속적으로 높이게 되는 요인으로 작용한다. 이러한 특성으로 입지와 용도지역에 따라 담보 대출 비율이 달라지기도 한다.

3. 법적으로 우월한 안전장치

금융기관이 부동산을 담보로 대출을 제공하는 또 다른 이유는 우월한 법적 안전장치 때문이다. 부동산의 소유주이자, 차주는 담보로 제공된 부동산을 신탁사로 소유권을 위탁하고 금융기관의 근저당권 설정을 허락해야 한다. 이는 상환하지 못할 경우, 금융기관이 담보를 처분해 대출금을 회수할 수 있는 법적 권리를 제공한다. 채무 불이행 시, 금융기관은 담보 부동산을 경매나 공매에 부쳐 대출금을 회수할 수 있다. 만약 프로젝트 비용이 100억 원이라면 1금융권 은행은 프로젝트의 담보 가치가 120억 원 이상일 때 대출을 승인하는 것이 일반적이다. 이는 실패 시에도 대출금을 회수할 수 있다는 계산에 기반한다. 등기부등본의 '을' 구를 보면 채권최고액이 기록되어 있는데, 통상 1금융권은 대출 금액의 120%, 2금융권은 대출 금액의 130%, 대부업체는 대출 금액의 150%를 설정한다.

4. 수많은 사례를 통해 검증된 잠재적 수익성

담보로 설정되는 부동산의 가치 평가 방식에 주목해야 한다. 담보 가치 평가는 개발 전 현재의 가치와 개발 후 미래의 가치를 함께 검토하게 된다. 이를 '부동산의 잠재적 수익성 평가'라고 한다. 개발 전 감정평가와 개발 후 감정평가는 차이가 상당하다. 개발 전 현재의 가치를 기준으로 보면 과도해 보이는 담보 대출 한도가 개발 후 미래가치를 반영해 평가하게 된다면 타당한 한도로 판단될 수 있다. 이렇게 한도가 승인되었다면, 금융기관이 개발 후 자산의 잠재적 수익성과 시장의 성장 가능성을 인정했다고 이해하면 된다.

개발이 완료되면 토지와 건물의 활용도 및 수익성이 대폭 향상되어, 개발 전에는 단순히 미래가치를 기반으로 '예상'되었던 것이, 개발 후에는 '실현'된 가치로 확인되기 때문이다. 재개발, 신도시 개발, 도시 재생 등의 수많은 부동산 담보 대출에 관한 선행 사례 데이터에서 확인해볼 수 있다. 따라서 상대적으로 작은 자기자본으로 사업이 가능하도록 금융기관에서는 대출의 한도를 80% 내외로 제공해줄 수 있는 것이다.

5. 국가 경제와 밀접하게 연관된 부동산 시장의 투명성

부동산은 국가 경제와 밀접하게 연관되어 있어, 큰 경제 위기가 없는 한 시장이 급격히 붕괴할 가능성은 낮다. 또한 실거래가 정보는 시세 정보나 감정평가가 정부 사이트를 비롯하여, 다양한 민간 플랫폼을 통해 공개되어 있어 이를 통해 객관적인 담보 가치를 산정할 수 있다. 다만 부동산 가격이 급등해 시장에 혼란이 야기될 경우, 정부는 부동산 담보 대출 규제를 통해 부동산 가격 안정을 유도하기도 한다. 따라서 국가 경제와 부동산, 부동산 금융은 서로 밀접한 연관성을 갖고 있다고 볼 수 있다.

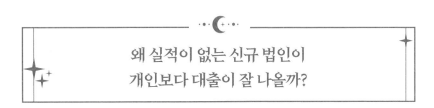

왜 실적이 없는 신규 법인이 개인보다 대출이 잘 나올까?

부동산 개발 프로젝트에 대한 대출에 관해 은행의 담당자와 차주

조건을 협의할 때, 개인보다 차라리 신규 법인으로 하는 것이 유리할 것 같다는 말을 들어본 적 있을 것이다. 이 또한 일반 상식으로는 이해가 잘 가지 않을 수 있다. 거래 이력이 있는 개인의 신용보다 거래 이력이 전혀 없고 실적도 없는 신규 법인을 선호할 수 있는 것일까?

부동산 개발을 위한 전문적인 대출은 PF(프로젝트 파이낸싱) 대출이라고 한다. 이는 사업자 대출로 분류되는 시설자금 대출이나 운전자금 대출과 구별되는 대출 상품이다. PF 대출 상품은 개인의 신용도보다는 프로젝트 자체의 경제성 및 타당성을 더 중요하게 여긴다. PF 대출과 일반 사업자 대출의 본질적인 차이라고 할 수 있는데, 대표적인 차이점은 다음과 같다.

첫째, 신규 법인은 프로젝트 리스크를 해당 프로젝트에만 한정한다. 프로젝트가 실패하더라도 법인은 청산되면 끝이고, 투자자나 모기업의 자산에는 영향을 미치지 않는다. 금융기관 입장에서는 리스크가 법인 내부에 국한되므로 대출 관리가 용이하다.

둘째, PF 대출의 본질은 대출자의 신용이 아니라 프로젝트의 경제성 및 수익 타당성을 기반으로 한다. 이 경우 예상 임대료, 공실률, 매각가 등의 구체적인 수익 모델, 상권, 교통, 개발 가능성 등의 정교한 입지분석, 프로젝트에 참여하는 전문팀들의 신뢰도와 사업의 현금흐름이 담긴 수지분석 데이터가 작성되어 있는 사업계획서가 단순한 개인의 신용도보다 더 크게 금융기관의 신뢰를 얻게 된다.

셋째, 신규 법인은 프로젝트의 자금 흐름이 투명하게 관리된다. 돈이 섞이지 않기 때문에 공사비와 운영비가 법인 계좌를 통해 명확히 처리되므로, 금융기관 입장에서는 자금 관리와 모니터링이 수월하기 때문이다.

부동산 금융의 본질을 이해하고, PF의 가능성과 위험을 명확히 안다면 적은 자본으로도 큰 이익을 실현하는 사업을 할 수 있다.

다만 2024년에 부실한 PF 사업장이 만연하다 보니 2025년부터 금융권에서는 자기자본 비율이 지나치게 낮으면 시장 변화에 취약할 것으로 보아 PF 대출을 실행할 때 시행사에게 자기자본금과 충당금 비율을 총사업비의 최소 20% 수준까지 요구하게 될 것으로 보인다. 이는 정부가 5% 미만인 부동산 PF 시행사의 자기자본 비율을 2028년까지 20% 수준까지 끌어올리겠다고 '부동산 PF 제도 개선 방안'을 발표했기 때문이다.*

---

* '정부가 부동산PF(프로젝트 파이낸싱) 대출을 받는 시행사의 자기자본 비율을 현행 5% 미만에서 20%이상 수준으로 끌어올리도록 유도하기 위해 토지 등 현물 출자를 보다 쉽게 받을 수 있게 세제 혜택을 부여하기로 했다. 또 금융기관들이 시행사에 PF 대출할 때 전문평가기관을 통한 사업성 평가를 의무화하기로 했다.[출처: 5% 미만인 부동산PF 시행사 자기자본비율, 20% 수준까지 끌어올린다(조선일보, 2024.11.14.)]

부동산 디벨로퍼 도널드 트럼프

은행·매도인·임차인과의 협상 기법, 파트너십 구축

부동산 거래·임대료 협상 과정에서 '어떤 질문을 하고, 어떻게 제안하느냐'가 수익률을 좌우합니다. 협상력이란 곧 '돈을 낳는 언어'라고 이해하면 됩니다. 조건을 유리하게 이끌어내는 '한마디'가 우월적 지위에서 거래를 가능하게 합니다. 어떠한 경우에도 우월적 지위 확보를 포기해서는 안 됩니다.

거래에서 '갑'의 위치를 점하려면 정보력이 관건입니다. 상대가 무엇을 왜 원하는지 알아야 어떻게 승리할 것인지 전략을 수립할 수 있습니다. 전략은 꼭 논리적이지 않아도 됩니다. 오히려 상대의 감정을 자극하는 것이 더 성공적인 결과를 낳는 경우가 많습니다. 내가 하고 싶은 말을 상대의 입을 통해 나오게 유도하는 것이 가장 중요한 전략이 됩니다. 그러려면 상대의 입장을 철저히 분석해야 합니다.

3단계 "말 한마디로 건물주 된다"

부동산 마법 학교의 고풍스러운 외벽 위로 화려한 폭죽이 밤 하늘을 수놓는다. 각양각색의 빛이 어둠을 깨뜨리며, 트럼프 대 마법사의 특강이 시작됐음을 알렸다. 마을 전체를 구성한 학교 전역에는 수많은 VIP룸이 있고, 인종과 계층이 어우러진 와중에 일론 머스크를 닮은 미래지향적인 인물들이 반짝이는 눈빛으로 대화를 나누고 있었다. 나 역시 명함을 주고받는 군중들 속에 섞여 있었다.

현대의 부동산 세계에서 건물주는 단순한 투자자가 아니다. 그들은 마치 현대판 귀족처럼 도시의 스카이라인을 지배하고, 한 손에는 반짝이는 명함을, 다른 손에는 성공의 비법이 담긴 비밀 노트를 쥔 채 우아하게 그 위상을 뽐냈다. 그들을 따라다니는 수 행비서는 고풍스러운 집사처럼 계약서와 서류를 정리하며 움직였고, 그 모습은 마치 전통 귀족 사회의 질서를 연상케 했다. 파티 장 곳곳에서는 '건물주(The Landlord)'라는 칭호와 함께 보유 건물 리스트가 적힌 명함이 오갔다. 그것은 마법 같은 부동산의 전설을 상징하는 증표와도 같았다.

부동산 마법 학교의 특강 전 리셉션은 마치 고성의 연회장을 연상케 했다. 그곳은 부동산 마법의 왕국이었다. 샹들리에 아래, 트럼프 대마법사가 마치 마법사의 지팡이를 휘두르듯 당당하게 등장했고, 그의 말 한마디 한마디는 주문처럼 사람들의 마음을 사로잡았다. 그는 외쳤다. "말 한마디로 건물주가 된다."

특강이 끝난 뒤 VIP룸이라기엔 너무도 거대한 공간에서 나는 마침내 트럼프 대마법사를 만났다. 그는 장남도 아니었고, 운명의 장난 속에서 후계자가 되었다. 가장 혹독한 경제 위기 속 뉴욕 한복판에 럭셔리 호텔을 탄생시켰다. 이후 전 세계 주요 도시에 '트럼프 타워'라는 상징을 세웠다.

부동산 디벨로퍼를 넘어 두 차례 미국 대통령에까지 오른 그를 눈앞에서 마주한 순간, 내 심장은 터질 듯 요동쳤다.

말 안에 담긴 의지와 전략

"오늘 특강 정말 인상적이었어요. 어떻게 상대의 마음을 읽고 기회를 만들어내실 수 있었던 건가요?"

하나님도 말씀으로 세상을 창조하시지 않았나? 내 말 한마디에는, 내가 걸어온 그 험난한 길 속에서도 수많은 기회를 붙잡아온 '협상력'이라는 마법이 있었지. 그 주문을 제대로 이해하려면, 단순한 말이 아니라 그 안에 담긴 의지와 전략을 배워야 해.

최악의 위기 속에서도 빛나는 기회를 포착했던 순간들은 자신에게 한 가지 믿음을 심어줬어. '내 말 한마디에 세상이 흔들린다.' 그 믿음이 나를 여기까지 이끌었고, 지금도 내 협상력의 근간이 되고 있지.

"내 말 한마디에 세상이 흔들린다. 이 말을 먼저 믿으라는 거죠?"

당신도 못 믿는 걸 남이 어떻게 믿어주길 바라나? 상업용 부동산은 단순한 거래가 아니라, 현대판 귀족의 거래야. 검증된 고수들의 비즈니스 전쟁터라고. 서로가 서로의 레버리지를 이용하고 때로는 뒤통수도 치고, 때로는 화해하고 베풀면서 늘 타이밍을 보지. 방심하면 낭떠러지로 떨어질 수 있는 전쟁터라는 걸 절대 잊어서는 안 돼. 그걸 평생 남의 시중이나 들던 사람들이 쉽게 해낼 수 있겠나? 당신도 알다시피, 이곳에서 명함을 주고받는 순간마다 우리는 건물주로서의 자부심을 드러내고, 서로의 성공 신화를 나누지. 중요한 건 두 가지야. 언제나 기회를 포착할 준비가 되어 있는가? 상대방의 마음을 누가 먼저 꿰뚫어 볼 것인가?

브랜드와 이미지의 힘

"트럼프 대마법사님만큼 크게 성공하고 싶어요."

나만큼은 불가능하겠지만 야망이 있다는 건 훌륭한 거야. 하지만 '큰돈을 벌겠다'는 열정만으로 뛰어들었다간 쉽게 좌절할 거야. 미래 한국의 트럼프 지망생! 잘 들어보라고

내가 뉴욕 한복판 그 어마어마한 빌딩에 '트럼프(Trump)'란 이름을 붙였을 때 사람들은 처음엔 코웃음을 쳤어. 조롱했지. 주변

에서 많이 말렸어. 하지만 시간이 갈수록 말리는 사람들보다는 리스펙(respect)한다는 사람들이 늘어났어. 왜겠어? '그 이름이 주는 특별함'을 인식하게 된 거지. 자네도 브랜드, 즉 자네만의 독특한 이미지를 만들어보라고. 자신만의 콘셉트나 가치가 있으면 '평범한 건물'을 '특별한 경험을 할 수 있는 공간'으로 바꿀 수 있거든.

"유명한 사람도 아닌데 브랜드를 어떻게 만들어야 할지 막연하네요. 전문가도 필요할 거 같고 돈도 많이 들어 같은데."

답 나왔네. 자네가 스스로 전문가가 되면 되겠군. 그러면 적어도 자네에겐 공짜 아닌가? 나중에 유명해지면 그걸로 돈도 벌 수 있고, 마케팅 과정에서도 돈을 벌 수 있다는 걸 대부분은 모르더군.

"아, 제가요? 그렇긴 하겠네요. 저도 비밀 노트에 구상해보긴 했는데 SNS 홍보를 통해 미래의 고객들과 관계를 쌓는 걸 준비하고 있거든요."

독특한 '그 장소만의 색깔'을 각인시키고 미래 고객들을 팬으로 만드는 방식이야. 그렇게 차별화를 만들면 시간이 지날수록 이 건물만의 가치가 쌓인다는 걸 깨닫게 될 거야. 그 팬들은 네 성장을 지켜보면서 뿌듯해할 거고, 마치 자기들이 키운 것처럼 말이야.

협상의 기술

"협상을 어디서부터 어떻게 시작하면 좋을까요?"

협상은 일단 전쟁이야. 승리 아니면 패배. 중간은 없어. 원하는 조건을 얻어내면 승리고 그게 아니면 패배겠지. 승리에도 원인이 있고, 패배에도 원인이 있어. 한번 생각해봐. 자네가 무슨 말을 했을 때 상대가 네 말대로 고분고분 움직여주겠는지 말이야. 협상의 대상은 은행이 될 수도 있고, 때 따라선 셀러와 직접 파이낸싱을 협상하거나 파트너십을 통해 투자금을 모으는 식으로 길을 열 수도 있어. 정부도, 세금도 다 협상 대상이야.

세금은 특히 협상이야. 결국 협상력이 있으면 규제나 자금 부족도 실마리를 풀어나갈 수 있어. 물론 능력이 있는 사람들에게만 해당하겠지만 말이야.

먼저 자네만의 스토리가 필요해. 자네가 어떤 비전을 가지고 있고, 그 비전을 통해 셀러나 투자 파트너가 어떤 이득을 볼 수 있는지, 구체적으로 제시해야 하지. 그게 없으면 그냥 거지처럼 구걸하는 걸로 들려서 거절로 끝나게 될 거야.

하지만 거절을 두려워해선 안 돼. 거절은 또 다른 관계의 시작이 된다는 걸 기억해. '거절 총량의 법칙'이라는 게 있거든. 거절이 쌓이면 결국은 무너지게 되어 있어. 그때까지 관계를 유지하고 버티는 게 관건이지.

가치 창출을 통한 레버리지

"부동산 투자에서 중요한 건 무엇일까요?"

부동산 투자를 할 때 핵심은 건물의 가치를 어떻게 높일 것이냐에 집중하는 거야. 자네가 인테리어나 공간기획에 관심 있다면 그걸 살려서 평범한 장소를 독특하고 특별하게 만드는 거야. 그러면 투자자들이 돈 냄새를 맡고 기꺼이 자금 지원을 하겠지. 그들도 결국 더운 날의 아이스크림 장사처럼 돈을 통장에 가만히 갖고만 있으면 녹아 버린다는 걸 누구보다 잘 알고 있거든.

"돈을 통장에 갖고만 있는 게 더운 날의 아이스크림 장사랑 같다고요?"

왜, 아닐 것 같아? 아직 멀었군. 가치가 변하지 않는 것과 변할 수밖에 없는 것 정도는 구분해야지. 돈은 계속 찍어내는데 어떻게 변하지 않는다고 생각할 수가 있지? 그래서 돈을 부동산으로 바꾸는 거 아닌가? 금이나 비트코인도 마찬가지고.

"브랜드, 협상, 가치 창출이라는 세 가지 모두 명심하겠습니다. 그래서 대한민국의 수도 서울의 중심부인 중구 장충동에 작은 브랜드 빌딩을 만들려고 해요. 이 브랜드 빌딩에선 자영업자와 상생이 이루어질 겁니다. 누구나 건물주가 될 수 있는 시스템을 제공하려고요. 그런데 작고 귀엽긴 해요. 그래서 브랜드 이름도 나만의 빌딩, MY BUILDING(마이 빌딩)이라고 지었어요."

자, 이제 그 말에 담긴 힘을 믿어보자고. 자네가 만든 '마이 빌딩'이라는 브랜드, 평범해 보일지 모르지만 그 안에 숨어 있는 가능성은 무한해. 입지와 브랜드, 그리고 사람들의 마음에 새겨질 강력한 가치, 이 모든 게 네가 미래의 건물주가 되고, 나아가 이 나라의 부동산 신화를 새로 쓸 에너지를 보여줘!

트럼프 대마법사의 메시지가 내 마음에 불을 질렀다. 그의 목소리는 단순한 거래의 기술을 넘어서, 한 사람의 언어가 현실을 재창조할 수 있는 마법 같은 힘을 믿게 했다. "내 말 한마디에 세상이 움직인다"라는 그의 확신은, 대통령이 되고 난 이후의 행보와 세상의 반응을 보며 더 현실적으로 와닿았다. 그날 밤, 나는 그의 한 마디를 되새기며 다짐했다. 건물 콘텐츠의 위력은 입지와 브랜드, 그리고 사람들의 마음속 깊은 곳에 뿌리내리는 강력한 메시지에서 시작된다는 것을. 트럼프 대마법사가 전한 그 메시지 속엔 단순히 금전적 이득을 넘어서 현대 사회에서 귀족의 지위로 살아가는 자부심 그 자체였다.

"말 한마디로 건물주가 된다."

이 주문 같은 말은, 이 땅에 태어난 사람이라면 누구나 건물주라는 타이틀을 넘어서, 꿈과 열정으로 세상을 움직일 수 있다는 진리를 담고 있었다.

협상력의 끝판왕 전략,
타인의 자본을 합법적으로 활용하기

통상 사람들은 레버리지를 이용한다고 하면 은행 대출을 떠올린다. 많은 유튜버가 자기자본의 20%를 마련하면 누구나 가능하다고 한다. 하지만 그건 케이스 바이 케이스다. 10%도 심지어는 0%도 가능할 수 있다. 한편으로는 30%도 안 될 수 있다. 안타깝게도 대다수 자영업자는 애석하게도 일정 수준 이상의 성장을 이루어 종잣돈을 마련했다고 해도 낮은 신용등급 때문에 은행권의 높은 문턱을 넘지 못하는 경우가 다반사다. 그럼, 포기해야 할까? 아니다. 월세를 꾸준히 내왔고, 앞으로도 낼 수 있는 능력만 있다면 적절한 금융 전략과 협상 능력만으로 건물 매수가 가능할 수 있다.

건물을 매수하고 싶지만 자본이 부족하거나 금융권에서 대출받기 어려운 상황이라면 당신은 어떤 선택을 하겠는가? 자영업자에게

'무자본 건물 매수'라는 것은 비현실적으로 느껴질 수 있다. 그러나 의지를 가지고 '옆문 전략'으로 자산을 매수한 사례들을 소개한다. 자본이 부족해도 또는 대출이 어려워도 금융을 활용해 건물 매수를 성사하는 사례를 통해 과연 어떻게 원하는 성과를 이루었는지 살펴보도록 하겠다.

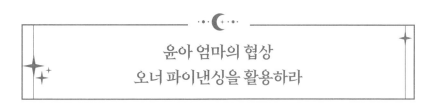

윤아 엄마의 협상
오너 파이낸싱을 활용하라

윤아 엄마는 서울에서 작은 카페를 운영하는 자영업자다. 종잣돈은 충분하지 않지만, 건물을 매수해 안정적인 운영 기반을 확보하고자 하는 욕구가 강했다. 은행권에서 요구하는 자기자본이 부족했지만, 윤아 엄마는 용기를 내서 건물주와 직접 협상을 시도했다.

윤아 엄마의 협상 전략은 다음과 같았다. 첫째, 매출 안정성을 바탕으로 신뢰를 구축한다. 매출 기록과 사업 성과 자료를 준비해 "지금처럼 임대료를 내듯이 일정 금액을 건물 대금으로 상환하겠다."라는 계획을 구체적으로 설명했다. 윤아 엄마는 매달 월세의 5배에 해당하는 금액을 월세와 함께 지급하겠다고 했다. 5년간 주택담보 대출의 원리금 상환처럼 갚아나가면 될 것 같다고 판단한 것이다.

건물주의 귀가 솔깃해지는 제안이었다. 적어도 5년은 건물주 행세를 하면서 월세의 5배에 해당하는 고정 금액을 확보할 기회였다. 건물이 오래되어 잘 팔리지도 않을 상황임을 알고 있던 건물주는 안정적인 상환구조를 통해 건물을 매각하는 것을 택했다.

결국 윤아 엄마는 5년 동안 분납을 성실히 이행했다. 또 5년 동안 은행 거래 실적을 꾸준히 쌓은 이력을 인정받았기에 대출을 받아 부동산 대금을 완납함으로써 건물 소유권을 온전히 확보할 수 있었다. 이는 자본 부족을 극복하고 사업의 신뢰성을 바탕으로 건물 매수에 성공한 사례라고 볼 수 있다.

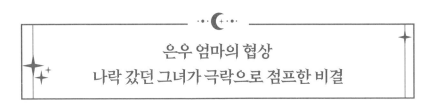

은우 엄마의 협상
나락 갔던 그녀가 극락으로 점프한 비결

은우 엄마는 꽃집을 열기 전, 여러 번 사업을 말아먹었다. 하는 일마다 실패했고, 그 여파로 금융권에 신용불량 이력이 남아 담보 대출 실행이 쉽지 않은 상황이었다. 어렵게 건물 매입 자금을 모았지만, 앞으로의 현금흐름이 불확실한데 유동자금 전부를 투입하기엔 부담스러웠다. 신용이 좋지 않아 건물을 매입하더라도 이를 담보로 다시 자금을 조달하는 것도 쉽지 않다고 판단했다.

그런데 운영 중인 꽃집 상권이 점점 뜨기 시작하자 초조해졌다. 자칫하면 월세만 내다 쫓겨날 수도 있다는 생각에, 은우 엄마는 건물주와 '조건부 계약'을 시도했다. 그녀는 은퇴한 공무원 출신 건물주를 만나 자신의 잔고를 보여주며 일단 안심시켰고, "대금의 절반은 선지급하고, 나머지는 분할 상환하겠다. 대신 소유권은 먼저 이전받고 남은 금액에 대해 근저당을 설정해 매달 원금과 이자를 같이 상환하겠다."라고 제안했다. 혹시라도 건물주가 마음을 바꿀까 우려해 마련한 전략이었다.

예상보다 건물주는 빠르게 결단했다. 은우 엄마의 제안을 받아들이면 목돈이 생기고, 남은 금액에 대해 매달 고정 수익도 얻으며, 만일의 상황엔 경매로 회수도 가능한 안전한 거래라 판단한 것이다. 실제로 건물주는 받은 금액으로 근처 신축 건물을 매수했고, 은우 엄마가 상환하는 금액으로 이자까지 감당하며 여유로운 생활을 누리게 됐다.

은우 엄마는 은행 대출이 막힌 상황에서도 포기하지 않았다. 매도인을 설득하고, 직거래+조건부 계약+근저당 설정이라는 방식으로 원하는 건물을 손에 넣었다.

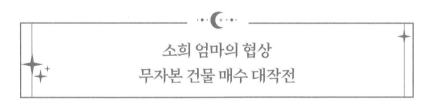

소희 엄마의 협상
무자본 건물 매수 대작전

소희 엄마는 스타트업을 위한 사무실이 필요했지만, 초기 자금이 거의 없었다. 모든 자금을 사업 운영에 투입한 상태라 기존 사무실의 월세조차 부담이었다. 하지만 임대료를 줄이면서 자산도 확보하고 싶었던 그녀는 고민 끝에 '임차인 매입 약정 계약'을 활용해보기로 마음먹었다. 건물주인 할머니에게 5년간 임대료에 일정 금액을 추가로 지급하고, 5년 후 잔금을 치르며 건물을 매입하는 방식을 제안했다. 장기적으로 매입 권리를 확보하는 구조였다.

할머니 건물주는 상속 문제로 골치를 썩이고 있었다. 자녀들이 상속세를 낼 여력이 없었기 때문이다. 매도 시 양도세 부담도 컸고, 만약 그렇게 처분한 현금을 자녀들에게 주려면 또 증여세가 나오므로 이러지도 저러지도 못하고 있었다. 마침 신뢰하던 윤나겸 세무사가 "괜찮은 거래"라고 조언하면서, 제안을 진지하게 검토하기 시작했다. 소희 엄마의 회사도 눈여겨보았다. 재무제표를 보니 성장세에 있었고, 독보적인 기술력이 있어서 소희 엄마의 IR 자료대로 5년 후 상장한다면 충분히 잔금을 치를 수 있을 듯했다.

윤 세무사는 한 가지 절세 전략도 덧붙였다. "자녀들이 매각대금 일부를 개인투자조합을 통해 벤처기업인 소희 엄마 회사에 투자하면, 주식 가치가 올라 매도할 때도 양도세가 전혀 나오지 않습니다." 할머니 건물주는 감탄했다. '세금 낼 돈으로 투자까지 할 수 있다니!'

할머니 건물주의 계획은 이랬다. ① 매각대금의 일부를 현금으로 자녀들에게 증여한다. ② 그 돈으로 자녀들이 개인투자조합을 통해 소희 엄마의 회사에 투자해서 소득 공제를 먼저 받아 이익을 실현한다. ③ 5년 후에 소희 엄마의 벤처기업이 계획대로 상장하고 건물을 자산으로 소유하게 되어 회사의 주식 가치가 더 올랐을 때, ④ 소희 엄마에게 주식을 다시 매수하라고 한다.

할머니는 그냥 파는 것보다 이 방법이 더 돈이 되겠다고 판단했다. 물론 소희 엄마의 벤처기업이 계획대로 상장이 안 될 수도 있다. 그렇더라도 건물 소유권은 여전히 할머니에게 있으니 손해는 없다는 판단이었다. '오호라, 촉망받는 젊은이도 밀어줄 겸 좋은 일 한번 해볼까?'

결과적으로 소희 엄마는 자본 없이도 장기적으로 사옥을 매입할 수 있었고, 실제로 5년 후 상장에 성공해 잔금을 치렀다. 할머니와 자녀들은 매각대금 외에도 주식을 통해 투자 수익까지 얻었고, 예상대로 주식 양도세는 한 푼도 내지 않았다. 모두가 만족한 거래였다.

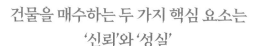

건물을 매수하는 두 가지 핵심 요소는 '신뢰'와 '성실'

물론 이 세 가지 사례를 일반화하기엔 무리가 있다. 다만 의지가 있고, 월세를 꼬박꼬박 내왔고 앞으로도 낼 수 있으며, 성장세를 탄 상황의 자영업자라면 충분히 활용해볼 수 있는 거래 전략임은 누구도 부인할 수 없을 것이다.

금융권이나 건물주 모두 결국 매수자의 신용 상태와 거래 이력을 본다. 자본주의 사회에서 신용은 미래가치로 환산되어 그것을 담보로 현실에서 돈으로 바꿀 수 있다는 것을 알아야 한다. 부동산 거래에 있어서 은행도, 건물주도 자신의 이익을 위해서 움직이는 점을 잘 활용하면 더 빠르게 원하는 목표를 이룰 수 있다.

이러한 방식으로 건물주가 되려면 '본업이 잘되어 왔고 앞으로도 잘될 것이다'라는 대전제가 필요하다. 말로만 잘되고 있다고 할 것이 아니라 제3자가 보았을 때도 회계 자료, 재무 자료와 같은 객관적인 증빙 자료로 설득할 수 있어야 한다.

금융권의 도움 없이 건물 매수에 성공한 이들처럼, 누구에게든 약속을 지키고 신뢰를 쌓은 이력 관리는 미래의 레버리지로 활용될 수 있다. 건물이 꼭 필요하지만 이미 정해져 버린 과거의 이력 때문에 레버리지 사용의 문턱이 높게 느껴진다면 '옆문 전략'으로서 '오너 파이낸싱'을 꼭 기억해두기 바란다.

은행과의 협상은 숫자를 넘어
재무제표와 비전으로 한다

가끔 건물을 매입할 때 은행 지점장만 잘 소개받으면 자기자본도 줄일 수 있고 한도는 더 높게, 금리는 더 낮게 받을 수 있으리라 막연하게 생각하는 사람들을 만난다. 물론 틀린 말은 아니지만 전적으로 맞는 말이라고도 할 수 없다. 이는 은행에서 대출이 실행되는 구조를 이해하면 더 쉽게 알 수 있다.

지점장은 일단 건물 매매를 실제로 진행해본 이력이 없을 확률이 높다. 지점장은 근로소득자다. 퇴직금 같은 목돈을 만들지 않는 한 자신이 축적한 금융 자산으로 건물을 매매할 정도의 경험을 해보지 않았을 확률이 매우 높다. 그러다 보니 지점장에게 포괄적인 상담을 하는 것은 예비 건물주를 대신해 모든 것을 공부하고 좀 알아봐달라는 부탁과 다르지 않다. 물론 의뢰자가 지점장의 영업에 큰 도움을 주고 있는 경우라면 모르겠지만 대부분은 실무를 담당하는 직원에게 인계해준다.

실무자는 지점장과 친하다고 해서 특별대우를 해주지 않으며, 서류 요건이 미흡한데 무리하게 대출을 진행해준다고 해서 자신이 취할 수 있는 이득은 없다. 여차저차해서 지점 내부에서 가승인이 난다 해도 본 서류는 결국 본점의 심사역이라는 높디높은 허들을 통과해야 대출 진행이 가능하다. 결국 창구 상담을 통해 올라가는 서류나 지점장을 통해 실무자를 소개받아 올라가는 서류는 동일한 대출 취급 심사 과정을 거치게 된다. 이때 전적으로 서류 심사를 통해 진행된다. 물론 대출 금액이 크면 대면 인터뷰 절차가 수반되기도 한다.

그렇다면 은행에서 대출을 통과하기 위해 검토하는 서류는 과연 어떤 것일까? 신규 법인과 기존 법인, 혹은 경영 이력이 짧은 법인의 대출 승인을 위해 필요한 사항과 은행에서 원하는 심사 기준을 충족하지 못했을 때 어떻게 문제를 해결해나갈 수 있을지 세 가지 사례를 통해 알아보자.

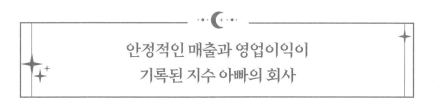

안정적인 매출과 영업이익이 기록된 지수 아빠의 회사

긍정적 평가요소

지수 아빠는 창업 이후 지난 5년간 매출이 꾸준히 증가해왔다. 영업이익도 안정적으로 유지되었다. 부채 비율 역시 낮아 회사의 재무 상태가 건전한 편이다. 이는 은행 심사에서 긍정적으로 작용하며, 지점장뿐 아니라 실무자와 본점 심사역에게도 좋은 평가를 받을 수 있다. 안정적인 재무제표를 보유하고 있어 추가 자산 매입이나 사업 확장을 위한 대출을 쉽게 승인받을 가능성이 크다.

부정적 평가요소

지수 아빠는 이번 대출을 매매가의 80% 이상 실행하고자 한다. 급매로 나온 물건이라 취득하기만 해도 시세 차익을 실현한다고 생각했다. 그래서 개인과 법인, 동원할 수 있는 모든 자금을 조달했다. 건물의 매매가가 200억 원이고 160억 원의 대출이 실행되는 경우 지수 아빠의 회사는 재무제표상 부채 비율이 눈에 띄게 상승할 수밖에 없다. 과도한 부채 비율은 대출 가능성을 떨어뜨리는 요소가 되며, 특히 신규 확장 사업이 기존 사업에 시너지를 내지 못한다면 은행 대출을 위한 본점 심사에서 쉽게 승인이 나지 않을 수도 있다.

전략적 검토사항

지수 아빠는 새로운 사업이 기존 사업과 어떻게 연결되어 시너지 효과를 낼 것인지 등을 사업계획서에 구체적으로 작성해서 심사역을 설득해야 한다. 또한 대출을 요청할 금액에 대한 분명한 상환 계획을 세우고 이를 은행에 투명하게 전달하는 것이 중요하다. 부채는 증가했지만 영업이익으로 충분히 이자 상환이 가능하며, 본 건물은 5년 이내 정상 가격으로 매각해 시세 차익을 거둘 것이라는 계획은 유사 사례를 조사해 자료를 제출하면 신뢰도를 높이는 데 도움이 된다.

그럼에도 불구하고 해당 법인의 부채 비율을 줄일 수 있는 선택지가 있다면 초기 대출 금액을 적정 수준으로 조정한 후 매입을 진행하고, 1년 후에 자산 가치 재평가를 받아 리파이낸싱을 할 수 있다. 이를 통해 최종적으로 원하는 레버리지 비율을 설정하는 전략도 고려해볼 수 있다.

초기 자산이 부족하지만 사업 계획이 탄탄한 재석 아빠의 회사

긍정적 평가요소

재석이 아빠는 사업을 막 시작한 신생 법인을 운영 중이지만, 사업 계획서와 예상 현금흐름 계획을 철저히 준비해서 제출했다. 특히 사업의 목표 시장 분석, 예상 매출과 비용을 상세히 기술한 계획서는 은행 입장에서 해당 사업이 성장 가능성이 있다고 판단할 중요한 근거로 작용할 여지가 있다.

부정적 평가요소

다만 초기 자산이 부족하고 경영 이력이 짧은 탓에 대출 심사에서 불리하게 작용할 수 있다. 금융권에서는 경영 이력이나 자산이 부족한 신생 법인에 대한 대출 승인을 꺼리는 경우가 많다. 초기 자본의 부족과 낮은 신용 점수는 대출 심사의 큰 장애 요소다. 또한 재석이 아빠가 해당 은행과 거래한 이력이 없다는 점 역시 부정적인 평가 요소가 된다.

전략적 검토사항

재석이 아빠는 본 사업을 창업하기 이전, 근로소득자로 일을 하면서 아파트를 자가로 마련했다. 또한 재석이 엄마는 전문직 종사자로 꾸준한 고정 수입이 있는 상황이었다. 부부의 합산 자산 현황을 첨부하고 대출을 실행하기 최소 6개월 이전 시점부터 은행과 다양한 거래 이력을 쌓아가는 것이 좋다. 해당 은행의 카드 사용이나 적금, 연금 등의 거래 실적을 통해 신용 평가 점수를 올려 나가는 것이 필요하다.

무엇보다 본 건물을 매입할 때, 회사의 지출비가 개선되어 월세를 내는 것보다 이자 비용이 더 낮으므로 재무제표도 개선될 수 있다는 점을 어필하는 것도 도움이 된다.

필요에 따라 개인 자산을 일정 부분 담보로 제공하거나 가족이나 신뢰할 수 있는 파트너의 보증을 활용해 초기 자산을 늘리는 방법도 있다. 만약 '자가 주택'을 공동담보로 제공하는 경우 공동담보에서 언제 빠져나올 수 있을지 확답을 받아야 한다.

또한 은행 실무 담당자가 바뀌면 상황이 달라질 수 있으므로 해당 약속의 이행 시기에 관해 정기적인 확인이 필요하다. 통상 건물을 매입해서 리모델링 혹은 신축하는 경우 부동산 가치상승을 통해 대출 당시에 공동담보를 제공했더라도 준공 후 대환 대출의 과정에서 공동담보 해제를 요구할 수 있으니, 이행 시기 및 조건을 꼼꼼하게 살펴야 한다.

수백억대의 매출을 보유한
세호 아빠의 회사

긍정적 평가요소

세호 아빠는 외식업 프랜차이즈를 경영하며, 수십여 개의 브랜드를 보유하고 있다. 이미 수년째, 매년 수백억 원대의 매출을 꾸준히 올리고 있고, 업계에서도 굳건한 입지를 확보하고 있다. 이 점은 은행 심사에서 긍정적으로 평가될 수 있으며, 특히 매출 규모가 일정 수준 이상이고 재무제표상 성장세를 보인다면 은행은 해당 사업체를 안정적으로 평가할 가능성이 크다.

부정적 평가요소

세호 아빠 회사의 부채 비율이 상당히 높다는 점이 큰 문제다. 특히 프랜차이즈업의 특성상 영업이익률이 낮고, 출점을 위해 미리 상권 개발에 투여한 자금의 규모도 작지 않다 보니 부채 부담이 과도하다는 평가를 받을 수 있다.

무엇보다 여러 브랜드별 법인이 별도로 존재하지만 주주 구성이 모두 동일하다 보니 한 회사로 인식되는 면이 있다. 자회사의 모든 부채까지 통합해 검토하게 되면 은행이 추가 대출을 승인하는 데 있어 부정적인 요소로 작용할 여지가 있다. 매출 규모는 크지만 현금흐름이 불안정하다고 평가할 측면이 있고, 만약 한 개의 사업장이라도 문제가 생겨 기존 부채를 상환하지 못할 가능성이 커진다면 상대적 소액이라 하더라도 추가 대출 승인이 어려워질 수 있다. 순대출 규모가 100억 원만 넘어가도 은행 심사는 까다로워질 수밖에 없다.

전략적 검토사항

우선 부채 비율을 낮추기 위한 전략을 세워야 한다. 일부 자산을 매각해 부채를 줄이거나, 사업 구조를 개선해 현금흐름을 안정적으로 유지해야 한다. 또한 자회사 법인과의 관계 역시 주주 구성의 변동 혹은 자회사 매각을 통해 본 기업의 부채 구조를 개선하는 작업이 필요하다.

부동산 매입 시기를 조정해 기존 부채를 갚아나가며 안정적인 재정 상태를 확보한다면 일정 기간 이후에 다시 대출이 더 쉬워질 수도 있다. 이 과정에서 재무제표의 개선을 증명하며 은행과의 지속적인 거래를 통한 신뢰를 쌓아가는 것이 중요하다. 그럼에도 불구하고 한 은행의 대출 여신을 전적으로 의지하는 것은 바람직하지 않다. 은행은 주거래 은행 외에도 복수로 활용하는 것이 좋으며, 부동산 매물의 여건에 따라 적정한 1금융권, 지방 1금융권, 수도권 2금융권, 보험회사를 적절히 활용하는 것을 추천한다.

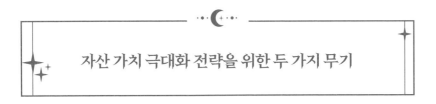

자산 가치 극대화 전략을 위한 두 가지 무기

경영 이력을 확인할 수 있는 것은 사업체의 재무제표다. 금융권에서 신뢰를 확인할 수 있는 것은 신용평가등급과 거래 이력이다. 이 외에도 중요하게 볼 수 있는 현황은 자산과 현금흐름이다.

숙박업 사업주에게 대출해줄 때는 장부에 기록된 것 외에 실제 현금흐름을 파악하기 위해 숙박업소 앞에서 하루에 출입하는 차량 대수를 세는 등 추가로 전략적 검토사항이 필요하다. 또한 외식업 사업장의 경우 매입한 재료나 매장에서 발생하는 쓰레기를 지표로 활용하는 경우까지 있다.

간혹 대출을 소개해준다고 하면서 과도한 수수료를 요구하는 경우가 있다. 그러나 작업대출이 가능하다는 말은 작업대출을 안 받아도 얼마든지 재무 구조, 부동산 매입 이후 개발 이후의 부동산 가치를 추정한 감정평가자료 등으로 극복할 수 있다는 것이다. 작업대출이라 하더라도 허위로 서류를 작성하고 은행 담당자와 뒷돈을 주고받는 경우는 흔하지 않기 때문이다. 대출로 얻게 되는 이익이 아주 크거나 사채를 거래하는 경우라면 모르겠지만, 대다수 자영업자의 수준에서는 맞지 않다. 대출이 안 되면 안 되는 이유가 있을 것이다. 오히려 그 단계에서는 대출이 되지 않는 것이 나중에 보면 안전망 역할을 했을 수도 있다.

대출이 승인되었다면 이는 끝의 단계가 아니라 시작 단계임을 명심해야 한다. 대출 이후에는 사업 성장에 따라 대외적으로 평가받을 수 있는 자산에 대한 가치를 극대화하는 방법을 정기적으로 고민하고, 확인하고, 기록하고, 전문가의 컨설팅을 통해 평가 가치를 개선해나가는 것이 효율적이다.

건물의 이름, 어떻게 지을까?
브랜드 철학을 담은 네이밍

건물의 이름을 짓는 일은 단순히 간판을 다는 수준의 작업이 아니다. 그것은 건물이 가지는 정체성과 철학, 그리고 향후 운영 방향성과 시장에서의 포지셔닝까지 담아내는 중요한 브랜딩 작업이다. 특히 신축 건물일 경우 이름을 어떻게 짓느냐에 따라 사람들의 인식이 달라지고, 임차인을 유치하는 데도 큰 영향을 미친다. 이름 하나로 프리미엄 이미지가 생기기도 하고, 반대로 그 가치를 반감시키기도 한다.

따라서 건물의 이름을 짓는 과정은 부동산 자산가치의 모든 정체성이 집약된 철학을 담은 브랜드를 만드는 일이며, 이는 건축 설계와 시공의 마지막 단계를 장식하는 '화룡점정(畵龍點睛)'과 같다. 지금부터 함께 그 과정을 살펴보자.

빌딩 이름의 철학과 방향성

빌딩 이름을 지을 때 철학과 방향성을 고민하는 이유는 건물 이름은 그 자체로 브랜드 정체성을 형성하며 입주자뿐만 아니라 방문객, 지역 주민들과 관계를 형성하는 단초가 되기 때문이다. 이는 건물의 가치, 목표, 그리고 미래지향적인 비전을 함축하는 중요한 요소로 작용한다. 건물 이름은 건물의 입지와 특성, 그에 따른 사용자의 요구와 기대를 충족시키는 방향으로 기획되어야 한다.

건물 이름은 단순한 식별 기호를 넘어, 공간의 성격을 정의하고 상대에게 첫인상을 전달하는 중요한 역할을 한다. 이름 하나로 그 건물의 분위기와 기능이 예고되며, 효과적인 네이밍은 마케팅 수단이 되기도 한다.

또 지도나 내비게이션에 표시되는 수많은 빌딩 속에서 기억에 남는 이름은 곧 경쟁력이 된다. 잘 지어진 이름은 입소문을 타며 브랜드 인지도를 높이고, 공간에서 이뤄지는 퍼포먼스까지 각인시켜 건물의 가치를 높이는 데 기여한다.

나아가 동일한 브랜드로 여러 지역에 확장된다면, 건물주와 입주자 모두에게 소속감과 자부심을 줄 수 있다. 검증된 공간이라는 인식이 더해지며, 임대나 매각, 브랜드 확장 시에도 유리하게 작용한다.

결국 건물의 이름을 짓는 일은 잘 팔기 위한 전략적 과정이며, 미래의 청사진을 설계하는 일이기도 하다. 이제 실제 사례를 통해 네이밍이 어떻게 기획되는지를 살펴보자.

빌딩 네이밍 프로세스 따라잡기

네이밍 아이디어 찾기

지역성과 역사 건물이 위치한 지역명, 역사·문화적 요소에서 단서를 얻는다.

콘셉트와 용도 카페나 오피스, 상가 등 건물 기능에 초점을 맞춘 단어를 고민한다.

브랜드 철학 건축주나 운영사가 강조하는 가치(예: 친환경·혁신·문화)를 함축할 수 있는 키워드를 찾는다.

언어·발음의 조합 한국어, 영어, 혹은 다른 외국어를 조합해서 보기 좋고 발음하기 쉬운 이름을 만든다. 짧으면서도 개성 있는 단어를 찾아내면 기억에 오래 남는다.

네이밍 시 주의할 점

발음의 난이도 외국어만 섞어 만든 이름이 복잡하거나 길면, 의외로 고객에게 잘 전달되지 않는다.

부정적 연상·중복 여부 지역이나 문화권에 따라 특정 단어가 부정적인 의미를 가질 수 있으므로, 미리 검색하고 확인해야 한다.

상표권·도메인 확인 이미 다른 회사나 브랜드가 사용 중인 상표 또는 도메인을 무단으로 쓴다면 문제가 생길 수 있다. 필요하다면 상표 등록이나 도메인 확보 과정을 밟도록 한다.

건물 용도와 조화 이름만 봐서는 카페인지, 상가인지, 주거인지 감이 오지 않는다면 마케팅 측면에서 불리할 수 있다. 콘셉트를 잘 드러낼 수 있도록 용도와 균형을 맞춘다.

네이밍 프로세스 체크리스트

키워드 리스트 작성 지역성, 역사, 브랜드 철학, 기능적 요소 등을 바탕으로 10~20개 이상의 키워드를 뽑아놓는다.

라이트(Light) vs. 헤비(Heavy) 짧고 간결한 이름과 조금 길더라도 감각적인 이름을 각각 시도해본다. 최종 후보를 2~3개로 압축 후, 발음·시각 디자인·브랜드 의미 등을 비교 검토한다.

테스트 및 피드백 주변 지인이나 잠재 고객층에 시범 사용, 혹은 온라인 설문 등을 통해 반응을 살핀다. 최종 확정 전에 발음 쉬움·기억 쉬움·긍정적 연상 가능 여부 등을 재점검한다.

실제 빌딩 네이밍 작성 사례가 궁금하다면 431쪽으로 이동해 저자의 작성 사례를 확인하자. 본 사례는 2025년에 실제로 서울특별시 중구 장충동에 부동산 투자를 하는 과정으로, 누구나 보고 따라할 수 있도록 꼼꼼하게 담았다.

더 생생하고 자세한 정보는 QR코드를 확인하세요.
저자의 코칭이 기다리고 있습니다. ㅃㄲ

2부

기초 마법 실습:
부동산의 본질을 깨우쳐라

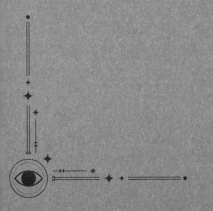

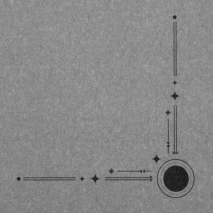

맥도날드의 설립자 레이 크록

핵심 상권·개발 호재·인구·수요 등
장기 가치 상승 요소 분석

가격이 오르는 데는 정부 정책과 금리의 변화, 입지·교통·개발 호재 등 분명한 이유가 있습니다. 장기적으로 시장흐름을 예측하는 '눈'을 기르면 기회가 보입니다. 가치가 오를 땅에는 언제나 이유가 있고, 가격 상승장이 시작되기 전에는 반드시 '시그널'이 있습니다. 하지만 그 시그널을 안다고 해서 누구나 부동산 투자로 돈을 벌 수는 없습니다. 준비된 자만이 개발에 참여할 수 있고 개발 이익도 실현할 수 있습니다. 이때 브랜드가 있는 사업체를 운영하고 있는 것은 아주 강력한 무기가 됩니다. 현금흐름이 있고 개발 이익을 창출한 브랜드를 경험해서 실적으로 만들 수 있는 능력만 확보한다면 누구보다 유리한 입지에서 부동산 투자를 할 수 있습니다.

"부동산은 갑자기 오르지 않는다"

안개가 살짝 내려앉은 이른 아침, 부동산 마법 학교는 자연과 어우러진 고요한 분위기를 자아낸다. 시간과 공간을 초월한 배움의 공간. 옥스퍼드 대학처럼 하나의 마을을 이루고 있었고, 고풍스러운 돌담과 중세 성곽을 닮은 건물들은 마치 오랜 지혜와 마법의 비밀을 품고 있는 듯했다.

오늘은 현장 학습이 있는 날이었다. 광장이 아침 햇살에 황금빛으로 물들 무렵, 눈에 띄는 붉은색 간판 하나가 눈에 들어왔다. 노란 M자 로고, 누구나 알아보는 맥도날드였다. 부동산 마법 학교에 맥도날드가 있다니, 이색적이었다.

영화 〈파운더(The Founder)〉에서 맥도날드는 햄버거 가게가 아니라 부동산 기업이라고 했다. 그 말이 떠오르자, 재무제표를 분석했던 기억도 함께 스쳤다. '왜 하필 이곳에 들어섰을까?' 나는 주변을 둘러봤다. 넓은 도로와 인접한 주요 교차로, 사람들이 자연스럽게 모이는 중심 생활권. 거리엔 사람들의 담소, 웃음이 끊이지 않았다. 상업시설과 교육시설이 조화를 이루는 모습도 인상적이었다. 단순한 상권이 아니라, 마을의 중심에서 가치를 창출하는 자리였다.

그때였다. "부동산은 결코 우연히 오르지 않지." 깜짝 놀라 돌아보니, 레이 크록 대마법사가 미소를 지으며 서 있었다.

"많은 사람이 맥도날드를 햄버거 회사라고 생각하지. 하지만 진짜 성공의 핵심은 따로 있어. 우리는 프랜차이즈라는 이름으로 부동산 비즈니스 모델을 만든 거야."

핵심 상권 분석

"대마법사님은 어떤 식으로 상권을 나누고 분석하시나요?"

초기에는 사람이 많은 곳에 진입하면 장사가 잘되는 줄 알았어. 하지만 보기 좋게 시행착오를 여러 번 겪었지. 그러면서 좀 더 구체적으로 생각해보게 된 거야. 그러니까 좀 보이더라고. 교통의 중심지나 대규모 인프라가 모이는 거점(Hub) 상권. 한 가족 단위 고객이 많고 생활패턴이 안정적으로 돌아가는 주거 생활권 상권. 관광객이나 직장인이 많이 모이는 관광·오피스형 상권. 상권마다 유동인구의 규모와 특성이 달라. 가족 단위가 많은 주거 지역에선 놀이시설이나 패밀리 메뉴 같은 걸 강조해야 하고, 관광객이나 직장인이 많은 곳이라면 글로벌 메뉴나 빠른 서비스로 승부해야 하지.

개발 호재 및 인프라 투자 예측

"개발할 때 일단 눈에 보이는 상권 분석은 할 수 있을 것 같기는 한데 개발 이익을 예측하려면 또 뭘 보세요?"

시에서 확장 계획 중인 도로, 신설되는 지하철 노선, 대형 쇼핑몰 건설 같은 중·장기적 인프라 투자를 주의 깊게 지켜봐. 도시의 인프라가 확장되면 인구 이동 동선이 크게 달라지거든. 그 지역이 본격적으로 성장 궤도에 오르기 전에 미리 선점하면 나중에 엄청난 부동산 개발 이익을 실현할 수 있지. 스타벅스가 현재의 트렌드와 브랜드 충성도에 의존해서 매장을 연다면, 맥도날드는 도시의 성장 자체를 장기적으로 내다보는 편이야. 가치투자자 관점이라고 할 수 있지.

인구 수요 및 라이프스타일 파악

"또 뭐가 중요할까요?"

예를 들어 이 지역에 젊은 층이 많다면, 앞으로 10년간 인구가 계속 늘어날 가능성이 있는지 확인해야 해. 소득 수준이 어떻게 변하는지, 가족 단위가 많은지 아니면 1인 가구가 많은지. 결국은 미래 고객과의 관계 형성을 위한 고객 페르소나 파악이 중요하지.

파악했다면 관계를 맺는 전략도 차별화해야 해. 스타벅스가 커피와 '카페문화'를 위한 제3의 공간을 확산시키는 캠페인에 집중한다면, 맥도날드는 '하루 세끼 중 한 끼는 맥도날드에서'라는 식으로 라이프스타일을 바꿔나가는 전략도 쓰면서 차이를 뒀지.

입지 조건(접근성 및 가시성) 상세 검토

"도로 접근성이나 주차장 문제도 당연히 크겠죠?"

접근성과 가시성은 직접적으로 매출과 브랜드 가치에 영향을 줘. 일단 주요 교차로나 대로변, 신호등 위치까지 체크해서 차량 진입이 얼마나 쉬운지 봐야 하고, 사람이 항상 다니는 보행 동선이 확보되어 있는지도 중요하지. 스타벅스도 비슷한 기준을 쓰지만 맥도날드는 24시간 영업, 다양한 메뉴, 폭넓은 고객층을 고려해 더 넓은 범위의 입지를 확보해야 해. 단순히 '커피 한 잔'이 아니라 '식사'를 하는 곳이기 때문에 주차나 드라이브 스루는 필수적이야.

도시는 시간이 지나면서 인구가 늘고, 기반 시설이 확장되며, 생활권이 점차 바뀌게 돼. 그러니까 토지 활용도와 주변 시설 변화, 해당 지역의 생활권이 어떻게 변할지 이런 것들을 장기적으로 추적해서 데이터화하거든. 상업용도나 복합개발로 지역의 상권이 전환될 여지가 있다면 좀 비싸더라도 미리 매입해서 장기 자산 가치 상승을 노릴 수 있어. 우리의 검증된 상권 분석 실력을 믿는 다른 햄버거 가게들이 보통 우리가 매장을 열면 따라 들어와. 그래서 일대를 햄버거 타운으로 만들고 그 주변으로 사람들이 몰려들게 되면 그 고객을 원하는 점포들로 채워지지. 우리는 그 타이밍에 우리 간판을 달고 안정적으로 사업할 점주에게 합리적으로 이익 실현을 하는 거고. 프리미엄을 사는 쪽이나 파는 쪽이나 서로가 윈윈하는 전략이야.

"'맥도날드는 햄버거 회사를 가장한 부동산 기업'이라는 말이 괜히 나온 게 아니네요."

전 세계 어딜 가든 도시의 인프라 성장, 인구 수요, 그리고 전략적인 입지 선점이 맞물리면서 오늘의 맥도날드 가치가 된 거야.

"'부동산은 결코 우연히 오르지 않는다'라는 말씀도 실감돼요."

일단 해보는 것도 중요하지만 그렇게 하게 되는 시행착오로 날리게 될 기회비용도 잘 따져봐야 해. 무작정 달려드는 게 능사는 아니거든. 데이터와 분석, 그리고 미래가치를 종합적으로 보는 거야. 프랜차이즈 비즈니스팀들은 철저한 계획 속에서 가치를 창출하지. 부동산 마법은 한번에 완성되는 게 아니야. 꾸준히 살피고, 꾸준히 성장해나가는 데 있어.

"그런데 스타벅스는 건물을 사지 않고도 사업을 잘 키워나가지 않아요?"

난 그와는 다른 시각을 갖고 있어. 철저한 계획 아래 상권이 좋아지고 매출이 좋아져도 그 이득의 대부분은 건물주가 가져가게 되거든. 이 단순한 논리 때문에 우리는 부동산을 개발하고 소유하는 건물주 포지션에서 프랜차이즈 사업을 하게 됐지. 잘되면 잘된다고 임대료를 올려 달라 하고, 못 주겠다고 하면 쫓겨나고, 안되면 안된다고 월세를 못 내서 쫓겨나는 것이 임차인이잖아. 임차인의 가장 큰 리스크지. 어쨌든 햄버거 가게를 지키기 위해 시작한 부동산 마법이 가장 강력한 동기가 되었다는 걸 잊지 말게.

걸음을 멈추고, 밤하늘 아래 24시간 불 꺼지지 않는 맥도날드의 따스한 불빛을 바라보았다. 보이는 건물이 전부는 아니었지만, 이 모든 것이 레이 크록 대마법사의 구상에서 시작됐다고 생각하니 그의 말이 마음 깊이 울렸다. 단순한 햄버거가 아니라, 철저한 입지 분석과 미래를 읽는 결단력이 도시를 움직이고 부동산 가치를 만든다는 걸 깨달았다.

"내 판단이 도시를 움직이고, 그 흐름이 곧 부의 축적이 된다. 부동산은 결코 우연히 오르지 않는다."

부동산에 투자하고자 마음먹었다면 잊지 말아야 할 말이었다. 누구나 단순한 건물주를 넘어 자신만의 신화를 만들 수 있다.

나는 멘토링에서 얻은 인사이트를 조용히 비밀 노트에 적어 내려갔다.

새로운 건물은 어떻게 찾을까?
기회를 포착하는 분석법

초보 투자자는 건물 보는 눈을 키우겠다며 무작정 밖으로 나가거나, 준비 없이 부동산 중개사무소를 찾아가서 스무고개를 시작하는 경우가 적지 않다. 안타깝게도 무작정 많이 본다고, 부동산에 많이 방문해본다고 기회를 포착하는 능력이 생기는 게 아니다.

실전에 돌입하는 순간부터는 뭘 해도 돈이다. 따라서 자원을 효율적으로 운영하기 위해 영악해져야 한다. 그런데 대다수의 예비 건물주는 전쟁이 시작됐지만 둔감하다. 자본이 부족하다 보니 스스로 눈을 낮춰서 찾는다. 막연하게 비싼 것만 찾으라는 이야기가 아니다. 나의 사업과 맞는, 성장 잠재력이 있는 '가치가 숨겨진 진흙 속의 진주 같은 건물'을 발굴하는 자세로 접근해야 한다는 말이다. 특히 도심 속 저평가된 이면의 건물 중 이익 실현을 한 꼬마빌딩들은 일정한 패턴을 갖고 있다. 예산이 넉넉하다면 깨끗한 신축 건물 중 선택하면 되겠지만 그게 아니라면 가치를 만들어낼 수 있는 건물을 찾겠다고 마음먹어야 한다.

자세를 낮추었다면 기회를 포착하는 분석법 먼저 살펴보자. 현장에 나가기 전부터 온라인 임장으로 시작해 상권 흐름을 파악하고, 소규모 건물들 속에 숨겨진 투자 가치를 찾기까지, 공공 데이터를 기반으로 한 스마트한 분석 방법을 차근차근 알아보고자 한다.

기회를 포착할 때도 항상 가장 중요한 것은 '효율'이다. 단순히 손품, 발품만 파는 게 아니라 매물 탐색 과정에서도 효율적으로 기회를 포착하는 방법을 단단하게 만들어나가는 것이 좋다. 만약 내가 이러한 준비가 되지 않았다면 자신이 건물을 찾고 있다는 정보는 입 밖에 내지 않는 편이 좋다. 주변의 사람들, 특히 경험이 없는 사람이나 경험이 어설프게 있는 사람은 도움이 되기보다는 장애 요소가 될 여지가 크다.

본격적으로 항목별로 자신만의 체크 리스트를 만들고 자료를 정리해 성공적인 건물주로 진입을 시작해보자.

다음은 온라인 임장과 오프라인 임장 시 확인해야 하는 사항을 정리해둔 것이다.

온라인 임장으로
건물의 스토리를 파악하라

온라인 임장 체크 리스트

☑ 주변 상권 분석: 상권의 발전 가능성, 인구 밀집도

☑ 유사한 건물의 평균 매매가 및 임대료

☑ 건물 내 입주 업종과 주요 고객층

☑ 주요 교통 접근성: 지하철, 버스 노선 등

☑ 공실률 및 거래량 변화 추이

☑ 향후 개발 계획 및 호재 여부

상권 · 인구 현황 체크 리스트

☑ 신규 브랜드 또는 프랜차이즈 입점 여부

☑ 상권 내 기존 브랜드 유지율

☑ 인근 지역 개발 계획 유무: 예를 들어 신규 대형 쇼핑몰 건설

☑ 주변 거주 인구 증가율과 지역 성장 가능성

☑ 주요 고객층의 연령대와 구매력

☑ 고객층의 소비 성향: 자주 방문하는 카페, 쇼핑몰 등

☑ 지역 주민과 외부 유동인구의 비율

☑ 계절 또는 특정 시기별 방문 증가율: 예를 들어 여름철 해변가 상권의 경우

오프라인 임장으로 타깃을 설정하고 꼼꼼하게 살펴라

실제 유동인구 현황 체크 리스트

☑ 시간대별 유동인구 밀집도 파악

☑ 평일과 주말의 유동인구 차이

☑ 특정 시간대 주요 방문자 특징: 연령대, 직업군 등

☑ 유동인구의 이동 경로: 상권 내부 및 외부 흐름

이면도로 입지 현황 체크 리스트

☑ 지하철, 버스정류장의 접근성: 도보 시간 확인

☑ 주변 주차장 활용 가능성: 모두의 주차장 앱으로 확인

☑ 메인 도로와의 거리 및 접근성: 양방향 통행, 교행 가능 여부

☑ 유동인구의 이면도로 유입 여부

☑ 주변 메인 상권 인프라: 식당, 편의시설 등 주요 시설의 접근성

타깃 건물 사용 현황 체크 리스트

☑ 외관

☑ 외벽 및 마감재 상태: 외벽, 지붕 등의 외부 상태(균열, 외관 손상 등) 및 유지 보수 필요 여부

☑ 내부 시설 및 구조 확인: 층별 공간 구성 확인 후 내부 구조가 향후 리모델링이나 용도 변경(상가, 주거 등)에 적합한지, 기본 시설 상태(화장실, 전기, 수도, 가스 시설 등)의 노후 여부 및 개선 필요성 확인

☑ 엘리베이터 설치 여부: 엘리베이터 설치 가능 여부(필요 시) 및 현재 엘리베이터의 상태 확인(교체 시기 확인)

☑ 안전 및 보안 시설: 소방 설비 상태(소화기, 화재 경보기, 스프링클러 등 기본 소방시설의 설치 유무와 작동 여부)

☑ CCTV 및 보안 시설: 기본적인 보안시설 설치 가능 여부 및 주변 안전 상태

☑ 불법 건축물 여부: 불법 증축 여부 육안 확인, 건축물대장 확인

리모델링/증축 타당성 체크 리스트

☑ 건물 연식 및 내부 상태: 건축물대장 통해 확인

☑ 증축 가능 여부: 부동산 플랫폼 사이트 통해 용적률 확인

☑ 기존 건물 구조가 리모델링에 적합한지: 건축사의 대면 코칭 필요

신축 타당성 체크 리스트

☑ 건폐율 및 가용 면적: 건축법이 변경되어 현재 건물의 건폐율, 용적률과 신축시 연면적이 다를 수 있음. 주로 연식이 있는 건물은 현재 용적률을 초과해 건축되어있는 경우가 많음. 이때는 신축이 아닌 대수선을 통해 초과 용적률을 사수할 수 있는지 검토해야 함. 건축사의 대면 코칭 필요

☑ 토지 모양 및 경사: 대지가 인근 토지의 경계를 침범하고 있지는 않은지, 토지의 레벨이 일정한지, 경사가 있다면 어디가 낮고 어디가 높은지 확인이 필요

☑ 토지의 접도: 동일 용도의 지역이라 하더라도 북측에 도로를 길게 접하고 있는 건물이 신축 시 더 많은 용적을 확보할 수 있음. 정북일조사선의 대상이 될 경우 건축사와 대면상담이 필요함. 계단식으로 지어진 건물의 대다수가 이 적용 대상임. 꼭 필요하다면, 인근 토지주에게 일조권을 매수해 일조권 적용을 회피할 수도 있음

- ☑ 토지의 지질: 지하층 공사가 가능한지 확인하려면 해단 건물에 지하가 있는지, 인근 건물에 지하가 있는지 확인하면 육안으로 추정이 가능함. 일부 지역은 일정 깊이 이상부터는 암반이 나와서 공사 기간 지연과 비용 증가의 원인이 되기도 함
- ☑ 철거의 용이성: 철거 시 난이도 체크. 인근 건물과 맞벽으로 건축되어 있을 경우 특히 면밀하게 살펴야 함. 철거업자 복수와 대면 상담 필요

해당 상권 매매패턴 실사 체크 리스트

- ☑ 최근 6개월간 해당 지역 실거래량과 매매가 변화: 국토교통부 실거래가 공개시스템 사이트 참조 후 실제 거래된 현장 확인
- ☑ 매물이 적고 공실이 없는지: 온라인 매매정보와 실제 지역 부동산에 나온 매물들의 공통점과 차이점 분석
- ☑ 임대가 안정적으로 이루어지고 있는지: 지역 부동산 중개인 대면 확인

실제 작성 사례가 궁금하다면 369쪽을 참고하자. 2025년 서울특별시 중구 장충동의 실제 투자 사례를 담았다.

더 생생하고 자세한 정보는 QR코드를 확인하세요.
저자의 코칭이 기다리고 있습니다.

『부자 아빠, 가난한 아빠』의 저자 로버트 기요사키

월세 - (세금 + 이자 + 유지비) = 순수익, 결국은 현금흐름(Cashflow) 관리

건물주에게 가장 중요한 건 '매달 꾸준히 들어오는 임대 수익'입니다. 여기서 진정한 수익은 공실이나 세금, 이자 등을 제하고도 내 주머니에 실제로 남는 돈입니다. 피가 돌지 않으면 결국 죽음에 이르게 되듯, 현금흐름이 경색되면 그 순간부터 자산의 균열이 시작되고 '돈맥경화'가 발생하고 재무 건전성이 무너집니다. 세금을 고려하지 않고 자산을 쌓아 올리는 것은 매우 위험한 도박을 하는 것과 다를 바 없습니다.

5단계 "현금흐름을 피처럼 여겨라"

유난히 눈이 일찍 떠졌다. 새벽 4시도 되지 않은 시간에, 나는 부동산 마법 학교의 별장으로 향했다. 마치 하와이의 바닷가에 와 있는 듯한 설렘이 느껴졌다. 사면이 바다인 영국의 해안답지 않게 매우 평온한 분위기였다. 별장은 중세풍 건물들과는 전혀 다른 매력을 지녔다. 반짝이는 에메랄드빛 바다, 부드러운 백사장, 소금기 없는 바람마저 이국적이었다.

이곳은 로버트 기요사키 대마법사가 특별히 꾸민 공간이었다. 사람들에게 경제적 자유와 부동산 마법을 체험하게 하기 위한 곳이라고 했다. 하와이라는 배경에서 비롯된 그의 철학은 '가난한 아빠'의 안정 지향적 사고와 '부자 아빠'의 모험과 혁신, 자산 중심 사고의 대조에서 탄생했다. 전 세계에서 4천만 부 이상 팔린 그의 책이 허투루 읽힌 게 아니라는 생각이 들었다.

별장 정원의 유리문을 열자 파도 소리와 햇살이 함께 밀려들었다. 야외 테이블 위에는 열대과일과 서류 몇 장이 놓여 있었다. 나는 한참을 기다렸지만 기요사키는 나타나지 않았다. 돌아보니 내 뒤 비치 체어에 앉아 있던 그가 말을 건넸다.

"무슨 생각을 하고 있었나? 왜 내가 오지 않는지, 아니면 이 별장을 갖고 싶다는 생각?"

"이런 건 얼마면 지을 수 있을까 생각하고 있었습니다."

그는 미소를 지었다. "공짜로 준다면 어떤 고민을 하겠나?"

"공짜요?"

"그래. 내 별장이니, 마음만 먹으면 줄 수도 있지."

"한 번도 그런 생각은 안 해봤는데요…"

"그렇다면 내가 자네에게 이 별장을 주기로 했다고 치자고. 그때 자네가 걱정할 건 뭘까?"

"제가 받을 자격이 있는지, 잘 운영할 수 있을지…?"

"그것도 맞지만, 더 중요한 건 '이걸 어떻게 쓸 건가'와 '그걸 감당할 준비가 되었는가'야. 공짜로 받았다 해도 현금흐름이 없다면 관리비나 세금 때문에 곧 골칫덩이가 되지."

나는 고개를 끄덕였다. 자산을 얻으면 좋은 것만 생각하기 쉽지만, 준비 없이 얻으면 부채가 되는 현실은 간과하기 쉬운 부분이었다. "정말 그렇네요. 좋은 것만 생각했지, 책임은 떠올리지 못했어요."

"비싸게 산 자산도 현금흐름이 있으면 유지할 수 있어. 반대로 공짜로 얻은 자산도 현금흐름이 없으면 부채가 되는 거지. 많은 상속자가 그렇게 무너져."

나는 문득 생각했다. 이 별장을 진짜 받는다면 유지비나 세금은 어떻게 감당할까? 또 어떤 방식으로 수익을 만들 수 있을까?

그는 바다를 가리키며 말했다.

"자네 인생이 만들어내는 현금흐름이 자산을 지탱할 수 있어야 자네는 그걸 가질 준비가 된 거야. 집, 차, 명품도 마찬가지지. 자, 이제 안으로 들어갈까?"

현금흐름이 무너지면 다 무너진다

'현금흐름이 왕(Cash Flow is King)'이라는 말, 들어봤을 거야. 현금흐름은 부동산 투자의 시작이자 끝일세. 부동산에서 매달 남는 돈이 없다면, 단지 시세 차익만 바라보다가 큰 어려움을 겪게 될 수 있어. '수백억 건물주'라며 SNS에 자랑하는 사람들이 많지만, 막상 관리비용·대출이자·세금 등을 제하고 나면 정작 손에 남는 게 없는 경우가 태반이야. 작은 건물 여러 채일수록 더해. 공동투자라면 말할 것도 없고.

일단 세금 무서운 줄 아는 진짜 부자들은 자기가 뭘 가졌는지, 얼마나 가졌는지 절대 입 밖으로 내지 않아. 과시용으로 취득한 부동산은 결국 '현금 먹는 하마'가 되고 말거든. 건물을 '자산(True Asset)'으로 만들려면, 세금까지 모든 지출을 빼고도 월별 순이익이 플러스로 남아야 하지.

재무제표 분석

"당연한 이야긴데 막상 건물을 사려고 할 땐 잘 감이 안 오더라고요."

내가 『부자 아빠 가난한 아빠』에서 말했듯이, 자신의 주택이든 임대주택이든, 매달 돈을 넣어주는 게 '자산', 돈을 빼앗아가면 '부채'라고 봐야 해. 임대 부동산도 잘못 운영하면 부채가 될 수 있어. 그러니 우선 현금흐름표를 제대로 짜보고, 매달 얼마가 들어오고 나가는지를 숫자로 관리해야 한다네.

자네가 건물을 사거나 임대사업을 시작할 때, 반드시 재무제표를 챙겨봐야 해. 여기서 재무제표는 복잡한 서류만을 말하는 게 아니야. 수입(Income)과 지출(Expense), 자산(Asset)과 부채(Liability)가 어떻게 움직이고 있는지, 기본적인 돈의 흐름만 파악해도 큰 도움이 되거든.

"부동산 매물을 고를 때 매출·지출 구조부터 꼼꼼히 살펴봐야 겠네요. 실제 공실률이라든가 수리비, 또 세금도 구체적으로 살펴봐야 하고요."

맞아. 매도인(Seller)이나 중개인(Broker)가 제시하는 매물 소개 자료에 기록된 수익 계산서를 그대로 믿으면 안 돼. 거래를 위해 부풀려지거나 일부러 가려진 부분도 있을 수 있거든. 공실로 인한 손실이나 유지 보수비 같은 건 생각보다 많이 들어. 자네가 직접 발로 뛰어서 실태를 파악하고 사업 계획서를 구체적으로 작성하고 전문가에게 검증받는 게 제일 안전해.

부채(Leverage) 활용과 '좋은 부채 vs 나쁜 부채'

"책에서 부채는 어떻게 쓰느냐가 관건이라고 하셨잖아요."

난 늘 '좋은 부채(Good Debt)'와 '나쁜 부채(Bad Debt)'를 구분해야 한다고 생각해. 만약 건물을 사면서 대출이자보다 임대 수익이 더 크다면, 그 차익만큼은 '내 주머니에 돈을 넣어주는' 셈이니 좋은 부채가 맞아. 반대로 대출이자를 감당 못 해서 매달 적자가 난다면, 그건 곧바로 내 몸의 악성종양 같은 나쁜 부채가 되는 거지.

세금(절세)과 위험관리

한국도 다주택자 규제가 점점 까다로워진다고 들었네. 보유세, 양도세, 임대소득세… 변수가 많을 거야. 미국에서도 마찬가지야. 나라가 어려워지면 다주택자들에 대한 세금 혜택이 줄고 보유세가 늘어날 확률이 높아. 부자라고 느끼는 순간부터 말이지. 결국 세금 전략이 시작이자 마지막이 된다는 걸 잊으면 안 된다네. 자산이 일정 규모를 넘어서게 될 것 같으면 능력 있는 부동산 전문 세무사를 부담이 좀 되더라도 재무비서처럼 사용하게.

실행과 부자 마인드셋

결국 투자에서 중요한 건 하나야. '내가 이 자산에서 어떻게 매달 현금흐름을 만들어낼 것인가?' 그저 대출 일으켜서 시세가 오르기만 기다리는 사이클은 한번 지나갔어. 상승장과 하락장 사이클을 고려하지 않는다면 투자가 아닌 투기를 하는 거라고 볼 수 있어.

"월별로, 분기별로, 연별로 현금흐름표를 짜고 주기적으로 점검하는 게 중요할 것 같아요."

월 단위로 현금흐름, 지출, 그리고 부채 상황까지 체크하는 습관을 만들면 실패 확률이 크게 낮아질 거야. 잠잘 때도 현금이 흐르는 진짜 자산을 만들었다 해도 현금흐름에 민감해야 해. 혈관 질환이 가장 무서운 것처럼, 흑자라 하더라도 현금흐름이 막히면 갑자기 뇌관이 터질 수도 있어. 꼭 명심하라고.

별장을 나오자 까만 밤하늘에 별들이 반짝이고 있었다. 밤바다의 파도 소리는 낮과는 또 다르게 다가왔다. 내 마음엔 새로운 질문들이 차오르고 있었다.

"결국 핵심은 현금흐름이다."

단순해 보이는 그 말이 묵직하게 가슴에 와닿았다.

'얼마면 살 수 있을까?' 하고 바라보던 시선이 '이 별장을 통해 얼마를 벌 수 있을까?'로 바뀌었다. 사용의 목적, 소유의 목적, 운영의 목적은 결코 같지 않다는 것도 새삼 깨달았다. '나는 조용한 걸 좋아하는데… 그런 별장을 갖는 게 과연 어울릴까?' 피식 웃으며 생각했다.

하지만 다시 떠오른 건 또 다른 메시지였다. '거꾸로, 현금흐름만 있다면 두려울 건 없다는 말이잖아. 맞지?' 나는 가던 걸음을 멈추고 달빛에 기대어 비밀 노트를 펼쳤다.

현금흐름이 있다면? 고수들의
부동산 이익 계산법을 이해하라

기본적으로 건물주는 부동산 소유자로서 임차인과 계약을 통해 임대 수익을 창출한다. 고수는 여기서 그치지 않는다. 운영과 관리를 통한 부동산의 가치를 높이고, 한 채가 아닌 여러 채를 투자하면서 장기적인 자산 증식을 목표로 계획적 투자를 진행한다. 저자가 만난 부동산 시장의 고수는 공통점이 있었다.

- 무자본으로 시작한 자영업자 혹은 근로소득자로서, 적정한 수업료를 시장
  에 지불하고 자기자본으로 사용할 종잣돈을 모았다.
- 상황을 읽는 안목과 기회를 잡는 결단력으로 건물을 모으기 시작했다.
- 위험을 통제하는 능력을 바탕으로 모은 건물들을 관리했다.
- 정체를 회피하기 위해 능력 있는 참모진들과 교류하고 스승으로 삼은 멘토

에게 멘토링을 받았다.

- 자신 또한 누군가 멘토링을 청할 때 기꺼이 멘토가 되어준다.

왜냐하면 주변 사람들을 부자로 만드는 것이 장기적으로 자신이 더 큰 부자로 가는 지름길임을 알기 때문이다. 만약 당신이 그런 건물주를 만났고 멘토로 삼고 싶다면 적어도 그들의 특성을 알고 자신의 것으로 만들어나가는 게 분명 도움이 될 것이다.

1. 고수는 NOI의 본질을 이해하고 있다

그들은 '수익의 본질(本質)'을 파악하고 '숫자로 사고(思考)'하며 정부의 정책과 금융 정책, 입지 변화와 상권의 변화를 꾸준히 모니터링한다. 수익형 투자를 할 때 꼭 기억해야 하는 두 가지 단어가 있다.

- NOI(Net Operating Income, 순영업소득): 이것저것 다 떼면 실제 내 손에 얼마가 쥐어지는가.
- Cap rate(Capitalization Rate, 자본환원율): 내가 투입한 현금 대비 얼마나 수익을 내고 있는가.

이를 아주 쉽게 이해하는 방법이 있다. 건물을 매달 월세를 받는 ATM 기계라고 가정해보자. NOI는 ATM이 벌어들이는 순이익이고, Cap rate는 ATM의 성능을 측정하는 지표다. 당연히 두 숫자는 높을수록 좋다. 좀 더 구체적으로 살펴보자.

NOI는 무엇을 이야기할 때 필요할까? 일단 대출받을 때 사용된다. NOI를 알면 건물의 현금흐름을 파악할 수 있다. 매달 얼마나 벌고 얼마나 남는지에 대한 데이터는 대출을 어떤 조건으로 사용할 수 있을지 협상의 근거가 된다.

부동산 자산 투자는 갖고 싶은 건물을 사는 가치형 투자와 수익의 본질에 집중하는 수익형 투자로 구분할 수 있다. 가치형 투자 대상은 안전자산으로 분류해서 주관적인 명분으로 소유해나갈 것이고, 대출도 0원일 확률이 높다. 그러나 수익형 투자를 한다면 대출을 최대로 받을 것이며 자기자본을 최소화함으로써 레버리지의 극대화를 추구할 것이다.

NOI는 건물이 '실제로 벌어들이는 현금'이다. 건물에서 얻는 연간 수익에서 지출 비용(관리비, 세금, 보험료 등)을 제외한 순수익으로 보면 된다. 간단하게 계산해보겠다. 건물의 월세가 1억 원이라면, 연간 임대 수익은 12억 원(1억 원×12개월)이다. 건물을 유지하는 데 들어가는 모든 운영 비용을 정산해보니 3억 원이다. 그렇다면 NOI = 연간 임대 수익 12억 원 - 운영 비용 3억 원 = 9억 원이 된다.

2. 고수는 Cap Rate의 본질을 이해하고 있다

Cap Rate는 '건물의 수익률'이라고 이해하면 된다. 건물의 순영업이익(NOI)를 건물 매수 가격으로 나눈 수치로, 간단하게 계산해보면 다음과 같다. NOI가 9억 원, 건물의 매수 가격이 200억 원이라고 가정하겠다. Cap Rate = NOI 9억 원 ÷ 건물의 매수 가격 200억 원 = 0.045가 되고, 이를 퍼센트로 표현하기 위해 100을 곱하면 해당 건물의 Cap rate는 4.5%라고 볼 수 있다.

Cap Rate는 해당 지역 내에서 대상 건물이 어느 정도의 순위에 속하는지 파악할 수 있다. 예를 들어 강남 지역의 평균 Cap Rate가 2%

라면, 3%짜리 건물은 '수익성이 높다', 1%짜리 건물은 '수익성이 낮다'라고 판단하는 식이다. 수익성이 높은 건물이라는 근거로서 제시되는 숫자 역시 빠른 판단의 근거가 된다.

3. 가치 상승 전략을 주도적으로 수립할 줄 안다

고수는 대부분 여러 채의 건물을 관리하다 보니 NOI에 더 민감하다. NOI가 정체되거나 하락하면 리모델링 투자를 한 다음 신규 임차인에게 더 높은 월세를 받거나, 관리 효율화로 비용을 줄임으로써 방어한다. 이를 가치 상승(Value-add) 전략이라고 한다.

가치 상승 전략은 부동산이나 자산의 가치를 직접적으로 높이는 전략이라고 이해하면 된다. 현재 가치를 분석하고, 해당 부동산이 가진 잠재적인 가치를 끌어올리는 방식으로 수익을 창출하는 것이다. 즉, 건물을 고치거나 업그레이드해서 그 과정의 노력을 비용으로 담아 더 좋은 가격으로 임대 혹은 매각을 목표로 한다.

가치 상승 전략의 첫 단계는 자산의 현재 상태와 문제를 파악하는 것이다. 그런 다음 개선 계획을 수립한다. 큰돈을 들이지 않아도 가능하다. 공실률이 높거나 수익성이 낮은 자산을 개선해 문제를 해결하는 기회를 만들고, 이를 수익으로 연결할 줄 알면 된다.

4. 대단한 수익률을 기대하지 않는다

매수를 제안받을 때도 Cap Rate가 주변 대비 너무 높거나 낮은 건물은 일단 거르는 경향이 있다. 시간을 적게 쓰고, 적게 벌더라도 투자용 건물을 매수할 때는 회전율을 고려한다.

부동산 투자가 상대적 장기 투자라고 해서 시간을 막연히 사용한다고 생각하면 오산이다. 대부분의 투자에서 이자 절감이 수익률을 좌우하는 요소인데, 시간이라는 요소는 이와 정비례하기 때문이다. 수익률이 높을수록 리스크가 숨어 있을 확률이 높다는 것은 그간의 거래를 통해 충분히 깨우쳤을 것이므로 과도한 수익률을 제시하는 프로젝트 제안에는 큰 관심을 두지 않게 되는 것이다.

5. 금융과 시간 레버리지를 이용할 줄 안다

부동산 투자에서 '레버리지'는 가장 강력한 무기다. 시간이 부동산의 가치를 만드는 원리를 전문용어로 미래가치(Future Value)라고 부른다. '미래가치'란 현재는 저평가되었지만, 시간이 지나면 여러 요인으로 인해 가격이 상승할 가능성이 높은 부동산의 가치를 말한다. 여러 요인 중 가장 핵심적인 두 요소를 살펴볼 텐데, 바로 '입지 변화'와 '상권 발전'이다.

부동산 투자를 할 때 3L이라 불리는 세 가지를 기억하라. '첫째도 로케이션 둘째도 로케이션 셋째도 로케이션이다.'라는 말처럼 부동산을 말할 때 로케이션(입지)은 아무리 강조해도 지나침이 없다. 또한 가장 강력한 원동력이 된다. 입지에서 중요한 요소는 '인프라'와 '바로 뒷사람' 전략이다.

농경사회에서는 물길이 생명줄이었다면 현대사회에서는 인프라, 즉 도로 조건과 지하철이 생명줄이 된다. 더 넓은 도로, 더 많은 지하철 노선, 특히 지하철 노선 중에서도 트래픽이 많은 노선, 급행열차가 정차하는 지하철역 등 역세권의 개발을 눈여겨보아야 한다. GTX(수도권 광역급행철도)의 노선도 참고해볼 만하다.

그런데 한 가지 유념해야 할 점이 있다. 교통이 좋아지면 해당 지하철역에 상권이 생기기보다는 좋아진 교통수단을 활용해서 이미 핫플레이스라 손꼽히는 지역으로 사람들이 이동하는 경향이 있다. 그러므로 지하철역이 생긴다고 해서 섣불리 상권이 활성화될 것이라는 막연한 기대를 해서는 안 된다.

이러한 인프라 개발 계획은 어느 날 갑자기 발표되거나 실행되지 않는다. 적어도 10년 내외의 계획으로 국토교통부, 시·군청 개발 계획 공고를 통해 확인할 수 있다.

6. 대형 프랜차이즈나 브랜드의 입점을 주시한다

대형 프랜차이즈나 브랜드의 입점이 예정되어 있다면 해당 지역은 더 빠르게 상권이 형성된다. 스타벅스나 맥도날드, 롯데리아, 올리브영 등은 입점 전에 해당 지역의 소비 수준, 유동인구, 상권 잠재력을 철저히 조사하고 요건을 충족할 때 출점하기 때문이다. 즉, 시스템으로 움직이는 대형 자본의 이동을 해당 지역이 성장할 가능성이 높다는 신호로 인식한다. 판교와 광교 지역이 그랬다. 고양시 덕양구 지역 또한 이케아와 스타필드가 들어서면서 인근 부동산 가격이 상승세로 접어든 바 있다. 이처럼 이케아, 스타필드, 코스트코 등 대형 유통 매장이 들어서면, 해당 지역의 부동산 가치 또한 상승한다.

그렇다면 이런 입점 정보는 어떻게 알 수 있을까? 기본 정보는 서울시에서 제공하는 서울시 상권분석서비스(golmok.seoul.go.kr)에서 확인할 수 있다. 대형 브랜드의 입점 계획은 언론을 통해 알 수 있고, 프랜차이즈 출점 계획은 해당 홈페이지에 들어가서 입점 관련 정보를 조회해보거나 실제로 출점 문의 과정을 경험해보면 된다.

다양한 프랜차이즈의 출점 계획이 확인된다면 '바로 뒷사람' 전략이 주효할 수 있다. 상권 진입을 통해 이익을 실현하겠다는 계획을 세 웠다면 일찍 들어가도 너무 늦게 들어가도 원하는 성과를 얻기가 어렵 기 때문이다.

또한 투자 기간을 설정할 때는 지역의 미래가치를 고려해 최소 5~10년 계획을 세우는 경우가 많다. 역세권 개발, 재개발 예정 지역은 낡고 저렴한 건물들로 임차인들이 이전하는 흐름을 읽는다. 일자리가 창출되고, 트래픽이 형성되는 과정을 지켜보면서 미래에 성장할 가능 성이 있는 지역을 주목하고 여러 채의 건물을 동시에 개발한다.

그들은 입지 변화와 상권 발전이라는 두 가지 축을 중심으로 바라 보고, 시간을 레버리지로 활용해 이익을 실현하겠다는 계획을 세워 어 떠한 경우라도 선봉장의 역할에 서지는 않는다고 볼 수 있다.

7. 전문가들과의 네트워크를 꾸준히 리딩해나간다

고수는 혼자 움직이지 않는다. 공인중개사, 금융 전문가, 감정평가 사, 세무사, 건축사 등 각 분야의 전문가와 네트워크를 구축하고 이를 적극적으로 활용한다. 한 사람의 이야기만 듣는다면 편향적으로 휩쓸 릴 수 있으므로 복수의 전문가 그룹과 지속적인 교제를 한다.

이들과의 정기적인 네트워킹을 통해 부동산 시장의 트렌드를 파악 할 수 있고, 돈의 흐름 역시 관찰할 수 있다. 특히 상권 활성화의 신호 를 빠르게 포착할 수 있는 기회이기도 하다.

고수는 단순히 전문가들과의 연결만으로 끝내지 않는다. 네트워크 를 통해 얻은 정보를 바탕으로 실행 가능한 전략을 세우고, 이를 투자 와 관리에 반영한다. 공인중개사에게 지역 매물의 가격 동향을 파악하 고, 감정평가사를 통해 해당 매물의 객관적 가치를 확인한다.

세무사와는 투자 수익에 따른 세금 부담을 계산하고, 절세 전략을 함께 설계한다. 건축사와 협력해 리모델링 가능성이나 신축 사업성을, 시공사와 건축 비용 변동을 확인하고, 금융 전문가에게 대출 조건과 금리 변동성을 확인한다.

특히 정부의 정책 변화로 시장의 변수가 발생할 때, 이들은 일반인보다 한발 먼저 해당 정보를 입수하고 적극적으로 대처해나갈 수 있다. 부동산 정책과 금융 정책, 조세 정책의 변화는 비정기적으로 일어나기 때문에 이러한 변화를 누구보다 빨리 파악하는 것은 건물주로서 굳건한 위치를 구축하는 데 도움이 될 것이다.

고수는 전문가와 소통하면서 시간 레버리지를 잘 활용한다. 충분한 관계 형성으로 자신이 원하는 방향을 전문가가 충분히 학습하도록 하고, 이후에는 자신에게 필요한 정보를 전문가가 충분히 검토한후 본인에게 제공할 수 있도록 문턱을 낮춰 둔다. 자신이 시간을 투자해서 얻을 수 있는 성과보다 더 큰 효율을 얻는 방법을 깨우쳤기때문이다.

네트워크를 조직적으로 활용할 수 있도록 방법을 깨우치고 전개해나간다면 실질적인 효율을 이끌어낼 수 있다. 특히 전문가 그룹과의 신뢰를 바탕으로 정보를 얻고 이를 전략적으로 활용할 수 있다면, 빠르게 변화하는 부동산 시장에서 우월한 위치를 선점할 수 있을 것이다.

불편한 수익률 계산법,
하수가 보고 싶은 것만 보다 결국 망하는 이유

건물을 매입할 때 검토하는 가장 중요한 요소 중 하나가 수익률 이다. 그러나 중개인의 수준에 따라, 어떤 기준으로 어떻게 산정하고 계산했느냐에 따라 수익률은 천차만별이 될 수 있다. 일반적으로 매물을 설명하는 정보 브리핑 장표를 전문용어로 건물 IM(Investment Memorandum) 자료라고 부른다. 이 문서는 매물의 가치를 잠재적인 매수 의향자에게 전달하기 위해 작성되며, 매물의 입지분석, 건물 특징, 시장 상황, 예상 수익률 등을 상세히 설명하는 것이 원칙이다.

부동산 IM 자료에 포함되는 주요 내용은 다음과 같다.

먼저 매물 개요다. 매물이 위치한 주소, 지역의 주요 특징, 접근성 등에 대한 정보를 제시한다. 건축 연도, 건물 크기, 용도(상가, 주거, 사무실 등), 층수 등 건물의 특성과 공실 여부, 기존 임대 조건 등이 기본 구성

요소다. 주요 도로, 대중교통, 상권 접근성 등 매물의 입지적 장점과 현재 대비 미래가치 상승 가능성, 공실률 개선 예상 등을 간단하게 언급한다. 자료의 신뢰도를 높이기 위해 매물의 내부 및 외부 층별 사진, 건물 평면도, 구획 배치 등의 자료도 첨부한다.

거래 금액이 다소 높고 전문적인 건물 중개인이라면 이 내용을 요약해 한 장으로 넣고 다음 장엔 '시장 분석' 정보를 삽입한다. 시장 분석에는 주변 지역의 평균 임대료, 인근 유사 조건 매물의 실거래 매매가, 공실률, 상권 분석 정보와 해당 지역의 개발 계획, 인프라 확장 가능성, 상권의 성장성을 전망한다. 이 경우 누구나 신뢰할 수 있는 출처를 꼭 표기한다.

가장 중요한 수익률 부분은 중개인마다 각각 다른 시각의 정보를 제공한다. 왜냐하면 수익률 계산은 정해진 공식이나 절대적인 기준이 아니라, 데이터를 어떻게 해석하고 무엇을 포함하느냐에 따라 완전히 다른 결과를 가져오기 때문이다. 매도자 혹은 매도자의 대리인들은 이런 허점을 이용해 수익률을 과장하거나 왜곡해 의도적인 오해를 유도하기도 한다. 단기적으로는 꽤 괜찮은 매물이라고 착각할 수 있으나 장기적으로는 예상치 못한 손실에 직면할 가능성이 크다면 단기적인 장점만 부각하는 방식이다.

'수익률'에 대해 좀 더 자세하게 따져보자. 먼저 수익률은 '표면 수익률'과 '실질 수익률'로 구분할 수 있다. 표면 수익률은 단순히 연간 임대 수익을 건물 매입 가격으로 나눈 값이다. 연간 임대료가 1억 원이고 건물 매입 가격이 10억 원이라면, 표면 수익률은 10%로 표기하는 방식으로 시장에서 가장 많이 사용된다.

그러나 이 숫자는 운영비, 공실률, 세금 등을 고려하지 않은 수치라는 것을 표기하지는 않는다. 건물 중개인은 종종 표면 수익률만을 강조하며 블로그 등을 통해 "수익률 10%를 보장하는 매물!"이라고 광고한다. 잘 모르는 왕초보 예비 건물주들은 "연 10%? 와, 대박인데?" 하면서 중개인에게 연락하는 것이다.

반면 실질 수익률은 NOI(순영업수익)을 기준으로 계산한다. 여기에는 유지보수 비용, 공실률, 세금, 관리비 등 모든 비용이 포함된다. 만약 앞서 사례에서 유지비로 연간 2천만 원, 공실로 인해 1천만 원의 손실이 발생했다면, 순수익은 7천만 원이다. 이 경우 실질 수익률은 7%가 된다. 표면 수익률 10%와 무려 3%의 차이가 나는 것이다.

일부 공인중개사가 자주 악용하는 전략 중 하나는 임대료를 과대평가하거나 유지 비용을 축소해 수익률을 부풀리는 것이다. 신규 상권에서는 초기 임대료가 높게 책정된 다음 시장 안정화 이후 임대료가 하락하는 경우가 많다. 왕초보 예비 건물주라면 상상할 수 없는 일이다. 2년에 5%씩 꼬박꼬박 올릴 수 있는 게 아니고 임대료가 하락할 수 있다고? 그러나 모든 상가 건물에는 다양한 공실률이 존재할 수밖에 없다. 겉으로 보기에는 공실이 하나도 없어 보이지만 렌트프리(Rent-Free), 핏아웃(Fit-Out) 기간은 임대료가 발생하지 않는 구간이므로 월세 수익이 발생하지 않을 수 있다.

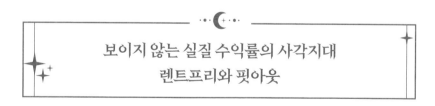

보이지 않는 실질 수익률의 사각지대 렌트프리와 핏아웃

'렌트프리'는 임대인이 일정한 기간 동안 임차인에게 임대료를 면

제해주는 조건을 의미한다. 주로 상업용 부동산에서 임차인을 유치하기 위해 제공하는 혜택으로, 초기 비용 부담을 줄이고 공실률을 낮추는 데 목적이 있다. "3년을 계약할 경우 총 5개월의 렌트프리를 지원하겠다."라는 조건은 1년 계약 시 1개월, 2년 계약 시 3개월, 3년 계약 시 5개월 식으로 임대료를 받지 않는 계약 방식이다.

'핏아웃'은 임차인이 임대받은 공간을 자신의 비즈니스나 필요에 맞게 설계하고 인테리어 공사를 하는 작업을 뜻한다. 대개 상업용 건물은 퇴거 시 원상복구가 원칙이기 때문에 임차인은 벽체, 천장, 바닥, 조명 등의 기본 설비 공사는 물론 자신의 사업을 위해 매장 인테리어 혹은 주방 설비 등을 갖추는 공사가 필요하다. 영업이 개시되기 이전이기 때문에 수익은 없는 상태에서 임대료를 지급해야 하는 상황이 생기는데, 이 기간의 임대료를 받지 않겠다는 계약 조건이라고 보면 된다.

매수인이 신규 계약을 한다면 이런 내용을 정확히 파악할 수 있겠지만, 임차 계약을 승계하는 조건으로 계약한다면 계약서를 꼼꼼히 따져보기 전까지는 렌트프리나 핏아웃 등의 내용을 정확하게 인지하지 못할 수 있다.

오피스 건물의 매매가 10억 원, 총 임대료는 연간 1억 2천만 원(월 1천만 원 × 12개월), 연간 운영비 2천만 원이라고 가정하고 수익률 계산에서 렌트프리를 의도적으로 누락시켜보겠다.

매도인은 현재 건물의 공실을 해결하기 위해 임차인에게 3년 계약 조건으로 5개월 렌트프리를 제공했지만, 매수인에게 이를 알리지 않았다. 매수인은 건물을 실사해보니 공실이 없어 100% 임대 상태라고 믿고 수익률을 계산한다.

매도인이 제시한 정보로 따져보면 3년 계약의 경우, 연간 임대료는 1억 2천만 원에서 운영비 2천만 원을 차감해 NOI가 1억 원이 된다. 이에 따라 10억 원에 매입할 때 단순 계산상 표면 수익률은 10%가 된다. 다만 3년 계약 동안 한 번의 5개월 렌트프리 조건이 적용되면, 5개월간 총 5천만 원의 임대료 손실이 발생한다. 원래 3년간 NOI는 1억 원×3년으로 3억 원이지만, 렌트프리 손실을 감안하면 총 NOI는 3억 원에서 5천만 원을 차감한 2억 5천만 원이 된다. 이를 연평균으로 계산하면 약 8,333만 원이 되어, 실제 수익률은 (8,333만원÷10억원)×100%로 약 8.33%가 된다.

여기에 매도인이 임차인 유치를 위해 추가로 핏아웃(인테리어 지원금) 5천만 원을 제공했다면 매수인은 이 금액을 건물의 운영비에 포함해야 한다. 그러므로 3년간 총 NOI에서 5천만 원을 추가로 차감하면 2억 원이 되고, 연평균 NOI는 약 6,667만 원이 되어 실제 수익률은 (6,667만원 ÷ 10억 원) × 100%로 약 6.67%가 된다.

반면 동일한 조건을 1년 계약에 적용할 경우, 1년 기준 원래 NOI는 1억 원이다. 그러나 6개월 렌트프리가 적용되면, 6천만 원의 임대료 손실이 발생해 NOI는 4천만 원이 된다. 만약 핏아웃 지원금이 고정적으로 5천만 원이라면, 1년 동안의 순 NOI는 −1천만 원이다. 만약 지원금이 렌트프리 기간에 비례해 6천만 원이라면, 순 NOI는 −2천만 원이다.

이처럼 매수인은 표면상 연 10%의 수익률에 매입한 것으로 보이나, 실제로는 렌트프리 조건과 핏아웃 지원금 등의 조건을 반영하면 3년 계약에서는 실제 연수익률이 약 8.33~6.67%로 줄어들고, 1년 계약에서는 오히려 적자가 발생할 수 있음을 명확히 알 수 있다. 실질적인 문제는 해당 임차인이 퇴거하고 발생한다. 렌트프리와 핏아웃을 제공했던 조건이 아니고서는 임차인을 구하기 어려워 공실 기간이 아주 길어질 수 있기 때문이다.

이와 수법은 다르지만 유사한 악의적 사례가 있었다. 건물 중개인, 매도인, 임차인이 서로 짜고 통임대를 아주 오랜 기간 할 것처럼 매수인에게 수익률을 보여주고 매수인이 해당 수익률 조건이 마음에 들어서 계약하자, 임대인 변경을 이유로 계약 중도 해지를 요구하며 나가버리는 바람에 공실률 100% 건물이 되어 큰 손실을 떠안은 사건이 강남 빌딩 시장을 떠들썩하게 하기도 했다.*

이러한 리스크를 회피하려면 첫째, 계약 전에 임차인과의 계약서를 요청해 렌트프리 및 핏아웃 조건과 특약 조건이 있는지 확인해야 한다. 장기 임대 계약이라고 해도 1년만 지나면 세입자가 언제든지 퇴거할 수 있다거나 주인이 바뀌면 언제든지 계약 해지 가능 등 작은 글씨로 붙어있는 특약이 매수자에겐 독소 조항이 될 수 있다.

둘째, 매물의 과거 3~5년간의 운영비, 수익, 임대 조건 내역을 요청해서 확인해야 한다. 혹여 부동산만 인수하는 것이 아니라 해당 법인의 주식을 인수하는 방식으로 거래한다면 재무제표뿐만 아니라 회계 자료 실사를 통해 여러 가지 발생할 수 있는 우발적 문제점들을 사전에 체크해야 한다.

그리고 이런 검토 시 법률 전문가와 세무·회계 전문가의 자문을 받는 것을 추천한다. 악의적으로 수익률을 부풀리는 사례를 예방하려면

---

* "월세 6000만 원이 0원 될라"··· 강남 통임대 빌딩 샀다가 날벼락 강남권에 3%대 통임대 중소형 빌딩 매물 만실에 혹해서 사면 공실 지옥 맛볼 수도 [출처: 조선일보(2024.10.23)]

매매 계약서뿐만 아니라 승계하게 될 대상에 대한 모든 계약 검토와 철저한 데이터 분석이 필수다.

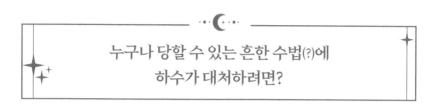

누구나 당할 수 있는 흔한 수법(?)에
하수가 대처하려면?

공실률 은폐

모든 건물에는 공실률이 존재한다. 상가 건물의 경우 지역이나 업종에 따라 공실률이 20~30%에 이를 수 있다. 그런데 '100% 임대 완료'라는 문구를 강조하며, 실제로는 단기 계약이거나 조건부 계약임을 숨기는 경우가 있다. 따라서 수익이 고정적으로 나오는 건물이라서 매수하려고 마음먹었더라도 기존 임차인의 계약 조건과 임대 기간을 반드시 확인하고, 주변 상권의 평균 공실률 데이터를 참고해서 타당한 계약인지 확인해야 한다.

임대료 과대 산정

임대료는 상권, 경기, 건물 상태 등에 따라 크게 달라질 수 있다. 신축 건물이라 임차인에게 높은 임대료를 받아낼 수 있다고 장담하는 중개인이 있다면 인근 유사 매물의 실제 임대료와 과거 거래 기록을 직접 조사해보자. 인근 신축 건물의 임대 현황도 확인해보면 답이 나온다. 참고로 신축 건물은 임대료가 상대적으로 높기 때문에 적게는 6개월, 길게는 1년 이상 공실일 수도 있다. 더욱이 꼬마빌딩이 스타트업에게 매력적인 사옥으로 통임대가 됐던 시절은 이미 지났다.

과도한 대출 한도 강조

대출 금리는 차주의 신용도와 건물의 감정평가에 따라 달라진다. 이 건물은 무조건 90%까지 가능하다며 과도한 레버리지 사용을 권하거나, 임차인들의 보증금에 대출까지 모두 레버리지를 사용하면 무자본 매수가 가능하다고 제안하는 건물은 믿고 거르는 것이 좋다. 대출의 한도와 조건은 금융기관에 직접 문의해보면서 하나씩 관문을 통과해나가는 과정을 거쳐야 나온다. 건물 중개인에게 '건물을 매수할 때 대출이 얼마나 가능하겠냐고 묻는 것'만큼 매수인의 부족함을 상대에게 드러내는 질문도 드물다는 것을 명심하기 바란다.

재무제표를 읽을 줄도 모르는데
수익률은 안다고요?

"저 건물은 연 10% 수익률이에요! 대출이자보다 월세 수입이 더 높으니 완전 대박 투자죠." 건물주가 되기 전 흔히 하는 대화다. 숫자는 명확하고 직관적이라 믿기 쉽지만, 과연 수익률 10%라는 말이 의미하는 바를 제대로 이해하고 말했던 걸까?

기업에 재무제표가 있듯 건물에도 재무제표가 있다. 그런데 건물주가 된 다음에도 그 시각이 변하지 않는다면 별다른 상황의 변화가 없을 수도 있다. 심지어 자신의 건물을 운영하면서 별도 재무제표를 작성도 하지 않는다면 당신이 알고 있는 건물의 수익률은 진짜 숫자가 아닐 확률이 매우 높다.

사업을 운영할 때는 매출, 비용, 순이익을 꼼꼼히 따지며 재무제표를 작성하는 자영업자도, 사옥으로 건물을 매수해 운영할 때는 단순히 월세와 대출 상환만 계산하는 경우가 많다. 그러나 만약 사업이 잘돼서 건물을 모으는 단계로 진입한다면, 영업외이익이 영업이익을 압도하는 사업체의 본질적인 비즈니스 구조가 기형적으로 전환될 수 있다는 점을 염두에 두어야 한다.

건물 투자에서 재무제표는 건물의 이력, 현금흐름, 잠재적 리스크를 한눈에 보여주는 현황판 역할을 한다. 건물 투자를 할 때 고려해야하는 항목은 대차대조표, 손익계산서, 현금흐름표다.

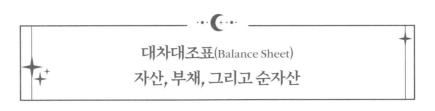

대차대조표(Balance Sheet)
자산, 부채, 그리고 순자산

대차대조표는 일정 시기의 건물의 자산 가치와 그 가치를 지탱하는 부채 구조를 보여준다. 보통 일정 시기라 함은 매년 12월 31일이다.

자산은 부채와 자본의 합으로 구성된다. 간혹 "부채가 왜 자산이냐?"라고 질문하는 사람들도 있는데, 만약 아파트를 대출로 구입했다고 가정해보자. 부동산 등기가 이전되었으므로 아파트라는 부동산은 내 '자산'이 되며, 은행 대출은 '부채'가 되고, 순수하게 들어간 나의 자본이 '자본'이 되는 것이다. 즉, 건물의 구매가가 50억 원인데 대출이 40억 원이라면, 순자산은 10억 원이다. 이때 자기자본 비율은 자본총계(자기자본) / 총자본(자본총계+부채총계)이다. 10억 원/50억 원 = 20%가 되는 것이다.

$$자기자본\ 비율 = 자본총계(자기자본) / 총자본 × 100$$

$$= 자본총계(자기자본) / [자본총계+부채총계] × 100$$

만약 이 대출이 고금리라면 매달 상환 부담이 커져 위험이 발생할 수 있음을 고려해야 한다. 따라서 레버리지의 리스크를 줄여나갈 수 있는 다양한 전략을 지속적으로 구사해야 하는 것이다.

매수 후 자산 재평가를 통해 건물의 자산 가치가 50억 원에서 60억 원으로 상승한다면 순자산 비율은 20%에서 16.67%(10억 원/60억 원)로 변동된다. 순자산비율은 낮아지게 되지만, 해당 자산의 가치는 더 높아졌다고 볼 수 있다.

부채비율은 부채/자본인데 50억 원 기준 대출이 40억 원일 때 부채비율은 40/50=80%가 되지만 40/60=66.67%로 줄어들게 되는 것이다.

$$부채비율 = 부채총계 / 자본총계 × 100$$

자산	유동자산	부채	유동부채
			비유동부채
	비유동자산	자본	자본금
			자본잉여금
			자본조정
			이익잉여금

따라서 부동산을 매입한 후 재무제표에 인식된 자산은 보통은 취득 당시 가격 그대로 잡히는데, 추가로 대출받을 경우에는 자산 재평가를 해서 기존 재무제표를 수정해 현재의 가치를 반영할 필요가 있다.

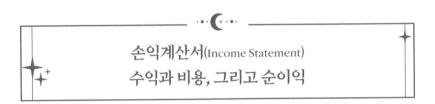

손익계산서(Income Statement)
수익과 비용, 그리고 순이익

손익계산서는 일정한 기간 동안 벌어들인 수익과 비용을 하나의 표로 정리해놓은 것이다. 보통 개인이라면 1월 1일부터 12월 31일까지를 의미하고, 법인이라면 결산일 기준 1년으로 계산한다. 통상적으로 12월 결산 법인이 많으므로, 1월 1일부터 12월 31일까지 1년간 건물이 벌어들인 임대료 수익과 지출 항목을 보여준다.

월세로 버는 수입은 매출이 되고, 해당 건물을 유지·관리하면서 지출하는 비용은 비용이 된다. 단순하게 월세라는 수입이 있다고 이익이 되는 구조가 아니라, 수입이 있더라도 공실 기간, 유지·보수·관리비와 세금을 제외하면 실제 순이익이 낮아져 실질적인 수익률은 목표 수익률에 미치지 못할 수 있다.

수입에서 비용을 차감하면 영업이익이 된다. 영업외수익(이자수익)을 더하고 영업외비용(이자)을 차감하게 되면 법인세 또는 소득세 차감 전 이익이 된다. 보통 세금을 고려하지 않은 이익은 해당 단계를 의미한다고 보면 된다. 하지만 최종적인 수익은 세금까지 다 반영한 이익이므로 세전이익에서 세금을 차감한 당기순이익이 진짜 이익이 되는 것이다.

다양한 전략을 통해 임대료 수익을 추가로 창출할 방법을 고민해야 한다. 유휴공간을 팝업 공간으로 임대하거나 사용량이 적은 공용 홀을 단기공간 대여로 운영할 수 있다. 건물 외벽의 가시성이 좋다면 광고판을 달아 영업할 수도 있다. 특히 트래픽이 높은 대로변은 전광판 임대 사업의 수익이 본 건물의 임대료 수익을 초과하는 경우도 종종 있다. 이러한 방법들을 총동원해 실질적인 수익률이 목표 수익률을 달성하도록 관리해야 한다.

구분	부동산임대
매출액	임대 수익
매출원가	—
매출총이익	임대순이익
판매관리비	전기세, 관리비, 재산세, 종부세 등
영업이익	영업순이익
영업외수익	이자수익
영업외비용	이자비용
법인세(소득세)차감전 이익	세전이익
법인세(소득세)	임대로 인한 당해 세금
당기순이익	당기순이익

현금흐름표(Cash Flow Statement)
조삼모사 논리가 독이 될 때

기업회계기준에서 말하는 현금흐름표는 1월 1일 기준 기초 현금에서 당해 들어온 현금과 나갈 현금을 반영한 12월 31일 기준의 기말 현금을 표로 볼 수 있게 만든 것이다. 하지만 보통의 투자자들이 말하는 현금흐름은 매달 들어오고 나가는 현금을 추적해, 건물 운영의 안정성을 판단한다는 것이다. 임대료 수익이 매달 들어오지만, 대출 상환과 유지·보수비로 인해 현금 유동성이 떨어지면 자산 가치는 높아도 실제 운영은 적자가 될 수 있다. 따라서 현금흐름은 더할 나위 없이 중요하다.

자기자본이 부족해 대출 한도를 최대한으로 사용해 매수했다면 금리 조건 역시 불리하게 책정되어 있을 가능성이 높기 때문에 사업체의 잉여 현금이 확보되는 만큼 대출 원금을 상환하고 대출 금리의 인하를 요구해 고정 지출을 줄일 수 있다. 연초에 대출 실적이 필요한 은행의 지점들을 발굴해 중도상환수수료를 상계할 정도의 조건으로 더 좋은 조건을 협상해 대환 대출을 시도하는 것도 좋은 전략이 된다.

만약 현금흐름을 검토하고 초기 투자를 더 할 수 있다면 이후에 발생할 상황에 대해서도 고려할 필요가 있다. 초기 투자가 많으면 유지·보수·관리비가 낮아지고 초기 투자가 적으면 유지·보수·관리비가 높아질 것으로 예상해, 차라리 초기 투자를 더 해서 좋은 마감재와 설비에 투자하는 경우가 있다. 하지만 이런 부분도 본 건물의 출구 전략을 어떻게 설정하느냐에 따라 예상 보유 기간이 달라지기 때문에 과투자가 되지 않도록 적정 투자 타당성을 지속적으로 확인하며 지출해야 한다.

자영업자의 의지로는 건물을 평생 보유하고 싶다 하더라도 사업체의 운영 흐름으로 미루어볼 때 현금 확보가 필요한 상황이 전개될 것으로 예측된다면 근본적인 문제 해결 전략이 아닌 버티는 전략으로 노후시설의 유지·보수·관리비를 책정하는 것이 타당하다.

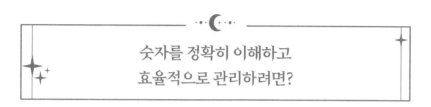

숫자를 정확히 이해하고
효율적으로 관리하려면?

임대료가 매달 1억 원이 들어오지만, 대출 상환과 관리비로 9천만 원이 나가면, 실질적으로 남는 돈은 1천만 원이다. 계산상으로는 흑자일지라도, 사업체의 운영 현황에 따라 현금흐름이 부족해지기라도 하면 실제 운영이 어려워질 수 있다. 비상시를 대비해 예비비를 책정하고 남은 돈 역시 해당 자금을 바로 사용할 수 있는 이익이라 말할 수 없다.

그럼에도 불구하고 부동산 중개인들이 매수인들에게 보여주는 수익률표(이러한 내용을 모두 반영하기 전 단순한 월세 수입 계산표 정도) 수준으로 자신의 건물 운영 이익을 막연하게 이해하고 있는 자영업자들도 적지 않다.

임대료 수익만 보고 수익률을 계산하는 과오를 범해서는 안 된다. 손익계산서를 통해 공실과 유지 비용까지 포함한 순수익을 반드시 계산해서 경영계획에 반영해야 함을 명심하자. 고금리 대출을 활용한 투자에서 현금흐름표를 무시하면, 매달 상환 부담에 따른 리스크가 커질 수 있다. 대출받을 때는 자기자본이 적게 들어가서 좋았겠지만, 그 이면에는 반드시 서슬 시퍼런 대가가 따름을 잊어서는 안 된다.

따라서 고금리 대출을 저금리 대출로 대환하기 위한 계획을 세워야 한다. 노후건물을 매수했다면 유지·보수비로 사용할 금액은 매달 일정 금액을 비축해두어야 한다.

부동산 투자에서 수익률로 표현되는 숫자는 중요한 지표다. 하지만 그 수익률이 어디에서 왔고, 어떤 변수를 고려하지 않았는지 모른다면 그것은 당신이 통제할 수 없는 자산이 되는 것이다. 대차대조표는 건물의 재산 상태를, 손익계산서는 수익의 구조를, 현금흐름표는 운영의 안정성을 보여준다는 사실을 명심하자.

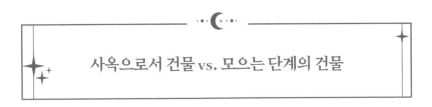

사옥으로서 건물 vs. 모으는 단계의 건물

본업이 안정되고 영업이익이 늘어나면, 건물을 하나둘 모으는 단계에 진입하게 된다. 이는 부를 이루는 2차선 국도에서 8차선 고속도로로 진입한 것과 같다. 인터체인지를 지나면 관리 시스템 자체가 달라지듯, 여러 건물을 소유한 순간부터는 단순한 운영이 아니라 전략적 경영이 필요하다.

여러 건물을 보유하게 된 경영자는 고속도로에서 차를 여러 대 운전한다고 생각하면 된다. 각 건물은 입지, 수익 구조, 활용 전략이 다르다. 어떤 건물은 장기 보유형, 어떤 건물은 단기 개발 후 매각형일 수 있다. 이를 구분하지 않고 무작정 매수만 하면, 추월차선을 달리는 차와 천천히 가야 할 차가 섞여 통제하기 어려운 혼란이 생긴다. 각 건물은 '보유형 안전자산'과 '투자형 위험자산'으로 나눠야 하며, 각각 독립된 전략과 관리가 필요하다. 각각의 그릇에 담고 개별적으로 재무제표를 관리하는 것이 더 효율적이다.

안전자산은 장기 임대 수익을 추구하는 자산으로, 공실률이 낮고 관리가 쉬운 상업용 꼬마빌딩이나 사옥 등이 여기에 해당한다. 반면 위험자산은 리모델링이나 개발, 재개발 등을 통해 자본차익을 추구하는 자산으로, 수익은 크지만 리스크도 크다.

이들을 같은 법인 내에서 관리하면 리스크가 전이되기 쉽다. 위험자산에서 발생한 손실이 안전자산의 현금흐름, 나아가 본사업까지 영향을 미칠 수 있기 때문이다. 또한 영업외이익이 영업이익을 초과하게 되면, 기업 정체성이 흔들리고 투자자들도 본업보다 부동산 가치에 집중하게 되는 부작용이 발생할 수 있다.

기차처럼 연결된 차량이 안정적으로 달리려면 선두 차량의 속도가 가장 빨라야 하는데, 중간이나 후미 차량이 급속히 빨라지면 사고 위험이 커지고, 한 대라도 급브레이크를 밟으면 전체 차량이 뒤엉켜 전복되는 아찔한 상황이 발생할 수 있다. 이런 비유로 설명하는 이유는 투자용 건물의 PER이 일반적인 기업의 그것보다 비정기적으로, 더 급격하게 흥하거나 망할 수도 있다는 부동산 사업적 특성이 있기 때문이다.

기업의 본질은 본업에 있다는 사실을 잊지 말아야 한다. 투자자 입장에서는 본업보다 부동산 수익에 더 의존하는 기업을 부정적으로 볼 수 있다. 자식이 장성하면 출가시키듯, 영업외이익이 일정 수준 이상 커질 것으로 예상된다면, 자산의 성격에 따라 별도 전략과 구조를 갖출 필요가 있다.

본업은 시장 점유율 확대와 안정적인 성장이 목표라면, 안전자산은 꾸준한 월세 수익과 자산 보존을 위한 수단이다. 반면 위험자산은 단기 개발과 매각을 통한 자본 수익 극대화가 목적이다. 여유 자금은 안전자산 매수나 본업 법인에 대한 투자금 상환에 활용해, 본사업의 현금흐름을 개선할 수도 있다.

이처럼 각 자산의 목표와 목적의 차이가 크기에 두 자산을 같은 법인에서 운영하면 수익과 비용의 흐름이 뒤섞여 분석이 어려워진다. 위험자산의 손실이 안전자산이나 본업에까지 영향을 미칠 수 있다. 반대로 각 자산을 개별 법인으로 분리 운영하면, 리스크를 차단하고 효율적 운영이 가능해진다. 문제가 생기더라도 해당 법인만 정리하면 다른 자산은 보호할 수 있다.

앞서 이야기했듯 이를 위해 법인별로 재무제표와 출구 전략을 분리해서 관리해야 한다. 안전자산 법인은 월세 수익, 유지비, 세금 등 안정적 운영에 초점을 맞춘다. 위험자산 법인은 개발비, 리모델링, 매각 수익 등을 철저히 분석하고, 고금리 레버리지도 활용해 이익률을 극대화하는 전략을 펼친다.

금융 전략도 달라진다. 안전자산은 저금리 대출을 통해 안정성을 확보하고, 위험자산은 단기 고금리 대출이라도 자기자본 비율을 낮춰 수익률을 극대화하는 것이 타당하다.

세무 전략 역시 구분되어야 한다. 안전자산은 감가상각과 유지비 처리 등 장기 보유 중심의 절세, 위험자산은 개발·신축업자 자격으로 단기 매각 이익 실현에 맞춘 절세 구조를 설계해야 한다.

결론적으로 사옥 하나를 보유할 때와 건물을 모으는 단계는 전략이 다르다. 자산의 특성과 목적에 따라 독립적으로 운영하는 구조가 장기적으로 효율적이며 안정적이다.

모든 자산을 한 바구니에 담으면 매출 규모는 커 보일 수 있지만, 재무 구조는 오히려 취약해질 수 있다. 건물을 모으는 단계에 진입한 당신에게 필요한 건 단순한 재테크가 아니라, 전략적 자산 운영이다. 모으는 건물들은 이제 '단순한 잉여자금의 재테크'가 아니라 '전략적으로 관리해야 할 신사업'이다.

월세로 버틸까, 대출로 건물주가 될까?
자산 확보 전략의 갈림길

· · * · ☾ · * · ·

우리는 종종 신중하게 답을 찾으려다가 바람처럼 사라지는 기회를 놓치곤 한다. 방향이 조금 틀려도 빠르게 결정하고 실행하는 사람이 더 많은 것을 배우고, 더 빨리 목표에 다가간다는 걸 알지만, 현실에서는 쉽지 않다. 결정의 속도는 곧 실행의 속도이고, 실행의 속도는 결과를 만드는 힘이다. 하지만 빠른 결정이 가져올 손실에 대한 걱정은 우리를 주저하게 만든다.

"성공하는 사람들은 결정의 방향보다 속도가 돋보인다. 세상에서 가장 가치 있는 자산은 시간이다. 생각을 깊게 한다는 이유로 결정을 미루는 사람은 결국 시간을 잃는다. 가장 잘못된 결정은, 아무 결정도 하지 않는 것이다."

그렇다면 우리는 어떻게 시간을 잃지 않을 수 있을까? 경영자라면 누구나 경험해봤을 것이다. 잘못된 결정이라도 실행 과정을 통해 얼마든지 교정할 기회를 얻을 수 있다는 것을. 성공하는 사람들은 '지금 할 수 있는 것'에 집중하며, 완벽하지 않아도 한 걸음 내디딘다. 그 작은 실행이 결국 성과로 이어진다.

부동산 자산을 취득하기 직전의 순간, 특히 처음 건물주가 되려는 상황에서는 누구나 망설이게 된다. '월세로 계속 버틸까, 아니면 대출을 감수하고 건물주가 될까?'

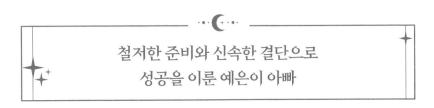

철저한 준비와 신속한 결단으로 성공을 이룬 예은이 아빠

예은이 아빠는 도시의 한 상권에서 작은 음식점을 운영했다. 사업 초기 그는 월세를 내며 작은 공간을 운영했지만, 사업이 안정되면서 사용하는 공간이 늘어났고 월세 지출 또한 늘어났다. 임대한 총 공간이 건물 연면적의 절반 내외가 되자 자가 매입을 진지하게 고민하기 시작했다. 기왕이면 이사 가지 않는 게 좋을 것 같아 건물주에게 매도 의사를 물어봤지만 건물주는 단칼에 팔 생각이 없다고 잘랐다.

결국 예은이 아빠는 인근 부동산 시장을 조사하기 시작했다. 횡단보도가 있는 도로 하나만 건너도 상권이 달라지는 동네의 특성을 관찰하며 상권 분석과 재무 계획을 철저히 공부했다. 이른바 흐르는 상권을 걸러내기 위해서였다.

마침내 예은이 아빠는 사업자 대출을 통해 카페 근처 안쪽의 작은 단독주택을 매입하기로 결심했다. 그는 증축 리모델링을 통해 본인이 사용할 매장 외에도 임대 수익을 창출할 수 있는 구조로 건물을 설계했고, 1층은 자신의 사업장으로, 나머지 여유 공간은 임대해 운영할 계획을 세웠다.

　결론적으로 예은이 아빠는 이 결단 덕분에 매달 고정적으로 나가던 임대료 부담에서 벗어나, 자산 확보를 통한 임대 수익을 창출하며 사업을 안정적으로 확장할 수 있게 되었다. 그의 대출이자 상환은 임대 수익을 통해 충당되었다.

　매출 성장을 통해 법인 잉여금이 축적되어 건축에 필요한 자기자본이 확보되자, 예은이 아빠는 과감하게 철거하고 빌딩을 지었다. 신축 건물이 준공되자 오픈하는 첫날부터 핫플레이스가 되었고 덕분에 매출도 상승 곡선을 그렸으며 부동산 가치가 상승하면서 그는 자산 가치 상승과 사업적 성공까지 두 마리 토끼를 모두 잡게 되었다.

　정리해보면 예은이 아빠는 상권 분석과 재무 준비를 충분히 마친 후 자산을 매입했다. 대출 상환을 위해 임대 수익 창출 전략을 함께 세웠다. 해당 건물의 용적률이 남아있는 것을 확인하고 건물 면적을 증축해 이자를 상환할 수 있는 단단한 구조를 세웠고 적정 시점에 몸집을 키워 자산의 사이즈를 업그레이드한 것이다. 그 결과 본업 역시 안정적으로 운영하며 자가 건물에서 본업과 자산 가치를 키울 수 있게 되었다.

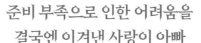

준비 부족으로 인한 어려움을
결국엔 이겨낸 사랑이 아빠

사랑이 아빠는 먹자 상권에서 라이브 카페를 운영하며, 자가 건물 매입을 꿈꾸고 있었다. 주변에 건물주가 된 사례들을 보며 '나도 할 수 있다'는 의지가 점점 강해졌고, 어느 날 유튜브에서 '수백억대 건물주'라는 중개인에게서 강남 급매물 소식을 접하게 된다.

머리부터 발끝까지 명품으로 치장한 유튜버와 마주한 순간, 그가 소개한 건물보다 그의 슈퍼카가 더 눈에 들어왔다. "저만 믿고 따라오세요. 제가 누굽니까, 김잘난 마스터입니다!" 그의 말에 홀린 듯 매수를 결정했다. 유튜버가 계산해준 수익률표는 그럴듯했고, 강남에서 수익률 4%면 괜찮은 조건이라고 판단했다. 급매 거래를 해주었다는 명목으로 요구한 수수료도 깎지 않았고, 유튜버가 연결해준 2금융권 대출도 흔쾌히 수용했다. 그는 등기권리증을 받아들며 "이제 나도 강남 건물주"라는 벅찬 감동에 빠졌다.

그러나 현실은 달랐다. 해당 상권은 평일 중심의 오피스 상권으로, 주말 장사에 의존하던 사랑이 아빠의 업종과 맞지 않았다. 유동인구가 적은 주말엔 매출이 급감했고, 2금융권의 높은 대출이자 부담까지 겹쳐 현금흐름은 점점 악화됐다. 건물 매수가 결국 본업에 악영향을 미치게 되었다.

그러나 사랑이 아빠는 포기할 수 없었다. 버티기만 하면 건물의 시세가 오를 것이라는 확신이 있었기 때문이다. 결국 그는 과감한 결단을 내렸다. 본인의 사업장을 축소하고, 건물 1층엔 직장인 대상의 베이

커리 카페를 유치했다. 또한 배달 주문이 많은 지역 특성을 고려해 임차인이 커피 테이크아웃 영업을 병행할 수 있도록 오토바이 출입이 쉽게 리모델링을 진행했다. 주차장도 임차인을 위해 양보했다. 자신의 전셋집을 월세로 전환해 확보한 보증금으로 일부 원금을 상환하고, 1금융권으로 대환 대출을 진행하면서 고정비 부담을 줄였다.

임차인의 장사가 잘되면서 건물 분위기는 급반전되었다. 공실이 사라지고 건물 가치가 상승하자, 임차인으로부터 매수 제안이 들어왔고 사랑이 아빠는 시세대로 건물을 통매각해 엑시트(Exit)에 성공했다. 매각 후 정산해보니 그간의 손실은 충분히 만회되었고, 급매로 샀던 건물은 상당한 시세 차익까지 안겨주었다.

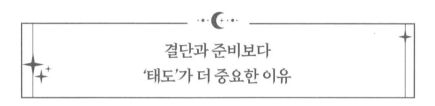

결단과 준비보다 '태도'가 더 중요한 이유

사랑이 아빠의 이야기는 '자산 매입의 결단이 중요하지만 철저한 준비가 없다면 재정적 어려움이 뒤따를 수 있음'을 보여준다. 그러나 그러한 상황에서 순발력 있는 판단으로 임대 전략을 세우고 대환 대출을 통해 문제를 해결해나가는 과정은 부정적으로만 볼 수 없다.

두 사례는 결단의 중요성과 그 결단이 성공으로 이어지기 위해선 철저한 준비는 필수적일 뿐만 아니라 어떠한 경우에도 포기하지 않고 온 힘을 다하면 마침내 성공에 다다를 수 있다는 점을 보여준다.

또한 부동산 자산의 특성상 전략을 잘 구사한다면 한방(?)이 있을 수 있음도 깨우칠 수 있다. 남들이 다 망해나간 자리에서 대박이 나는 사람도 있다는 것은 어제오늘 일이 아니기 때문이다. 예은이 아빠는 준비된 결단을 통해 자가 건물을 안정적으로 운영할 수 있었고, 사랑이 아빠는 즉흥적인 매수 결정으로 큰 어려움을 겪었지만 포기하지 않고 해결하려는 자세로 노력해 더 큰 수익을 얻었다는 것에 주목해야 한다. 결단과 준비 못지않게 문제가 발생했을 때 이를 해결하려는 태도가 부동산 자산을 기반으로 한 성과를 좌우할 수 있다.

그럼에도 불구하고 사업장으로 사용할 사옥을 매수하려면 다음의 사항을 확인하고 신중하게 결정하기 바란다.

- 상권 조사와 재무 계획을 수립했는가?
- 고정비 관리와 임대 수익 창출을 계획했는가?
- 발생하는 리스크 관리 전략은 수립했는가?

참고로 사랑이 아빠의 사례에서 볼 수 있듯 대출을 레버리지 삼아 자산을 확보하는 것은 고정비 부담을 동반하기 때문에, 리스크 관리가 중요하다. 특히 1금융권이 아닌 2금융권을 사용할 때는 사용하고자 하는 기간을 한정하고 반드시 1금융권으로의 대환 계획을 수립하는 것이 중요하다. 단기적으로는 2금융권의 사용이 더 좋아 보일 수 있지만, 장기적으로는 1금융권을 사용하는 것이 재무 안정화에 더 도움이 될 수 있다.

통상 2금융권은 대출 한도가 1금융권 대비 더 많기 때문에, 2금융권 대출을 1금융권으로 변경하려면 그 차액을 우선 마련해서 상환해야 한다. 또한 대환 대출을 만기 전에 실행할 때는 조기상환 수수료가 발생할 수 있으므로 신규 대출을 실행할 때 미리 확인해야 한다. 통상 대환 대출을 할 경우, 해당 수수료 차액 이상을 신규로 대환 대출을 해주는 은행에서 금리 할인 등으로 손실을 보전해주는 경우도 종종 있으므로, 반드시 대출 상담 시 확인해보기 바란다. 결국 은행 대출의 한도와 금리는 협상을 통해 확정된다.

대마법사의 멘토링 6

'No Money Down' 시리즈의 저자 로버트 앨런

노 머니 다운(0원으로 부동산 매입하기)
재융자, 파트너십 등으로 초기 자본 부족 해결하는 방법

소액으로도 건물주가 될 수 있습니다. 당신이 부자가 될수록 그 문턱은 더 낮아집니다. 심지어는 0원으로 건물을 매수할 수 있습니다. 그러나 당신이 자산가도 아니고 부자 반열에도 못 들어갔는데 0원으로 자산을 매입할 수 있는 기회가 왔다면 그 자산은 부자들은 거들떠보지도 않는 최하급의 매물일 확률이 매우 높습니다. 시중에선 이런 물건을 '폭탄 돌리기'라고 합니다.

그것이 아니라면 금융권 대출, 지분 투자, 공동 투자 등 '남의 돈'을 활용하는 레버리지 원리를 이해해봅시다. 타인의 자본을 효율적으로 활용하면, 내 자본이 적어도 '꿈꾸던 건물'을 품을 수 있습니다. 다만 험한 꼴을 보지 않으려면 탄탄한 '사업성 검토와 리스크 관리'는 필수입니다. 아주 많은 건물주가 이 마법을 깨우치고 큰 부자가 되었습니다. 원리를 먼저 이해해야 합니다. 알고도 선택하지 않는 것과 알지 못해 선택의 기회조차 얻지 못하는 것은 너무나도 다른 결과를 가져오게 될 것입니다.

6단계 "남의 돈으로 건물주 되기, 사업도 남의 돈으로 하는 것처럼"

부동산 마법 학교 연구동 한켠에는 '창의적 자본조달 연구실(Creative Financing Lab)'이 있다. 족히 4m는 되어 보이는 높다란 나무 문을 밀고 들어서자, 벽면 가득 빼곡히 꽂힌 두루마리 문서와 고서들이 눈에 들어왔다. 고풍스러운 버건디색 카펫 위엔 '자본 레버리지 계산기'라는 소책자가 놓여 있었다. 이곳은 부동산 마법 학교에서도 '창의적 자본조달'을 연구하는 특별한 공간이다. 금융을 창의적으로 한다는 말이 다소 낯설게 느껴졌지만, 1980년 출간 이후 전 세계적으로 수백만 부가 판매된 책의 저자가 이끄는지 연구실이다. 연구실을 둘러보던 내 시선을 사로잡은 것은 'No Money Down'이라 적힌 칠판이었다. 그 아래에는 '재융자(Refinancing)의 기회', '파트너십 사례', '크라우드펀딩 활용법' 등이 온갖 가능성을 탐색하는 흔적이 빼곡히 담겨 있었다.

"많이 기다렸나요?"

낯익은 목소리. 깔끔한 정장 차림의 신사가 부드러운 미소로 인사를 건넸다. 바로 로버트 앨런 대마법사였다. 그는 나를 반갑게 맞으며 연구실 구석으로 이끌었다. 그곳에는 자금흐름 시뮬레이션 장치와 성공 사례 노트들이 줄지어 있었다.

"사람들은 종종 '자기자본이 없으면 건물주가 될 수 없다'고 생각합니다. 하지만 세상엔 다양한 방법이 있어요. 그걸 찾아내고 실현하는 것이 제 연구의 핵심이죠."

나는 마치 비밀 프로젝트에 초대된 듯한 기분이었다. 대체 어떤 혁신적인 아이디어들이 탄생할까? 1980년에 시작됐다면 벌써 40년이 넘은 연구다.

"'남의 돈으로 부동산을 산다'고 하면 일단 의심부터 하는 사람들이 많아요. 대부분 사기처럼 들리죠. 물론 대가 없이 이뤄지진 않아요. 하지만 '창의적 자본조달'이란, 실제로 내 주머니에 돈이 없더라도 내가 가진 자원, 관계, 미래 수익 창출력 등을 종합해 '남의 돈'을 끌어오는 방법을 의미합니다. 레버리지의 최적화를 하는 거예요. 이를 제대로 배우고 실천하면 '돈이 없어서 건물주가 못 된다'는 말은 핑계에 불과하죠."

앨런은 직접 정리한 스크롤(두루마리)을 펼쳐 보였다. 재융자, 파트너십, 크라우드펀딩 등 항목마다 사례와 노하우가 정리되어 있었다. 연구실 한쪽에는 '노머니 다운' 전략으로 성공한 수강생들의 감사 편지와 인증서가 가득 붙어 있었다. 누군가는 작은 건물을 매입했고, 누군가는 공동투자 커뮤니티를 만들어 수익형 부동산을 수백 채나 운영 중이라고 한다.

"자, 이제 본격적으로 실험을 시작해봅시다. '내가 가진 자본보다 더 큰 건물을 손에 넣는 방법'에 대해서. 모든 변수와 시뮬레이션 결과를 분석하면 길이 보일 겁니다."

나는 긴장된 마음으로 고개를 끄덕였다. 이곳에서는 정말 '자기자본 부족'이라는 벽을 넘을 방법을 찾을 수 있을 것 같았다.

논란 많은 '노 머니 다운' 전략

어떤 이는 나를 '자본주의 시스템을 영악하게 이용하는 천재' 라고 평가하고, 또 어떤 이는 '사기꾼'이라고 폄하하기도 합니다. 그렇지만 난 둘 다 신경 쓰지 않아요. 내가 '노 머니 다운', 즉 무자본으로 건물주 되기 전략을 계속 알려온 건 평범한 사람들에게 자본주의 시스템의 깨우침을 주고 싶어서예요.

"한국에도 비슷한 유튜버들이 있어요. '0원으로 건물주 되기' 같은 세미나도 자주 하고요. 세미나를 열면 사람들도 엄청 많이 가더라고요."

그 말이 나오니까 더 재미있네. 그 유튜버가 진짜 0원으로 건물주가 되었다면 건물주 지망생으로서 한 번쯤 궁금해하는 게 당연한 거 아닐까요? 사실 불가능한 이야기도 아니니까 말이에요.

"그렇게 건물주가 되는 건 위험하지 않나요?"

위험할 수 있죠. 그런데 위험 없는 사업이 어디 있나요? 위험은 관리하는 겁니다. 피하고 싶으면 아무것도 하지 말아야죠. 그러면 아무 일도 안 일어나겠지만요. 다 마찬가지예요. 준비 없이 욕심만 앞서서 달려들면 치명적인 독이 되고, 철저히 분석하고 협상의 능력을 발휘할 수 있다면 효과적인 도구가 되겠죠.

협상력과 창의적 자금 조달

"그렇다면, 대마법사님이 말하는 'No Money Down'의 본질은 뭔가요?"

핵심은 OPM(Other People's Money)을 끌어오는 협상 능력에 있어요. 큰 사업일수록 타인의 자본을 사용하는 게 당연한 수순인데 부동산 투자에서는 왜 그걸 안 하는 거죠? 부동산 투자도 엄연한 사업의 하나잖아요. 미국에서는 매도인이 직접 돈을 빌려주는 '오너 파이낸싱(Owner Financing)', 재무적 투자자와 파트너십을 맺어 자금을 조달하는 방식, 임대 수익을 극대화해서 대출 상환분을 충당하는 전략 등 다양한 금융 모델을 사용해서 건물주가 된 사례들이 많아요. 결국 '내 돈 없이 부동산을 매입한다'는 게 그냥 '공짜'라는 말은 아니죠. 초기에 필요한 자기자본을 은행이 아닌 다른 방식으로 조달하고 가치가 올라가면 리파이낸싱해서 결과적으로 투자한 자기자본이 0원이 된다는 게 핵심이죠. 대부분은 이런 방법을 생각하지 못해서 아예 시작 자체를 못 하는 경우가 많으니까요.

"맞아요. 제 주변에도 오너 파이낸싱을 활용했던 건물주들이 더러 있어요 '무자본 갭투자'라는 방식인데, 소유권이 한번 넘어오면 각종 비용과 세금에서 쉽게 빠져나올 수 없어서 실제로 임대료가 잘 나올 수 있는 임차인을 확보할 수 있는지가 중요더라고요."

오해도 많고, 논란도 많았던 이유

"그런데 좋은 물건을 살 수 있는 경우보다는 그렇지 않은 경우 폭탄 돌리기처럼 시장에 나오는 일이 있다 보니까, 아무래도 선의의 피해자가 생길 수도 있지 않을까요?"

나 역시 준비 안 된 사람한테는 이 방법을 추천하지 않아요. 준비된 사람에겐 '노 머니 다운'이 성공의 비법이지만, 일확천금을 공짜로 얻으려는 사람에겐 뒤탈이 나는 원인이 되니까요

자본주의는 어차피 신용(credit)과 협상으로 돌아가는 시스템이잖아요. 평범한 사람이라면 늘 하던 대로 은행 대출만 알아보겠지만, 이익을 최대화하려면 나처럼 여러 옵션을 고민해볼 수 있어야 합니다. 자본주의 사회에서 그게 합리적인 것 아닐까요? 최소 투자로 최대 이익을 얻는 거 그게 비즈니스의 기본이니까요.

창의적 파이낸싱으로 성공한 사업가 이야긴 셀 수 없을 정도로 많아요. 하지만 세상은 늘 '망한 사람'을 더 조명하거든요. 사람들은 잘된 이야기보다 망한 이야기에 더 흥분하니까요. 영화를 보더라도 주방장의 칼보다 조폭의 칼에 더 시선이 가잖아요.

리스크 관리와 준비의 중요성

노 머니 다운으로 소유권을 확보한 후엔 리스크 관리에 집중해야 해요. 임대가 안 나가면 어떻게 할 건지, 금리가 올라가면 어떻게 대처할 건지, 셀러(건물주)가 갑자기 입장을 바꿔서 조기 상환을 요구하면 어떻게 할 건지 등, 여러 상황의 시나리오를 미리 짜둬야 해요.

"확실히 로버트 기요사키 대마법사가 말한 현금흐름과 재무제표 개념이 중요하겠네요."

바로 그거예요. 제대로 준비하지 않으면 결코 성공할 수 없어요. 무턱대고 덤비다간 사람들 말대로 사기꾼 소리 듣거나 실제로 부도가 날 수도 있어요. 반면 철저한 분석과 협상력, 그리고 리스크 관리가 뒷받침된다면 '노 머니 다운'은 가장 혁신적인 도약의 발판이 될 수 있죠. 그게 제가 말하는 '자본주의 마법'이기도 하고요.

"이 전략도 결국 누군가의 돈을 끌어오는 거니까 당연히 책임과 위험이 따를 수밖에 없겠고요."

세상에 완벽하게 안전한 사업은 없죠. '안전함'에만 집착하면 기회는 늘 뒤로 미루게 되고, 평범한 사람은 오히려 주저앉을 때가 많아요. 그러니 도전하되 '준비와 계산'을 빠뜨리지 않는 게 핵심입니다. 자본주의는 신용과 현금흐름, 협상으로 돌아갑니다. 똑똑하게 그 시스템을 파악하고 활용한다면, 과감한 도전도 해볼 수 있죠. 하지만 준비 없이 욕심만 앞선다면 그 끝은 당연히 위험할 수밖에 없고요.

이 마법을 사용할 생각은 하지도 말라고 말리는 사람들도 있을 테고, 너라면 할 수 있을 거라고 강하게 권유하는 사람들도 있겠죠. 당신이 하는 일이라면 묻지도 따지지도 않겠다고 투자하겠다는 사람들이 생겨날 수도 있을 것입니다. 어느 쪽이든, 최종 결정은 당신 몫이에요. 실패하면 '사기꾼', 성공하면 '천재 투자자'라고 부를 겁니다.

로버트 앨런 대마법사의 멘토링을 통해 '노 머니 다운(0원으로 건물주 되기)'을 둘러싼 오해와 논란, 그리고 이면에 자리한 위험과 가능성에 대해 다시금 생각해볼 계기가 되었다. 내가 이 마법을 제대로 다룰 수 있을까? 터득한다면 어떤 방식으로 사용할 수 있을까? 내 안에서 커지는 긴장과 설렘을 안고, 부동산 마법 학교 연구동을 빠져나왔다.

부동산 마법 학교에서 배운 가장 영악한 마법. 자본주의 마법 계에서도 흥분하지 않고, 용기가 있고, 준비된 사람만 사용할 수 있는 부동산 마법을 정리하면서 비밀 노트를 다시 열었다.

망하고 싶지 않다면, 세무사부터 만나라! 객관적 증빙이 가능한 타당성 확보의 중요성

　명확하지 않은 주먹구구식 계획은 사업을 잘못된 방향으로 이끄는 실수로 이어져 결국 손실로 이어진다. 특히나 건물 매수나 대출 같은 중요한 결정을 내릴 때 더 그렇다. 은행에 가기 전 세무사를 만나야 하는 이유는, 바로 이런 불명확함을 해결하고 사업 확장과 자산 관리를 안정적으로 이어가기 위해서다.

　자본주의 사회에서 사업을 하면서 규모가 커지면 자연스럽게 금융과 부동산을 파트너로 만나게 된다. 부동산 자산을 매수하기 위해 금융 레버리지를 이용한다는 것은 결국 안전자산을 확보하고, 이 자산을 통해 수익을 높이거나 사업을 안정적으로 운영하기 위해서다. 하지만 막연히 좋은 기회를 잡으려는 마음만으로, 구체적인 계획 없이 대출을 시도하는 사장들도 정말 많다. 자, 그럼 무작정 은행으로 달려가는 수지 엄마와 세무사를 만나 계획을 세우고 접근하는 선영 엄마의 이야기를 구체적으로 살펴보자.

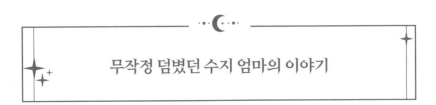

무작정 덤볐던 수지 엄마의 이야기

수지 엄마가 운영하는 작은 카페는 장사가 제법 잘되는 편이다. 돈이 점점 통장에 쌓이면서 더 큰 성공을 위해 사업 확장과 자산 축적의 필요성을 절감했다. 그러다 지역 내 좋은 상권에 빈 건물이 나왔다는 소식을 듣고, 마음이 급해진 그녀는 곧장 은행으로 달려간다. 나름대로 장사가 잘되니 대출받을 수 있을 것이라는 자신감이 있었기 때문이다.

하지만 은행 대출 창구에서 여러 질문을 받으면서 당황했다. 대출 목적, 매입할 건물에 대한 구체적인 계획, 예상되는 수익률, 상환 계획 등을 물었을 때 그녀는 "우리 가게 모르냐?" "이 동네 매출 모르냐?" "와, 답답하다. 당연히 잘될 거다." "여기 땅값이 얼마나 올랐는지 모르냐." 등의 막연한 대답을 할 뿐이었다. 은행은 더 구체적인 자료가 필요하다며, 심사를 위해 더 많은 증빙 자료와 계획서를 요구했다.

결국 철저한 준비 없이 덤빈 수지 엄마는 인근 2금융권으로 가서 똑같이 어필해본다. 그런데 이번에는 창구 직원이 알아서 정리를 잘해주었고 대출이 실행되었다. 그런데 나중에 알아보니 1금융권의 한도와 별 차이가 없었음에도 금리가 높은 상품이었다. 수지 엄마는 처음엔 잘될 거라며 확신에 찼지만, 이자 부담이 커지면서 본업에도 영향을 미치게 되었다. 결국 대출에 대한 부담이 커지며 사업 확장이 오히려 발목을 잡는 상황으로 바뀌고 만다. 게다가 주변에서 리모델링 공사와 신축 공사들이 이어지면서 손님들의 동선에도 영향을 주자 매출도 원하는 성과가 나오지 않아 걱정이 이만저만이 아니다.

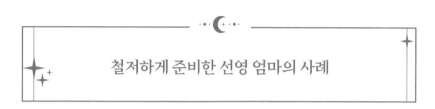

철저하게 준비한 선영 엄마의 사례

선영 엄마는 사업 확장과 자산 확보에 대해 신중하게 접근했다. 선영 엄마 역시 기존 매장을 잘 운영하던 중 확장과 자산 확보의 필요성을 느꼈는데, 은행으로 바로 달려갔던 수지 엄마와는 달리 그녀는 세무사를 찾아가 전문가의 조언을 구했다. 기장을 담당했던 세무사는 이런 상담은 기업 경영 컨설팅을 주로 하는 윤나겸 세무사가 전문가라며 소개해주었고, 선영 엄마는 윤 세무사를 만나 구체적인 사업 확장을 위한 설계를 했다.

먼저 윤 세무사는 지역 상권 분석과 선영 엄마의 매출 패턴을 바탕으로 사업계획서 준비를 도와주었다. 사업계획서에는 선영 엄마가 기대할 수 있는 목표 매출, 매입 건물의 예상 수익률, 확장 후의 성장 계획까지 구체적으로 포함되었다. 또한 자금 활용 계획과 상환 계획도 함께 마련해주었다. 예산 중 얼마가 리모델링에 쓰일지, 얼마가 시설 투자에 들어갈지를 세부적으로 정리하고, 매달 어느 정도 금액을 상환할 수 있을지 계산해 선영 엄마가 부담 없이 자금을 운영할 방안을 세웠다.

절세 전략까지 함께 준비했다. 대출로 발생하는 이자 비용을 절세 항목으로 활용하는 방법, 고정 자산의 감가상각을 통해 절세 효과를 높이는 방법 등 실질적인 절세 방안을 고민했고 선영 엄마의 사업체를 벤처기업으로 인정받아 자체 사업장으로서 사옥을 취득하는 방향을 제안했다. 요즘은 서비스업도 프랜차이즈를 목표로 하는 경우 엑셀러레이터 법인의 투자를 받아 해외에서 자금 유치도 한다고 설명해주었다. 자신이 일개 장사꾼이 아니라 기업가로 성장할 수 있는 비전이 있다는 사실을 깨우친 선영 엄마는 더 단단한 자세로 사업 확장을 위한 기틀을 마련해나갔다.

윤 세무사는 대출도 경쟁을 붙여야 한다며 대출 요청서와 사업계획서를 지참해 최소 세 군데 이상의 은행을 가보라고 했고, 수도권과 지방 은행도 반드시 가보라고 조언해주었다. 연예인 손모 씨도 빌딩을 살 때 지방의 1금융권 은행에서 대출을 사용한 사례를 알려주며, 상황에 따라서는 같은 1금융권이어도 대출 실적이 필요한 지점이 더 친화적으로 대출해줄 수 있다는 조언을 해주었다.

결국 선영 엄마는 수지 엄마가 사용한 부동산 담보 대출이 아니라 중소벤처기업진흥공단 사업자금 대출이었다. 시설 자금과 운전 자금을 받는 방식으로 한도도 증액하고 금리도 할인받으며 안정적으로 사옥을 매입했다.

선영 엄마에게 사옥 마련 과정은 미래를 향한 시야를 넓히고, 기존의 재무 현황을 디딤돌 삼아 한 단계 더 높은 곳을 향해 도약하는 계기가 되었다. 그럼 선영 엄마가 윤 세무사와 상담하며 얻은 이점을 분석해보자.

재무 상태 점검 및 리스크 관리

윤 세무사는 선영 엄마가 사업 확장을 결정한 시점을 기준으로 최근 3개년 치의 재무제표를 보면서 사업의 매출, 비용, 자산, 부채 등 각종 지표를 분석해, 대출 이후 발생할 리스크와 재무 부담을 미리 평가해 보고서로 제출해주었다. 이렇게 미리 점검한 정보를 기반으로 사업계획서에 신뢰를 더할 수 있었다.

세금 절감 및 비용 최적화 방안 도출

윤 세무사는 대출을 통해 예상되는 수익과 비용을 함께 고려해 절세 전략을 수립하고, 비용 구조를 최적화하는 방법을 제안했다. 이를 통해 세금 부담을 줄일 뿐만 아니라, 대출이 사업의 성장에 긍정적인 영향을 미칠 수 있도록 재무 설계를 함으로써 계획이 더 탄탄해지게 도와주었다.

재무적 설득력을 더한 사업계획서

윤 세무사는 사업계획서 작성 시 매출 예측, 비용 구조, 예상 수익 등을 구체적으로 명시할 수 있도록 도와주었다. 이는 은행에서 대출 심사를 할 때 사업의 안정성을 판단하는 데 필수 자료가 되기 때문이다.

사업계획서는 단순히 "우리 사업이 성장할 것이다"라는 막연한 주장이 아니라, 재무 자료와 시장 분석, 구체적인 전략을 바탕으로 작성해야 한다. 특히 은행은 객관적인 수치와 근거에 기반한 계획서를 선호한다. 사업계획서 작성 시 꼭 포함해야 할 핵심 항목 5가지는 다음과 같다.

① 사업 개요: 사업의 주요 활동, 시장 내 위치, 경쟁력 등을 간략히 설명해 사업의 정체성을 명확히 한다.

② 시장 분석과 성장 가능성: 사업이 속한 산업 트렌드, 경쟁 상황, 목표 시장의 성장 가능성을 설명한다. 대출 후 자금 사용을 통해 사업적인 성장을 할 수 있는 근거로서 제시한다.

③ 구체적인 자금 활용 계획: 자금이 필요한 구체적인 이유를 서술한다. 이를 통해 예상되는 매출 증가나 고정비 지출의 개선 등 비용 절감 효과를 제시한다.

④ 재무 상태와 예측: 사업의 현재 재무 상태와 향후 1~3년간의 예상 재무 자료를 포함한다. 매출과 비용 예측, 영업이익, 예상 순이익 등을 구체적으로 제시해 자금 투입 이후의 성과를 예측할 수 있도록 한다.

⑤ 대출 상환 계획: 자금이 어떻게 유입되고, 상환에 필요한 자금 흐름을 어떻게 관리할지 설명한다. 구체적인 매출 증가 계획과 이익 구조 개선 방안을 통해 상환 타당성을 전망한다.

이렇게 작성된 사업계획서는 대출요청서와 함께 은행에 제출하며, 은행은 이를 통해 대출의 위험성과 안정성을 평가하게 된다. 예를 들어 성장 가능성이 높은 시장 분석을 포함한 계획서와 단순히 "자금이 필요하다"라고 작성된 계획서는 설득력에서 차이가 클 수밖에 없다. 사업계획서와 대출요청서를 철저히 준비한 후 대출을 받으면 사업은 더욱 안정적이고 지속적으로 성장할 수 있다.

구체적인 자금 활용 계획이 수반된 대출은 자금 유입 후 즉각적인 수익 창출이 가능하게 한다. 자금 인입 시점 이후 계획된 방식으로 투자해 매출을 증대시킬 수 있다. 또한 세금과 비용 관리를 통해 현금흐름을 개선할 수 있다.

전문 세무사의 절세 전략을 통해 자금 유입 후 발생할 수 있는 비용을 효과적으로 관리하고, 현금흐름의 안정성을 확보할 수 있다. 마지막으로 신뢰성 높은 자료로 추가 자금 조달 가능성을 확보할 수 있게 된다. 첫 대출의 성공으로 은행에 신뢰성을 입증하면, 이후 자금 조달도 수월해지고 투자 유치를 진행할 때도 효율적인 지표로 활용할 수 있게 된다.

1. 사업자 기본 정보	성명 [대표자]	
	주민등록번호 [법인 경우 사업자등록번호]	
	사업자명 [법인 경우 법인명]	
	주소 [법인 경우 법인주소]	
	연락처	
	E-mail	
2. 매수 목적 및 개요	매수 목적	[예 : 신규 사옥 매입 / 임대 수익용 부동산 투자/ 상업용 시설 확장 등]
	대상물의 위치 [주소]	
	건물 유형	[예 : 상업용 건물 / 사무용 빌딩 / 주거복합 건물 등]
	연면적	[m² 또는 평수]
	층수	[지하 0층 / 지상 0층]
	기타 특징	[예 : 건물 연한 / 구조적 특징 등]
3. 자금 조달 및 대출 계획	매입 예상 금액	[구체적 금액 또는 예상 범위]
	총 자금 계획	
	자본금	
	기타 자금	
	대출 자금	
	대출 조건	
	대출 비율(%)	
	예상 대출 금리	
	대출 기간	
	잔고 증명서	[예 : 잔고 증명서 준비 가능 등]

4. 매입 후 사용 계획	사용 계획	[예 : 사옥으로 사용 / 임대 수익 창출 / 리모델링 및 가치 상승 후 매각 등]
	리모델링 또는 개선 계획	[선택 사항]
	리모델링 범위	[예 : 외관 보수 / 인테리어 리모델링 / 시설 추가 등]
	추가 공사 예상 비용	
5. 수익 구조 및 매출 계획	매입 후 예상 수익	[예 : 임대 수익 / 자체 사용 시 비용 절감 효과 등]
	연간 예상 매출 증가율	[자체 사옥 사용 시]
	매출 증대 이유	[예 : 고객 접근성 강화 / 신규 사업부 확장 등]
	임대 수익 예상	[임대용 또는 복합 용도일 경우]
	예상 임대 수익률(%)	
	주요 임차인 유형 및 조건	
6. 세무 검토 요청 사항	취등록세 검토	[취등록세 부담 예 및 절세 가능성 검토 요청]
	보유세 검토	[재산세 및 종합부동산세 등 각종 부동산 보유세 부담 예상 및 절세 방안]
	법인세 및 소득세 영향 검토	[법인 명의와 개인 명의 매입 시 차이 분석 / 사업소득세 또는 종합소득세에 미치는 영향 검토]
	기타 세금 검토	[추후 예상되는 기타 세금(부가세, 양도소득세 등) 발생 여부와 절세 가능성]
7. 사업 성장 계획	부동산 매입이 사업에 미치는 영향	[신규 사업 확장 계획 / 고객 접근성 및 서비스 품질 향상 / 시장 경쟁력 강화 요소 등]
	중장기 성장 전망	[향후 3~5년 예상 매출 성장률(%) / 예상 시장 점유율 변화 / 기타 성과 지표]
8. 리스크 및 관리 방안	재무적 리스크	[매입 자금 조달 후 유동성 부담 예상 여부 / 대출 상환 리스크 및 대응 방안 등]
	세금 관련 리스크	[부동산 매입으로 인한 예상 외 세금 부담 리스크 / 세무 리스크 최소화 방안 검토]

9. 요청 자료 및 일정	필요한 검토 보고서	[매입 시 세금 예측 / 명의별 세금 비교 분석 보고서(개인 vs.법인) / 매입 후 보유세, 법인세 검토서]
	보고서 필요 시점	[검토 보고서 제출 희망일 또는 시기]
10. 기타 요청 사항	추가 요청 사항	[절세 방안에 대한 컨설팅 / 향후 신고 대행 서비스 등]
	참고 자료 첨부	[부동산 매매 조건서 / 건물 매입과 관련된 재무 계획서 등]
11. 서명	작성자 성명 및 서명 [법인인 경우 법인명]	
	작성일	

본 문서는 당사자의 동의 없이 외부로 유출시 민·형사상 책임이 따를 수 있습니다.

이 양식은 세무사가 매수자의 세금 부담을 정확히 분석할 수 있도록 필요한 정보를 구체적으로 담고 있으며, 세금 절감을 위한 검토를 요청할 수 있는 구조로 되어 있습니다. 각 항목에 구체적인 데이터를 제공하여 세무사가 매입 과정에서 발생할 수 있는 세금 관련 문제를 미리 파악하고 절세 방안을 제안할 수 있도록 돕습니다.

1. 기본 정보	은행명	
	대출 신청일	
	성명 [대표자]	
	주민등록번호 [법인 경우 사업자등록번호]	
	사업자명 [법인 경우 법인명]	
	주소 [법인 경우 법인주소]	
	연락처	
	E-mail	
2. 대출 목적	대출 목적	[예 : 사옥 매입 / 상업 시설 확장 / 임대 수익용 부동산 매입 등]
	매입 대상의 주소	
	건물 유형	[예 : 상업용 건물 / 사무용 빌딩 등]
	연면적 및 층수	[m² 또는 평수 / 지하 0층~지상 0층]
	주요 시설 또는 특징	[예 : 건물 연한 / 구조적 특징 등]
3. 자금 조달 및 대출 계획	해당 물건 매입 금액	
	대출 요청 금액	
	대출 사용 계획	
	매입 대금 사용 계획	
	기타 리모델링 비용 [선택 사항]	
	자금 조달 계획	
	자사 자금	
	기타 자금 출처	

4. 대출 보증 및 담보 제공 계획	담보 제공 방식	[예 : 매입 대상 부동산 / 추가 부동산 담보 등]	
	담보 가치		
	예상 감정가	[보통의 경우 대출 실행 기관에서 탁상감정 또는 감정평가 진행]	
	기타 보증		
	개인 보증 여부 [필요시]		
5. 사업 개요 및 기대 효과	사업 개요		
	목적물 매입의 목표 및 효과	[매입 후 예상 매출 증가 및 경영개선 효과 / 고객 접근성 향상 및 신규 사업 확장 가능성 등]	
	사업 성장 계획		
6. 재무 현황	최근 3년간 재무제표 [첨부]		
	최근 1년간 매출액 및 순이익		
	부채 및 신용 상태	[부채 총액 / 부채 비율 / 신용평가 등급 - 필요시 등]	
7. 기타 요청 사항	추가 협의 사항	[대출 조건 협의 – 금리, 상환유예 조건, 조기상환 등]	
	연락 가능 시간 및 방법	[예 : 이메일 / 전화 / 대면 협의 요청 / 날짜 및 시간 등]	
8. 첨부서류	사업 계획서		
	재무제표		
	잔고 증명서		
	기타 관련 서류		

본 문서는 당사자의 동의 없이 외부로 유출시 민·형사상 책임이 따를 수 있습니다.

1. 사업자 기본 정보	성 명 [대표자]	
	주민등록번호 [법인 경우 사업자등록번호]	
	사업자명 [법인 경우 법인명]	
	주 소 [법인 경우 법인주소]	
	연락처	
	E-mail	
2. 매입 대상 및 건물 개요	대상물의 위치 [주소]	
	건물 유형	[예 : 상업용 건물 / 사무용 빌딩 등]
	연면적	[m² 또는 평수]
	층수	[지하 0층 : 지상 0층]
	기타 특징	[예 : 건물 연한 / 구조적 특징 등]
3. 자금 조달 및 대출 계획	매입목적 및 사용계획	[예 : 신규 사옥 / 임대 수익 / 상업용 시설로 이용 등]
	매입 예상 금액	
	자금 조달 계획	
	자사 자금	
	대출 금액	
	대출 요청 금액	
	추가 자금 계획	[예 : 리모델링 비용 / 운영 자금 등]

4. 매입 후 사업 운영 및 수익 계획	매입 후 사용 계획	[예 : 자사사옥 사용 / 리모델링 후 임대 / 시설 확장 등]		
	예상 수익 구조 [임대 수익일 경우]	월 예상 임대료	예상 임대 수익률(연 %)	주요 임차인 및 계약 조건
	사업 성장 계획			
	매출 증대의 이유	[예 : 고객 접근성 강화 / 사업영역 확장 등]		
	예측 매출 증가율 [연 %]			
5. 예상 비용 및 운영 계획	해당 물건 매입 금액			
	매입 관련 비용			
	취득세 및 기타 제세공과금			
	리모델링 또는 개보수 비용			
	운영 비용			
	월 관리비 예상			
	기타 유지보수 비용			
6. 재무 현황	최근 3년간 매출 및 순이익			
	매출액	[예 : 최근 2분기 실적 또는 최근 연간 실적 등]		
	순이익	[예 : 최근 2분기 실적 또는 최근 연간 실적 등]		
	자산 및 부채 현황			
	자산 총액			
	부채 총액 및 비율			
	신용 평가 상태	[예 : 신용평가 등급 등]		

	재무적 리스크	
7. 예상 리스크 및 대응 방안	대출상환 리스크 및 대응방안	
	세금 관련 리스크 및 대응 방안	[매입 후 세금 부담 증가 예상 및 절세 방안]
8. 사업 기대 효과 및 중장기 계획	매입 후 사업에 미칠 긍정적 영향	[예 : 고객 접근성 향상 / 사업의 효율성 증대 / 매출 증대 예상 등]
	향후 3~5년 중장기 계획	[예 : 신규 사업 부문 확장 / 매출 및 이익 목표 / 사업 시설 확장 가능성 등]
9. 첨부 서류	최근 3년간 재무제표	
	잔고 증명서	
	기타 관련 서류 [필요시]	
10. 서 명	작성자 성명 및 서명 [법인인 경우 법인명]	
	작성일	

본 문서는 당사자의 동의 없이 외부로 유출시 민·형사상 책임이 따를 수 있습니다.

이 양식은 은행이 대출 요청을 평가할 때 필요한 정보와 사업 계획을 종합적으로 정리할 수 있도록 구성되었습니다. 각 항목에 구체적인 데이터를 포함해 대출 목적과 상환 가능성을 명확히 전달하는 데 중점을 두고 작성합니다.

QR에 접속하면 서류 양식 엑셀 파일을 다운로드하고 비대면으로 작성 코칭도 받을 수 있습니다.

3부

중급 마법 연구:
건물 가치 극대화하기

대마법사의 멘토링 7

스타벅스의 설립자 하워드 슐츠

앵커 테넌트로서의 스타벅스,
브랜드 파워로 임대료와 가치를 상승시키다

상업용 건물에서 '앵커 테넌트(핵심 임차인)'가 들어오면 시너지 효과
로 전체 임대료 및 가치가 상승합니다. 공연의 흥행에 스타 배우가
필요하듯, 건물 가치 상승에는 '앵커 테넌트' 역할을 하는 스타 임
차인 유치가 건물 가치 상승의 핵심 요소입니다.

내가 직접 스타가 될 수 있다면 가장 이상적이겠지만, 그게 어려울
경우에는 스타 임차인 캐스팅을 위해 꾸준히 노력해야 합니다. 건
물은 어떻게 보면 매니지먼트 회사에 불과합니다. 아니, 플랫폼에
불과하다고 할 수 있습니다. 어떤 스타가 탄생하느냐에 따라 그
열매는 아주 크게 달라질 수 있다는 점을 명심해야 합니다.

7단계 "흥행에는 스타가 필요하다"

맥도날드의 레이 크록 대마법사와의 만남이 아직도 생생하지만, 이번엔 전혀 다른 세계가 펼쳐졌다. 부동산 마법 학교 마을 한복판, 가장 활기찬 공간인 '트렌디존'은 아침부터 뜨거운 열기로 가득했다. 실전 투자와 비즈니스 실험이 이뤄지는 곳이다. 그 옆유리 외벽 너머에서 싱그러운 커피 향이 풍겨왔다. 바로 스타벅스 매장이었다. 랜드마크처럼 우뚝 솟아 있는 빌딩의 1층 전부를 사용하고 있었다. 입구에 들어서자 맥북과 태블릿을 앞에 두고 서로의 프로젝트에 대해 열띤 토론을 벌이는 학생들이 모여 있다.

"어서 오세요. 저는 하워드 슐츠 대마법사입니다."

그는 스타벅스라는 브랜드를 통해 카페를 '일상의 문화'로 자리 잡게 만든 인물이다. 스타벅스 매장 하나가 들어서면 젊은이들이 몰려들고, 유동인구가 증가하면서 상권 전반이 살아난다. 이것이 바로 '앵커 테넌트(Anchor Tenant)' 전략의 힘이었다.

슐츠는 나를 '브랜딩 스튜디오'로 안내했다. 화려한 미디어 월과 아트 포스터들 사이에서 그는 말했다.

"맥도날드가 위치를 선점하고, 프랜차이즈 확장을 통해 임대료와 부동산 가치를 끌어올렸다면, 스타벅스는 브랜드 파워로 공간의 가치를 끌어올립니다. 우리는 모든 매장이 직영이고 수수료를 나누는 방식으로 공간을 사용합니다. 건물을 사지 않고 건물주의 임차인이 아닌 파트너의 지위로 수익을 창출하는 방식이라고 볼 수 있죠."

대형 스크린에는 스타벅스 입점 전후의 상권 변화를 수치화한 자료가 떠워져 있었다. 유동인구 증가, 주변 점포 매출 상승, 부동산 가치 상승까지, 모든 지표가 연결되어 있었다.

"물론 스타벅스가 들어선다고 늘 성공이 보장되는 건 아니에요. 입지 분석이 우선이죠. 하지만 제대로 전략을 세우면 강력한 시너지를 발휘합니다."

슐츠 대마법사는 테이블 위 노트북 화면을 가리켰다. 실제 성공사례들이 화려한 이미지로 펼쳐지고 있었다. 그는 잠시 생각에 잠기더니 조용히 말을 이었다.

"'브랜딩 비용이 아깝다'라고 생각하는 건 오히려 큰 기회를 놓치는 겁니다. 부동산 투자 수익만을 고려하는 방식은 과거 프랜차이즈 사업 모델이죠. 요즘은 스타가 되어야 합니다. 때로는 건물주가 직접 발 벗고 스타를 유치해야 할 때도 있어요. 그게 바로 앵커 테넌트 전략의 핵심입니다."

실제로 스타벅스가 입점한 건물들은 상권 가치가 올라가며 큰 이익을 본 사례가 많았다. 다만 요즘은 폐점 사례도 늘고 있어, '영원한 스타는 없다'는 말이 떠오르기도 했다.

"우리 커피 한 잔 하시죠."

슐츠 대마법사는 스튜디오 옆 리저브 라운지로 나를 안내했다. 밝은 조명 아래, 신메뉴 시음 중인 학생들의 표정은 활기찼다.

"오늘은 레이 크록과 제 전략이 어떻게, 왜 다른지 분명히 느끼게 될 겁니다."

테이블 위에 놓인 따뜻한 호그와트 라테에서 은은한 향이 피어오르며, 나의 기대감도 함께 커졌다. 맥도날드와는 또 다른 길을 걷는 스타벅스, 그리고 앵커 테넌트 전략, 부동산 마법의 또 다른 장면이 눈앞에 펼쳐지고 있었다.

커피와 금융 비즈니스의 결합

"저는 스타벅스가 선불카드 판매로 은행보다 많은 잔고를 보유하고 있다는 말을 듣고 깜짝 놀랐어요. 선불카드가 어떻게 금융 비즈니스 모델과 연결되는지 궁금하더군요."

스타벅스 카드를 간단히 말하면 고객들이 미리 충전해둔 돈으로 커피를 사고 적립 혜택을 받는 구조입니다. 그런데 그 충전금이 글로벌 전체로 모이면, 어지간한 은행 예금 보유액과 맞먹을 정도의 규모더라고요. 시중 은행보다 좀 더 많은 수준이기도 하고요.

"그럼 스타벅스는 사실상 무이자로 자금을 조달하는 셈이네요. 충전금을 재투자해 매장 확장이나 신메뉴 개발에 쓰니까 고객의 만족도는 더 올라갈 테고요."

맞습니다. 스타벅스는 단순한 카페가 아닙니다. 제3의 공간이라는 콘셉트를 오프라인 공간뿐만 아니라 온라인에도 만들었다고 보면 됩니다. 고객들이 앱과 카드를 사용해 얻는 적립 혜택, 리워드 프로그램 등은 고객의 충성도까지 확보하게 됩니다. 그 충성도가 매장을 자주 방문하게 만드는 핵심 동력이 됩니다. 일개 브랜드 로고가 '러브마크(Lovemark)'로 변신하는 거죠.

러브마크는 세계적 광고회사 사치앤사치의 CEO였던 케빈 로버츠가 제시한 이론으로, 상품이나 서비스를 넘어 브랜드 자체에 강렬한 애정을 느끼게 되는 상태를 말합니다. 소비자가 어떤 브랜드를 단순히 기능적으로 우수하다고 인식하는 수준을 넘어서, 자신의 정체성이나 라이프스타일과 긴밀하게 연결해 생각하게 되죠.

브랜드가 러브마크로

"브랜드가 러브마크가 되는 과정이 궁금해요."

먼저 제품 및 서비스의 품질, 일관된 서비스, 기본적인 만족도가 뒷받침되어야 합니다. 스타벅스는 전 세계 어느 매장에 가도 안정적인 음료 퀄리티, 편안한 매장 분위기를 제공하죠. 여기에 브랜드가 소비자의 감정을 자극하는 이야기를 전개했습니다. 커피 원두 산지의 환경·농부 스토리, 공정 무역 가치, 제3의 공간(Third Place) 등으로 말이죠.

브랜드 경험의 확장 단계로 진입하면 이제 우리는 단순히 물건을 사고파는 관계를 넘어, 소비자가 생활 속에서 브랜드를 즐길 기회를 제공하는 동반 관계로 성장하게 됩니다. 이 단계에는 멤버십(리워드 프로그램), 굿즈 컬렉션, 이벤트, SNS를 통한 참여형 마케팅을 적극적으로 하는 거죠. 선불카드는 바로 이 타이밍에 터졌습니다. 이 성과로 소비자는 광고의 대상이 아니라 마치 스타의 팬처럼 변합니다. 스타벅스 자체의 팬덤이 형성되어, 소비자가 스스로 브랜드를 홍보하고 주변에 추천하게 됩니다. 스타벅스의 새 굿즈가 나올 때마다 구매·인증하는 문화가 바로 그것이죠.

마지막으로 시장 트렌드에 맞춰 변화·발전하면서도, 브랜드 고유의 가치는 흔들리지 않도록 관리했습니다. 디지털 결제·모바일 오더, 프리미엄 매장(리저브 매장), 지역·문화 특화 메뉴 등이 스타벅스를 단순히 커피를 파는 곳이 아닌 앞서가는 문화를 제공하는 곳이라는 이미지로 만들었죠.

"제가 알고 있는 브랜딩이랑은 차원이 다르네요. 일반적인 브랜딩보다 돈이 많이 들 것 같아요."

러브마크 단계로 들어서면 소비자가 조금 비싸더라도 '스타벅스니까' 기꺼이 지불하려는 경향이 커집니다. 충성 고객이 많아지니까 경기가 나빠져도 이탈이 상대적으로 적죠. 리워드 앱이나 선불카드 충전은 지속적인 매출의 근간이 되어주고요. 고객들이 브랜드 자체를 사랑하기 때문에 프리미엄 라인(리저브), 콜드 브루·RTD 제품(마트 판매용), 라이프스타일 굿즈 등 다양한 확장도 용이한 편입니다.

스타벅스와 맥도날드

"앵커 테넌트로서 스타벅스가 들어가면 주변 상권이 살아난다는 이야기를 들었어요. 맥도날드도 부동산 투자와 결합해 성공했지만, 그 방식은 조금 달라 보입니다."

맥도날드가 맛과 속도, 부동산 투자에 집중했다면, 스타벅스는 공간의 감성과 브랜딩, 선불카드라는 금융 모델을 결합했습니다. 스타벅스 매장이 들어서는 순간 상권이 '트렌디해진다'는 이미지를 얻게 되니 건물주들도 우리 입점을 반기게 된 거고요. 커피 한 잔 이상의 의미를 경험하게 해주는 것이 중요한데, 굿즈 컬렉션이나 리저브 매장 같은 프리미엄 전략이 고객들에게 특별함을 주지요. 앱과 카드를 통한 데이터는 단순히 금융 비즈니스 모델로 끝나지 않고 고객 각자의 취향에 맞춘 쿠폰이나 이벤트를 제공하는 도구가 됩니다. 결국 고객의 일상에 일부가 되는 브랜딩 전략입니다.

맥도날드와 스타벅스의 공통점이라면 고객의 일상에 파고들어 '습관'을 만들고, 그 결과 건물 가치까지 높인다는 점입니다. 하지만 맥도날드는 부동산 투자와 효율적 프랜차이즈로, 스타벅스는 감성과 커뮤니티, 그리고 선불카드를 통한 금융적 수익 모델로 차별화에 성공했다고 보면 됩니다.

"이야기를 듣고 보니, 앵커 테넌트 전략이든 선불카드든 결국 '브랜드 충성도'를 기반으로 움직인다는 걸 알겠어요. 고객이 믿고 쓰고 즐겨야 모든 게 돌아가니까요."

바로 그거예요. 미래 비즈니스의 핵심 가치도 거기에 있습니다. 브랜딩과 고객 충성도가 단단하면, 부동산 가치뿐 아니라 우리가 확장할 수 있는 성장 가능성도 무궁무진해집니다.

스타벅스가 입점하기까지

"스타벅스나 맥도날드 같은 거대 브랜드들은 대체 어떻게 지점을 골라내고, 매장을 설계하는지가 항상 궁금했어요. 특별한 공식이 있나요?"

크게 보면 입지 선정 – 매장 설계 – 운영 표준화로 나눌 수 있습니다. 우리는 보통 '핵심 고객층이 모일 수 있는 곳인가?'를 최우선으로 봅니다. 젊은 층, 사무직, 관광객, 학생 등 '카페 문화를 즐기는 소비자'가 많은 지역이죠. 또 유동인구가 풍부한 대로변이나 쇼핑센터, 교통 요충지 등을 선호합니다. 여기에다 브랜드 이미지와의 궁합도 따져요. 스타벅스는 '도시적·세련된' 느낌을 추구하니, 그와 어울리는 상권이 우선순위가 됩니다. 때론 개발이 시작되는 지역에도 선제적으로 들어가서 개척자 역할을 하기도 합니다. 한국에 있는 스타벅스 양평 같은 경우가 그랬죠.

"스타벅스 매장은 보통 비슷한 디자인 같으면서도, 또 약간씩 다른 특징이 있더라고요."

스타벅스는 브랜드 정체성과 지역 특색의 조화를 중요하게 생각합니다. 세계 어디서든 스타벅스임을 알아볼 수 있게 로고와 컬러, 인테리어 테마는 유지하되, 지역 문화를 반영한 디자인 요소를 일부 추가하는 거죠. 또 제3의 공간을 구현하기 위해 좌석 배치, 조명, BGM까지 세심하게 신경 씁니다. 가급적 손님이 오래 머물며 여유를 즐기도록, 심리적으로 편안한 분위기를 조성하는 게 핵심입니다.

"맥도날드는 좌석 회전율을 높이려는 전략을 구사하는 데 비해 스타벅스는 '머무는 공간'에 더 초점을 두는 게 좀 달라 보이네요."

맥도날드는 회전율을 높여서 부동산과 프랜차이즈 수익을 빠르게 뽑아내는 모델인 데 비해, 우리는 '커피 한 잔을 마시면서 머물고 싶은 장소'에 가치를 둡니다. 이를 위해 매장 크기나 동선도 꼼꼼히 기획합니다. 사람들이 앉아 일하거나 대화하기 좋게 전기 콘센트나 와이파이, 테이블 간격을 배치하는 식입니다.

매장 설계에 대한 가이드북도 굉장히 디테일해요. 바(Bar) 위치, 에스프레소 머신 각도, 의자 종류, 나아가 매장 컬러 톤까지 항목별 체크 리스트가 설정되어 있습니다. 거기에 더해 각 지역의 분위기, 건물 구조를 고려해 조금씩 변형하지요.

"프랜차이즈 전개는 어떻습니까? 스타벅스가 지역마다 직접 운영하기도 하고, 라이선스 형태로 운영하기도 한다고 들었어요."

국가마다 다릅니다. 미국이나 일부 국가는 회사가 직접 운영하는 매장이 많지만, 어떤 지역은 라이선스를 통해 현지 파트너와 협력하기도 하죠. 이때도 브랜드 일관성이 유지되도록, 교육과 매뉴얼을 엄격히 관리합니다.

앵커 테넌트로의 브랜드 가치

"결국 입지 선정부터 매장 설계, 프랜차이즈 운영까지 브랜드 가치가 일관되게 스며들도록 하는 게 핵심이겠네요."

맞습니다. 그렇지 않으면 다른 커피 브랜드와 차별화가 힘들지요. 앵커 테넌트로서 인정받으려면, 어디에 들어가든 '스타벅스답다'라는 신뢰를 줄 수 있어야 합니다. 그만큼 우리가 추구하는 가치와 문화가 흔들려선 안 됩니다.

"결국 이렇게 만들어진 매장이 선불카드를 통해 고객 충성도와 금융 모델을 확장시키는 근간이 된 거군요."

매장에서 좋은 경험을 한 고객이 선불카드를 충전하고, 앱을 열어 굿즈를 사거나 리워드를 받고, 다시 매장에 방문합니다. 그 사이사이에서 우리는 무이자 자본을 굴릴 수 있고요. 그리고 이 모든 과정을 통해 상권이 발달하고 건물 가치가 올라갑니다. 그 야말로 브랜딩 - 입지 - 매장 설계 - 금융 모델의 선순환 구조가 만들어진 셈이죠.

"가성비와 속도로 성공한 맥도날드와 감성·충성도·금융 모델을 결합한 스타벅스. 두 분의 길은 달라도, 부동산 가치를 높이고 세계 무대를 장악한다는 점에선 공통점이 있네요."

세상엔 다양한 부동산 마법이 있죠. 가장 중요한 건 당신의 마법을 어떻게 만들고, 어떤 방식으로 고객과 연결하느냐 하는 것입니다. 부동산 마법 학교에서 배운 여러 마법을 잘 조합하면, 앞으로 브랜딩하는 데 큰 도움이 될 것입니다.

멘토링이 끝나고 나는 스타벅스에 앉아, 카드로 결제하는 손님들의 표정을 관찰했다. 그들에게 스타벅스는 단순히 '커피 파는 곳'이 아니라, 돈을 맡겨놓고, 굿즈를 모으고, 여유로운 시간을 보내는 '일상의 플랫폼'처럼 보였다. 다른 커피 브랜드들과는 확실히 다른 무언가가 있었다.

문득 브랜드 마법 파워가 어쩌면 기존 부동산 마법의 한계를 뛰어넘을지도 모른다는 생각이 들었다. 맥도날드라는 브랜드가 효율과 부동산 투자로 세운 제국을 만들었다면, 스타벅스는 감성과 금융 모델을 결합해 공간의 한계를 초월한 하이브리드 왕국을 일궈낸 셈이었다.

분명한 건 부동산과 브랜드, 그리고 금융 구조가 제대로 맞물리면 상상을 뛰어넘는 시너지를 낼 수 있다는 사실이다. 그리고 그 시너지의 근간은 바로 '고객 충성도'라고 결론 내렸다. 그렇다면 나는? 내 브랜드는? 비밀 노트를 손에 쥐고 뜨거워진 가슴으로 도서관으로 향했다.

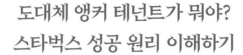

도대체 앵커 테넌트가 뭐야?
스타벅스 성공 원리 이해하기

개그맨 박명수 씨의 아내 한수민 씨가 구옥을 매입해 스타벅스를 유치하고, 건물의 가치를 높여 매각해 큰 수익을 얻은 케이스는 앵커 테넌트(Anchor Tenant)의 힘을 실감하게 만든 대표적 투자 사례다.

한 씨는 2011년 10월 자신의 명의로 서울 성북구에 있는 한 건물을 29억 원에 매입했다. 해당 건물은 대지면적 177m², 연면적 474m² 규모로, 서울 지하철 4호선 성신여대역에서 나와 성신여대로 가는 길목에 있었다. 한 씨는 매입할 당시 낡고 허름했던 건물을 리모델링해 전 층에 스타벅스 카페를 입점시켰다. 이에 매입 당시 900만 원대였던 월세가 1,600만 원까지 올랐다. 매입 3년 뒤인 2014년, 한 씨는 해당 건물을 46억 6천만 원에 매각하며 17억 6천만 원의 시세 차익을 거두었다.

이후 한 씨는 2014년 12월 서울 서초구 방배동의 또 다른 건물을 89억 원에 매수했다. 동일 전략으로 노후한 건물을 허물고 5층 규모로 신축해 스타벅스를 입점시켰다. 그리고 약 6년 후인 2020년 2월, 173억 5천만 원에 매도하고 84억 5천만 원의 시세 차익을 거뒀다. 건물 신축 비용(약 20억~30억 원 추정)을 고려하더라도 최소 50억 원의 순이익을 얻었을 것으로 추정된다.

한 씨의 투자에서 핵심적으로 사용된 전략은 '앵커 테넌트의 적극적인 활용 전략'이라고 볼 수 있다. 앵커 테넌트를 직역하면 '닻을 내리는 임차인'으로 해석할 수 있다. '앵커(anchor)'는 배를 안정적으로 고정시키는 닻을 의미한다. 상업용 건물 시장에서 앵커 테넌트는 상가 내에서 고객을 유치하고 상권을 활성화시키는 중요한 역할을 하는 임차인을 비유적으로 표현한 단어다. '핵심 임차인' 혹은 '주요 임차인'이라 할 수 있다. 대개 높은 인지도를 가진 브랜드 매장으로, 이들이 입점함으로써 해당 건물이나 상가의 방문자 수가 증가하고 상권 전체의 매출 상승에도 기여하게 된다.

스타벅스와 같은 앵커 테넌트들은 일반 임차인 지위에서 건물주와 협상하지 않는다. 단순 임차 계약이 아닌 파트너 계약을 통해 인테리어를 지원해주고, 매출의 일정 지분을 받는 계약을 하기도 한다. 심지어는 매각 시 일정 지분을 공여받는 지위로 계약하기도 하는데 건물의 이익 창출을 위해 함께 노력하는 동업자 지위까지 얻게 되는 것이다.

한 씨의 투자가 화제가 되면서 사람들이 '앵커 테넌트의 가치'에 대해 다시 주목하기 시작했다. 대다수의 예비 건물주들이 돈이 있어야만 건물주가 될 수 있다고 생각한다. 그러나 건물주가 되는 길은 생각보다 다양하다. 이러한 관점에서 건물주가 되기 위한 첫 단계는 종잣돈 모으기가 아닌 건물주라면 누구나 유치하고자 하는 '매력적인 임차인'이 먼저 되는 것이다.

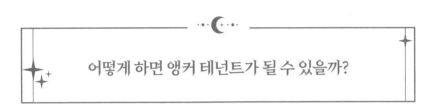

어떻게 하면 앵커 테넌트가 될 수 있을까?

'돈이 있어야 건물주가 될 수 있다'는 고정관념에 얽매인 사람은, 사실 돈이 있어도 건물주가 되기 어려울 수 있다. 사업을 할 때도 동일한 원리가 적용된다는 점을 떠올려보라. 자본력 부족을 효율적인 열정으로 극복해낸 경영자들은 생존을 위해 건물주가 되기 위한 다양한 방법을 시도하고, 누구도 알려준 적 없는 길을 개척해나간다.

자기자본이 부족한 상태에서 건물주가 되려면 일단 본업에 충실해야 한다. 매출을 안정적으로 성장시키고 꾸준히 유지하는 것이 매우 중요하다. 건물주 혹은 투자자가 신뢰할 만한 매출 기록과 경영 능력을 갖추었을 때, 파트너로서 장기적인 협력 관계를 기대할 수 있다. 매출이 불안정하거나 운영에 어려움을 겪는 임차인은 신뢰를 얻기 어렵지만, 반대로 매출 성장세가 지속되고 임차료를 안정적으로 지급한 온 임차인은 건물주에게 매우 매력적인 존재다. 그뿐만 아니라 주변 상권의 부흥을 이끄는 주역이 된다면 임차인이 상대적으로 낮은 부동산 가치의 상권을 동일한 전략으로 상승시킬 수 있는 능력을 지닌 것으로 평가받는다.

주로 커피를 판매하는 카페나 티(Tea)하우스, 레스토랑, 갤러리 등의 앵커 테넌트가 입점한 이후 매출을 꾸준히 늘려가면서 해당 상권 형성에 기여하는 임차인을 겪어봤다면, 이를 통해 부동산 가치 상승의 경험을 해본 건물주라면 임차인을 단순히 월세 납부자가 아닌 '파트너'로 인식할 수밖에 없다.

지가 상승이 예상되는 지역, 수익형 건물주에겐 꼭 필요한 파트너

무엇보다 자신의 사업체를 위한 건물 매수가 아닌 단순 수익형으로 건물을 매수해서 임차인의 월세로 이자를 충당해야 하는 타입의 건물주라면 매력적인 임차인은 자신의 사업에 꼭 필요한 존재다.

건물주 입장에서 은행을 설득하기 위한 사업계획서를 작성할 때, 주변 상권의 월세 시세로는 도저히 이자가 감당 안 되는 경우가 태반이다. 해당 임차인이 앵커 테넌트로 참여해서 수수료 매장이 되는 순간 단순 공간 임대 수익으로 창출될 수 없는 재원이 마련될 수 있다. 앵커 테넌트 유치는 해당 건물주에게 은행에서 평가하는 이자 상환 능력을 보강해줄 수 있는 핵심 요소가 된다.

이런 임차인은 해당 유사 조건의 건물주들로부터 러브콜을 받으며, 상황에 따라서는 지분 참여의 기회를 받아 공동 건물주가 될 수 있는 기회를 얻기도 한다. 이러한 형태의 협력은 임차인이 자기자본이 부족한 상황에서 건물주가 될 수 있는 발판이 되며, 동시에 건물주에게도 안정적인 운영을 위한 든든한 버팀목이 되기 때문에 서로 동등한 위치에서 거래할 수 있다.

건물주와 함께 건물을 소유하기로 약정하고 나면 단순히 월세를 납부하는 임차인의 위치를 넘어 자산 가치 상승에 직접적인 역할을 하는 공동소유자의 지위도 얻을 수 있다.

여기서 지분 참여 방식은 두 가지가 있다. 첫 번째는 건물주가 투자하는 자기자본에 벌어놓은 종잣돈을 투자해 일정 지분을 초기에 확보하는 방식, 두 번째는 매달 주식을 매수하기로 약정한 비율에 따른 대금을 건물주에게 지급해야 할 수수료 외에 별도로 분할 납입함으로써 점진적으로 건물주로서의 소유권을 확보해나가는 방식이다.

자기자본이 부족한 상황에서도 건물주로 나아가는 또 다른 방법 중 하나는, 건물주 역할의 파트너가 자신을 찾아 제안을 줄 때까지 기다리는 것이 아니라, 거꾸로 자신의 사업을 확장할 수 있는 건물을 발굴하고 이를 매수하기 위한 자기자본에 투자해줄 재무적 투자자를 유치하는 것이다.

투자자를 유치할 경우, 단순 개인 투자자보다는 재무적 투자자의 지위에 대한 이해도가 있는 법인 투자자가 서로에게 더 잘 맞을 수 있다. 재무적 투자자는 해당 지위에 대한 이해가 필수적이다. 재무적 투자자는 투자자일 뿐, 동업자의 지위도 건물주의 지위도 갖지 않는다. 법인의 재무 담당자들은 대개 법인의 잉여자금을 안전하게 굴려줄 투자처를 지속적으로 찾는다.

가끔 개인 투자자가 단순히 대여하는 개념으로 접근하거나 자신이 돈을 댔으니 경영에 참여하겠다는 식으로 접근하는 경우도 있다. 이런 관계는 애초의 의도와는 다르게 다툼과 분쟁으로 얼룩질 소지가 있다. 시작은 화기애애했으나 그 끝은 안 좋은 경우가 많다 보니 웬만하면 동업은 하지 않는 게 좋다고들 한다. 이러한 리스크를 회피하려면 제

3자를 통해 각자의 역할을 확실히 객관화하고 진행하는 것이 좋다. 각각의 니즈를 충족시킬 수 있는 파트너를 선정할 때는, 서로의 지렛대가 되어줄 수 있는 동등한 관계가 바람직하다.

부동산 간접투자로 이미 이익을 실현해본 법인 투자자라면, 투자 결정이 비교적 단순하다. 은행 대신 이들의 자본으로 건물을 매수하거나, 수익률을 극대화하기 위해 이 자본을 자기자본처럼 활용해 은행 대출과 함께 매수를 진행할 수도 있다.

다만 후자의 경우 주의할 점이 있다. 투자금에 대한 이익 배당을 매달 이자처럼 약정하면 피투자사에겐 큰 리스크가 된다. 영업이익 구조상 투자 원금과 수익을 3년 혹은 5년 후 일시 상환하는 방식이 더 유리하다. 이 방식은 웬만하면 이행 가능한 약속이 되기 때문이다. 반면 투자금 배당을 은행 이자처럼 매달 지급하면, 사업에 어려움이 생겼을 때 심각한 현금흐름 위기를 초래할 수 있다.

재무적 투자자의 궁극적인 이익은 무엇일까?

그렇다면 재무적 투자자는 무엇 때문에 투자하게 되는 것일까? 이는 안정적인 고정 수익뿐만 아니라 부동산 가치 상승에 따른 장기적으로 추가 이익을 기대할 수 있기 때문이다.

투자 당시의 가치와 원금 상환 당시의 가치는 다를 수밖에 없다. 주로 만기 시점의 요구수익률에 맞춰 매각을 통해 상환하거나 해당 요구수익률에 맞춰 상환하는 조건으로 계약하기 때문에 어떤 식으로든지 고정 수익과 추가 수익을 기대할 수 있다.

일반적으로 투자금의 사용처와 사용현황은 주기적으로 보고받을 것이다. 만에 하나 약정한 기간에 해당 부동산 자산을 활용한 원금 상환이 안 될 경우, 해당 시점에 우선매수권을 행사해 시세가 아닌 투자 시점의 시세로 저렴하게 매수할 수 있는 권리를 부여받기도 한다. 재무적 투자자 입장에선 이런 방식의 계약으로 인한 이익 실현은 '특별히 손해날 게 없는 장사'가 될 수 있다. 부동산 투자의 간접 경험을 통해 직접 투자의 노하우를 배울 수 있는 기회로 활용되기도 한다.

재무적 투자자를 유치하려면, 피투자사는 사업체의 신용도를 증명할 수 있는 금융 기록이 필요하다. 재무 관리와 매출 흐름의 안정성은 투자자가 가장 먼저 고려하는 요소다. 따라서 임차인이 월세 납부 이력을 철저히 관리하고, 신용 등급을 꾸준히 높여나간다면, 적정 시기에 자본력이 부족해도 건물주가 되는 꿈에 한 발 더 가까이 다가설 수 있을 것이다.

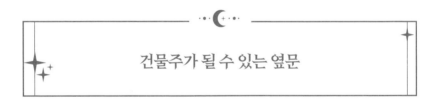

건물주가 될 수 있는 옆문

스타벅스처럼 건물의 가치를 높일 수 있는 앵커 테넌트가 되는 길은 누구에게나 열려 있다. (물론 현시점의 스타벅스는 과거처럼 매력적이지만은 않다. 한때 앵커 테넌트의 아이콘처럼 통용됐던 비유로 이해하면 된다.)

건물주들이 매력적인 임차인을 찾는 이유는, 임차인의 성공이 건물의 가치 상승으로 직결되기 때문이다. 사업을 확장하고자 사옥을 마련할 때 기회비용의 효율을 극대화하기 위해 재무적 투자자를 유치하려면, 먼저 신뢰할 만한 경영 기록을 쌓아야 한다. 이는 자본이 부족하더라도 누구나 건물주가 될 수 있는 옆문으로 들어갈 수 있는 패스워드가 될 수 있다.

경영의 신뢰성과 매출의 지속성. 이 두 가지 항목을 꾸준히 관리해 나간다면, 생각보다 빠른 시기에 건물주의 지위를 확보할 수 있다.

200만 명의 초보자를 임대주택 사업자로 인도한
데이비드 그린과 브랜든 터너

공실 관리, 임대주택 운영,
다주택자 전략

건물 투자의 치명적 적은 공실입니다. 비어 있는 방이나 점포에서 현금흐름이 멈추면 '수익'이 아닌 '유지비 지출'만 누적됩니다. 무엇보다 공실은 기간이 길어질수록 건물 내부 환경 또한 안 좋아집니다. 그 때문에 공실은 암세포가 생긴 것만큼이나 치명적이라고 할 수 있습니다. 공실 기간을 줄이는 것이 곧 '안정적 건물 운영'의 핵심 요소입니다.

8단계 "골다공증보다 공실이 더 무섭다"

조용히 새벽을 여는 햇살이 교정에 스며들 무렵, 나는 평소와 다른 길로 학교를 나섰다. 익숙하게 오가던 정문 대신, 음악과 방송 소리가 흐르는 낯선 골목을 따라가라는 문자를 받았기 때문이다. 목적지는 부동산 마법 학교의 팟캐스트 스튜디오였다.

"팟캐스트 스튜디오라니…" 작은 호기심을 품고 골목을 들어서자 '부동산 마법 학교 마을 미디어 타워 1번지 →'라는 화살표와 함께 소박한 간판이 눈에 들어왔다. 스피커 모양 기둥들이 길 양옆을 장식하고, 벽면에는 스튜디오 이름들이 큼직하게 새겨져 있었다. 유튜버와 팟캐스트에서 활동 중인 부동산 마법사들이 분주하게 방송을 진행하고 있었다. 마치 도심 속 방송가를 옮겨놓은 듯한 풍경이었다.

"Bigger Pocket Studio, 데이비드 그린 & 브랜든 터너 Live!"

라이브 멘토링이 실감 났다. '200만 명의 초보자를 임대주택 사업자로 이끈 전설적인 팟캐스트 호스트'라는 설명이 더욱 기대감을 키웠다. 안내판을 지나 로비에 들어서자, 두 명의 실루엣이 담긴 포스터가 눈길을 끌었다. "골다공증보다 공실이 더 무섭다"는 문구는 익살스럽지만 날카롭게 현실을 찔렀다.

'맞아, 공실은 무섭지.'

부동산 투자를 할 때 가장 하기 쉬운 비즈니스 모델인 임대주택 사업. 공실은 수익 구조를 좌우할 뿐만 아니라 사업의 존립에 치명적인 변수가 된다는 건 익히 알고 있다.

엘리베이터를 타고 7층 스튜디오에 도착하자 유리 벽 너머로 녹음 중인 이들의 뒷모습이 보였다. 스태프가 손짓해 나를 안내했고, 스튜디오 안에서 두 명의 대마법사가 환한 미소로 맞아주었다.

"여기 편하게 앉으세요." 브랜든 터너 대마법사의 활달한 인사에 이어, 데이비드 그린 대마법사는 헤드폰을 조율하며 조용히 손을 흔들었다. "오늘 멘토링은 팟캐스트를 통해 임대주택에 관심 있는 많은 분들께도 전해질 예정입니다."

나는 조심스레 자리에 앉아 헤드폰을 착용했다. 마치 라디오 방송 게스트가 된 듯 가슴이 두근거렸다. "그럼, 시작해볼까요?" 브랜든 터너가 버튼을 누르자 〈ON AIR〉 네온 사인이 켜졌고, 스튜디오 안엔 설렘과 긴장감이 조용히 번졌다.

언제 사야 하는가: 현금흐름·가치 상승 잠재력 점검

"전 세계 어디서든 초보들이 가장 묻는 게 '부동산은 언제 사는 게 맞나?' 아닐까요? 폭락을 기다리다 못 사고, 올라가면 또 비싸다며 망설이고…"

그린 결론부터 말하면 그래서 못 사는 거 아닐까요. 안 되는 걸 하려고 하니까! 저는 시장을 예측하는 건 조회 수로 사업하는 분들이나 하는 거지, 실제로는 유효하지도 않고 불가능하다고 보는 입장입니다.

터너 '지금 사도 현금흐름이 나오는지', '가치 상승의 여지가 있는지'를 객관적으로 계산해보는 게 먼저죠. 가령 월 임대료에서 대출이자, 세금, 관리비 등을 빼고도 플러스가 나면, 그 물건은 시장이 오르든 내리든 일정 부분 안전 마진이 있는 셈이죠. 그럼 살 수 있음 사는 거예요.

그린 BRRRR(Buy, Rehab, Rent, Refinance, Repeat) 방식을 쓰면 시장의 단기 변동에 덜 휘둘리게 될 겁니다. 싸게 혹은 적정가에 사서, 리모델링으로 가치를 높이고, 임대해서 현금흐름을 만들고, 리파이낸싱(재융자)을 받아서 초기 투자금을 회수하고, 다음 물건을 구매하는 과정을 반복하면 '언제 사야 하나' 고민이 줄어들지 않을까요?

터너 적정가격 가치 상승에 대한 계산이 나오면 진입하면 되는 거죠. 부동산 투자는 주식 투자랑 다르다는 건 다 아시잖아요. 상승장과 하락장의 큰 사이클이 있기는 하지만 우리 방식은 결국 마진이 있느냐 없느냐가 핵심이니까요.

언제 팔아야 하는가: 목표·세금·시장 사이클 고려

"그렇다면 팔 때는 어떨까요? 시세가 확 올랐을 때 팔아야 할까요? 목표 금액에 사겠다는 사람이 나타나면 무조건 파는 게 나을까요?"

터너 '팔아서 얻는 현금'을 어디에 재투자할지에 달렸다고 봅니다. 만약 더 좋은 물건을 살 수 있다면 파는 게 좋아요. 하지만 현금이 생겨도 딱히 대안이 없고, 임대료가 잘 나오는 물건을 괜히 팔아서 세금 폭탄을 맞을 것 같다면, 차라리 보유하는 게 나을 수도 있죠.

그린 저는 '프라임' 물건에 한두 채에 집중 투자하는 전략을 선호합니다.

"한국이랑 비슷하네요. 한국에서는 '똘똘한 한 채 전략'이라고 합니다."

그린 재밌는 표현이네요. 전 이게 관리 효율도 좋고, 더 안정적인 지역으로 자금을 옮기면 리스크가 줄어든다고 봤거든요. 이처럼 내 우선순위에 따라, 그러니까 현금흐름인지, 시세 차익인지, 관리 편의인지, 이 세 가지의 기준에 따라 팔 때를 결정하는 게 낫다고 봅니다.

버텨야 할 때: 시장 하락기 & 금리 인상기 대처법

"혹시 시장이 하락하거나 금리가 올라서 분위기가 안 좋으면, 어떻게 해야 해요? 손절해야 할까요, 아니면 버텨야 할까요?"

그린 현금흐름이 괜찮다면, 시장 하락기엔 버티는 게 정석이지 않을까요. 집값이 떨어져도 임대수요가 유지된다면, 월세 수입으로 대출이자를 커버하면서 시간을 벌 수 있잖아요. 경기가 회복하면 시세가 다시 오를 가능성이 크니, 괜히 경솔하게 팔아서 손해 보지 말라는 겁니다. 부동산은 주식처럼 한 방에 무너지는 법은 없잖아요.

터너 금리가 올라서 월 부담액이 커진다면, 대환 대출로 금리나 조건을 재조정해보거나 공동 투자자를 유치해서 이자 부담을 나눌 수 있겠죠. 물론 공동 투자로 바꾸면 이익을 나눠야 하겠지만요. 경기가 안 좋은 하락기는 오히려 싼 물건을 매수할 기회가 될 수도 있으니까, 너무 겁먹지 말고 임대 수익만 잘 챙기면서 버티면 됩니다.

공실 문제 초보자들이 현장에서 겪는 고민

"그럼 '공실'이 생겼을 때는 어떡하죠? 빈집이 한두 달만 돼도 스트레스가 크잖아요."

터너 공실은 관리의 문제인 경우가 많아요. 먼저 체크해봅시다. 입지! 임대수요가 풍부한 지역인가? 인테리어와 컨디션! 세입자가 들어오고 싶을 만큼 깨끗하고 매력적인가? 임대료 수준! 시장 시세 수준과 큰 차이가 없는가? 이 세 가지를 점검하면 대부분 임대주택의 공실 문제는 해결됩니다. 임차료를 시장 시세보다 더 받아서 수익률을 높이는 것보다 빨리 공실을 채우는 게 효율적이에요.

그린 특히 초보들은 임대료를 너무 높게 불러서 스스로 마이너스를 자초하는 경우가 많죠. 우리 청취자들도 그런 사례 많았어요. 차라리 적정 시세에 빠르게 세입자를 구하고, 유지 · 보수를 통해 세입자 만족도를 올려서 오랫동안 머무르게 하는 편이 백번 낫습니다.

해외투자·원격투자도 가능한가?

"해외투자는 어떤가요? 요즘은 미국 부동산 투자에 관심이 많아졌는데, 당장 빌딩 투자는 어려울 거 같고 임대주택 투자를 알아보고 있어요."

그린 해외든 로컬이든 핵심은 현지 팀 구성입니다. 신뢰할 만한 중개사, 관리 회사 혹은 관리인, 세금·법률 전문가. 이 삼박자가 맞으면, 호스트가 물리적으로 그곳에 있지 않아도 임대사업을 하는 데 큰 문제는 없어요. 특히 미국은 시스템이 잘 되어 있는 편이거든요.

터너 전 세계 어느 지역이든 원리는 같습니다. 최근 에어비앤비를 여러 나라에 세팅하는 임대업자도 많아지고 있더라고요. 지난번 저희 청취자 중 한 명은 에어비앤비로만 연 수입이 약 80억 원 정도 나온다고 하더라고요. 미국, 두바이, 호주… 나라도 다양했고요.

그린 임대수요, 고용률, 인구 변화 등의 데이터를 보세요. 현금 흐름 계산, 관리·운영 시나리오를 잘 세팅해놓으면, 전 세계 어디서든 '다주택 임대 전략'은 유효합니다. 인터넷이 많은 것을 가능하게 했죠.

"머리가 개운해졌어요."

그린 지금까지 한 이야기를 정리해보겠습니다. 언제 사야 하나?

터너 시장 타이밍보단 현금흐름과 가치 상승 가능성을 우선 검토하라. 적정 가격이고 임대 수익이 나온다면 언제든 매수하라.

그린 언제 팔아야 하나?

터너 세금과 더 좋은 물건으로 갈아탈 기회를 고려하라. 시세가 올랐는데 자금을 재투자할 곳이 뚜렷하면 매도하고 아니면 보유하라.

그린 버텨야 할 때?

터너 시장 하락기나 금리 인상기에도 임대 수익이 안정적이라면 굳이 매도하지 말고, 리파이낸싱(재융자)이나 재무적 투자자 유치로 위험을 보완하라.

그린 공실 문제 해결은?

터너 입지, 임대료, 주거 환경을 점검해 개선하고, 빠른 세입자 유치 시스템(네트워크 · 광고 · 관리업체)을 갖춰라.

그린 마지막으로 해외 투자는?

터너 인터넷이 잘 되어 있는 곳이면 그게 어디든 관리 · 운영팀만 잘 구성하면 가능하다!

"마지막으로 한마디 해주신다면요?"

그린 부동산 투자의 시작이 바로 임대주택 투자입니다. 다주택자는 시장에 임대주택을 임차인에게 공급하는, 가치 있는 일을 하는 사람이에요. 다주택자로서 임대사업은 초보라도 누구나 언제라도 시작할 수 있습니다.

터너 '곧 부동산이 폭락한다'는 기사에 휩쓸리거나, 공실 몇 달 됐다고 패닉에 빠지지 마세요. 항상 현금흐름과 관리 능력을 중심에 두면 됩니다. 매매 시장이 죽어도 보통 월세 시장은 유지된다는 사실을 기억하세요. 제가 보니까 보통 그런 기사 쓰는 기자들은 투자 경험이 없는 경우가 많더라고. 그냥 일단 한번 해보세요. 해보면 우리가 무슨 말 하는지 알게 될 겁니다. BRRRR, OK?

녹음이 끝나자 스튜디오의 조명이 살짝 어두워졌다.

"오늘 멘토링, 어떠셨어요?"

브랜든 터너 대마법사가 악수를 청하며 물었다.

"확실히 배울 점이 많았습니다."

감사의 인사를 전하고 스튜디오 문을 나섰다. 복도를 따라 걸으면서도 머릿속은 배운 내용으로 가득했다. 공실이라는 단어가 주는 묘한 긴장감과 함께, 그 해법들이 하나씩 정리되어 갔다. 공실 관리의 핵심은 결국 어디에서나 통하는 본질이었다.

건물 밖으로 나오려는 찰나, 구석에 자리한 작은 휴게실에서 은은한 조명이 반짝였다. 어디선가 GD의 'Home Sweet Home'이 들려왔다. 익숙한 멜로디에 발걸음이 자연스레 그쪽으로 향했다. 공간을 가득 채우는 음악 속에서 문득 생각이 스쳤다. 누군가에게 집을 만들어준다는 건 정말 매력적인 일이라는 것.

임대주택 사업을 준비하는 내게 오늘 하루는 많은 영감을 안겨주었다. 달빛이 스며드는 창가에 자리를 잡고 앉았다. 가방에서 조심스레 비밀 노트를 꺼냈다. 이제, 본격적으로 나만의 부동산 마법을 써 내려갈 때가 된 것 같았다.

최종 사업계획서, 부동산 투자의 운명을 가른다

＊ ˙ ＊ ˙ ＊ ˙ ＊ ˙ ＊

사업계획서를 읽고 평가하는 사람은 작성자 혹은 작성자의 회사에 대해 단 하나의 지식도 없는 사람이라고 가정해야 한다. 또한 이 사업계획서를 평가해 판단을 내림으로써 혹여라도 문제점이 발생할 경우 어떤 식으로든 책임을 저야 하는 사람이라고 생각해야 한다. 작성자와 일면식도 없는 사람이 서류만으로 소통해야 한다. 그렇다면 누구라도 쉽고 편하고 간편하게 이해할 수 있도록 작성하는 것이 기본이다.

목표와 타임라인을 구체적으로 설정해 작성했는가?

사업계획서에서 가장 먼저 해야 할 일은 구체적인 목표 설정과 해당 목표를 설정한 근거 자료 제시다. 예를 들어 "사옥을 매입해 안정적 운영을 도모한다"와 같은 포괄적인 목표는 충분하지 않다. 대신 "사옥을 매입한 2025년까지 연 매출 10억 원 달성, 2026년까지 신규 임차인 유치를 통해 사옥의 자산 가치를 10% 이상 상승시키겠다"와 같은 구체적이고 측정 가능한 목표를 작성해야 한다. 또한 각 목표 달성을 위한 소목표 역시 달성하기 위한 타임라인을 명확히 제시해 심사역에게 계획이 정교하게 짜여 있음을 보여주어야 한다.

시장 분석에 사용한 근거가 현실적으로 공감되는가?

시장 분석 시에는 출처가 명확한 객관적인 데이터와 신뢰할 수 있는 통계를 근거로 정확히 제시해야 한다. 시장을 지나치게 낙관적으로 예상해서도 안 되고, 과도하게 부정적으로 예상해서도 안 된다. 가장 타당한 방법은 실제 데이터를 기반으로 시장의 흐름을 추정하고 해당 프로젝트에 적용하는 것이다. 특히 이 과정에서는 '성급한 일반화의 오류'를 피해야 한다.

'시세 차익이 얼마로 예상된다'와 같은 미실현 이익에 대한 계획을 제시할 때는 더 신중해야 한다. 미래가치와 미래의 이익 실현에 대해 계획을 제시할 때는 유사한 조건의 실거래 사례를 인용하는 것이 필수적이다. 물론 해당 사례에서 이익이 났다고 해서 동일한 결과가 본 프로젝트에서도 반드시 반복될 것이라고 단정할 수는 없다. 하지만 특정한 유사 조건의 거래 사례가 여러 번 들어갈수록 심사역에게 참고 자료로서 역할은 충분히 할 수 있다.

재무 예측이 객관화되어 신뢰할 수 있는가?

사업계획서의 재무 예측은 사업의 신뢰도를 결정짓는 핵심 요소다. 예상 수익과 비용, 투자 예상치를 지나치게 낙관적으로 설정하면 역효과가 날 수 있다. 업무 특성상 심사역은 유사한 사업계획서를 자주 검토한다는 점을 염두에 두어야 한다.

재무계획에는 객관적인 데이터와 구체적인 근거를 제시해 신뢰도를 높여야 한다. 예상 임대료 수익은 주변 시세를 표본으로 산정하고, 유지·보수 비용은 해당 지역별 평균을 참고해 작성한다. 사용한 표본이 지나치게 광범위하거나 모호할 경우 부정적인 결과를 초래할 수 있음을 명심하자.

매수하는 부동산 가치 상승과는 별도로 해당 사업체의 성장률을 지표로 심사역에게 어필하려면, 시장 규모, 경쟁 업체 현황, 영업 이익률 성장세 흐름, 업계와 유관한 경제 동향 등을 종합적으로 분석해 제시하는 것이 좋다. 또한 프로젝트의 리스크와 한계점을 타당하게 인식시키기 위해, 단점이 있다면 감추기보다 오히려 드러내는 전략이 효과적일 수 있다.

리스크 관리 계획이 타당한가?

사옥 마련은 장기적인 마스터플랜을 수립하고 이를 이루기 위한 세부 계획들을 성공적으로 수행하며 구체화된다. 따라서 사업계획에는 중간 과정에서 발생할 수 있는 변수를 대비한 '리스크 관리 계획'을 반드시 포함해야 한다. 공실 리스크, 금리 리스크, 유지·보수 관리 리스크 등 크게 세 가지 리스크의 예비 자금 확보 방안과 이를 대체할 수 있는 수익원 조달 전략을 함께 제시한다. 리스크 관리 계획은 심사역이 가장 주의 깊게 보는 항목 중 하나다.

권위 있는 전문가 의견을 근거 자료로 사용했는가?

사업계획서를 작성할 때 해당 분야의 외부 전문가로부터 조언을 받는 것은 심사역의 판단에 큰 도움을 준다. 정부에서 제공하는 공식화된 데이터를 기반으로 부동산 전문가와 협업해 시장 전망과 수익성을 분석하고, 세무사와 상담해 재무 구조와 절세 방안을 명확히 작성해 제시하면 사업계획의 객관성을 확보하는 데 유리하다. 특히 미래가치 평가와 관련해, 사업계획서에 사용된 숫자나 관련 법률, 정책 분석이 전문적 조언을 통해 작성되었는지 여부도 심사역의 판단 근거가 된다. 전문가의 컨설팅 보고를 적정하게 사용하면 사업계획서의 신뢰도를 높일 수 있다. 예를 들어 프로젝트의 규모에 따라 감정평가사나 회계사의 전문 검토 보고 자료를 첨부하면 사업계획의 타당성과 신뢰성을 강화할 수 있다.

명확한 출구 전략이 있는가?

사옥 마련을 위한 사업계획서에서 명확한 출구 전략을 제시하는 것은 사업의 장기적 성공 가능성을 평가하는 중요한 요소다. 출구 전략은 예상치 못한 상황에서도 대출 원금을 안전하게 회수하거나 최적의 수익을 얻는 방안으로, 투자자나 심사역이 사업의 안정성을 판단할 때 매우 강력하게 작용한다.

장기적으로 자산 가치를 상승시킨 후 적정 시점에 매각할 계획이라면, 매각 시기의 시장 예측과 예상 수익을 구체적으로 제시해야 한다. 또한 공실이 지속되거나 유지 비용이 급증하는 상황에서의 대체 방안으로 상업 시설 전환, 임차인 유치를 위한 렌트프리 전략, 전략적 파트너 참여를 통한 직영 수수료 매장 전환 등 다양한 재무적 리스크 관리 방안을 제시해야 한다. 이러한 출구 전략은 최악의 상황에서도 리스크를 최소화할 방안을 준비하고 있음을 보여준다. 이를 통해 프로젝트의 타당성을 더욱 부각시킬 수 있다.

사업계획서를 작성한 후 이 여섯 가지 사항을 기준으로 점검하고 검증하면, 사옥 마련과 그 이후 성공 가능성을 한층 높일 수 있을 것이다.

영화감독에서 3천억 자산가로 **신영균**

치과의사에서 배우로, 배우에서 영화감독으로
영화감독에서 3천억 자산가로 만든 투자 전략

매수·매도 타이밍은 복잡해 보이지만, 결국 본인의 투자 목표와 수익률 기대치가 결정해준다고 보면 됩니다. '언제 사서 언제 파느냐'라는 질문의 답은 '내 목표치에 도달했는가'로 결정됩니다. 따라서 매수 단계에서 출구 전략을 설정하는 것이 바람직합니다. 보유를 지속하려는 방향을 잡는다 해도 상속이나 증여를 피해 갈 수는 없습니다. 의외로 단순한 규칙만 미리 세워도 부동산 투자에서 흔들리지 않고 자신만의 길을 갈 수 있습니다.

9단계 "언제 살까, 언제 팔아야 할까의 해답은 단순하다"

오늘은 평소와 달리 강의실이나 연구동이 아닌 전혀 다른 길로 안내받았다. 이번 목적지는 부동산 마법 학교의 박물관이었다. 학교 안쪽에 자리한 이곳은 세계적인 부동산 마법사들의 업적을 기리는 공간이라고 했다.

박물관에 들어서자, 웅장한 아치형 천장과 고풍스러운 분위기가 나를 맞이했다. 복도 양쪽에는 전설적인 부동산 마법사들의 동상이 줄지어 서 있었다. '존 D. 록펠러', '도널드 브렌', '리카싱'… 이름만 들어도 압도적인 인물들. 동상 아래에는 그들의 거래 기록과 투자 전략이 정리된 안내문이 놓여 있었다. '나도 언젠가는?' 하는 기대감이 불현듯 마음속에서 피어올랐다.

복도 끝은 멀티플렉스 극장으로 연결되어 있었다. 벽면을 가득 채운 화려한 포스터들 가운데, 유독 눈에 띄는 포스터 하나가 있었다. '치과의사 → 배우 → 영화감독 → 3,000억 자산가, 신영균 대마법사의 반전 스토리'

극장 로비는 상영을 기다리는 사람들로 붐볐다. 한쪽 벽에는 '이달의 상영작: 건물주 성공법칙 스토리'라는 현수막이 걸려 있었다. 안내를 맡은 스태프가 말했다.

"영화가 끝나면 스크린 뒤편 문으로 가세요. 그 안에 신영균 대마법사의 연구실이 있습니다."

영화가 시작되자 화면 속 부동산 마법사들의 인터뷰가 흘러나왔다. 그들은 성공과 실패, 그리고 매수와 매도 타이밍을 진술하게 들려주었다. 시간은 금세 지나갔다.

상영이 끝나고 조명이 켜졌다. 관객들이 흩어지고 나는 스크린 뒤편 문을 열었다. 안쪽엔 긴 복도가 이어졌고, 복도 끝 엘리베이터에는 버튼 하나만 있었다. 버튼을 누르자 엘리베이터는 최상층으로 향했다.

엘리베이터에서 내리자 보이는 풍경은 압도적이었다. 발아래로 구름이 깔려 있었고, 유리 복도가 하늘 위를 걷는 듯 이어져 있었다. 복도 끝 '연구실'이라는 팻말이 걸린 문 앞에 다다랐다. 문을 열자 은은한 조명이 비추는 조용한 공간 속, 중절모를 살짝 눌러 쓴 신영균 대마법사가 기다리고 있었다.

"저도 문예창작과 영화를 전공했고, 시나리오 작가였습니다." 나는 조심스럽게 말을 건넸다. 신영균 대마법사는 나를 바라보며 조용히 입을 열었다. "그래, 자네 스토리의 마지막 장면은 뭔가?" 뜻밖의 질문에 나는 멈칫했다. "마지막 장면이요?"

그는 빙긋 웃으며 말을 이었다. "모든 영화는 정해진 결말을 향해 달려가지 않나. 자네는 작가라면서." 나는 고개를 끄덕이며 대답했다. "아직… 생각해본 적은 없습니다."

신영균 대마법사는 잠시 고개를 끄덕이더니 천천히 이야기를 풀어놓기 시작했다.

"부동산 투자도 마찬가지야. 결국은 마지막 장면을 향해 달려가는 이야기지." 그의 목소리는 담담했지만, 그 안엔 지난 세월이 고스란히 담겨 있었다.

"내 젊은 시절엔 주변이 온통 가난한 예술가뿐이었어. 그들과 함께 먹고 자고, 영화를 만들며 지냈지. 학생들이 내게 3천억 자산가가 된 비결을 묻곤 해. 그런데 말이야… 난 그저 내 이야기를 따라왔을 뿐이야. 자네가 작가라면, 내 스토리도 한번 정리해줄 수 있겠나?"

무대를 만드는 법: 명보극장부터 시작된 부동산 감각

내가 이 길로 들어선 큰 계기 중 하나가 바로 명보극장이었어. 원래 영화 흥행이 잘되면 관객이 몰려들고, 극장이라는 '건물' 가치도 올라가잖아? 사실 1963년에 금호극장부터 시작했고, 1977년에 명보극장을 7억 5천만 원에 매입했지. 관훈동에 빌딩을 짓고, 명보제과나 호텔업, 맥도날드 합작 등 여러 사업을 같이 전개하면서 돈이 도는 체계가 잡힌 거 같아.

"영화관을 운영한다는 게 단순히 티켓을 판다는 게 아니라 건물 자체를 어떻게 관리하고, 어떤 콘텐츠를 들여올지 기획하는 과정과도 연결돼 있군요."

그게 그렇게 되나? 꿈보다 해몽이 좋군. 영화든 공연이든 '흥행'이 되면 사람들이 몰려드니까 주변 상권까지 살아나고, 내가 소유한 건물의 가치도 올라간다는 걸 어렴풋이 배운 것 같아.

"호텔업이나 제과점, 볼링장까지 운영하셨다는 얘기도 들었어요. '다각화'를 몸소 보여주시네요."

난 그저 달걀을 여러 바구니에 나눠 담아야겠다고 생각한 거였어. 한곳에만 의존하면 언제 무너질지 모르잖나. 영화도 흥행이 늘 보장되지 않는 것처럼 사업도 늘 리스크가 있어 보였거든. 그래서 내가 택한 건 '다양한 무대'를 마련해놓고, 무대마다 관객을 끌어모으는 작업을 한 거였어. 나중에 보니까 부동산 가격이 많이 올랐더라고.

무대에 '사람'을 끌어들이는 힘: 부동산 투자의 예술

나 때는 감독이 다 했어. 영화감독만 하는 게 아니라 관객에게 홍보도 하고, 콘텐츠도 연구하고, 가능한 모든 방법으로 '흥행'을 위해 노력했지. 지금 와서 돌아보니 부동산도 똑같더군.

돈을 버니까 가만두면 녹아버릴 거 같아서 적금 든다고 생각하며 부동산에 넣었어. 그때 원칙은 딱 하나였어. 영화 만들 때 1등 배우하고만 일했던 것처럼 부동산도 1등 입지만 샀지. 계속 사모으다 보니까 눈이 좀 트이더라고. 건물이 여러 개가 되고 수입이 비교되니까 말이야. 어떤 업종을 유치하면 시너지가 날지, 어떤 브랜드가 들어와야 임대료가 상승할지, 많은 사람이 오가는 곳이 돼서 건물 가치가 얼마나 올라갈 수 있을지 계속 고민했어. '이 무대를 어떻게 구성하면 관객이 몰려들까?' 계속 고민하고 실험하는 게 결국 내 사업 투자 스타일이 된 거지.

좋아하는 부동산을 사라

"영화나 부동산이나 원리가 같은 거 같아요"

내가 해줄 마지막 조언은 간단해. 건물도 무대라면 무대인 거야. 사업 아이템은 배우지. 어떤 배우를 어떤 시나리오로 불러서 촬영하고, 어떤 관객을 어떻게 불러들일지는 정답이 없어. 계획대로 되든 되지 않든 포기하지 않고 하다 보면 되더라고.

나는 내 자산이 3천억 원인지 신문 보고 알았어. 한 번도 세어보지 않았거든. 그게 내 비법이라면 비법이었던 것 같아.

계획대로 되면 그게 어디 인생인가? 영화도 그렇게 잘 안 되는데 말이야. 난 부동산 투자도 그런 것 같아. 좋으면 계속 같이 가고 싶잖아. 돌아보면 팔 수 있는 기회는 참 많았는데, 팔 생각 자체를 안 했던 것 같아. 그냥 좋았거든, 그 건물들이. 평생을 바쳐 온 내 영화들처럼….

"말씀해주신 '좋아하는 부동산을 사라', '건물도 무대다', 그리고 '1등 배우만 고집하는 것처럼 1등 입지를 고르라'는 원칙… 정말 많은 걸 배웠습니다."

작가라고 했지? 이번 이야기도 잘 정리해두게. 언젠가 누군가에게 도움이 될지도 모르잖나. 난 자네를 처음 봤을 때 '이 친구가 글쓰기랑 영화를 전공했다는데, 스토리가 어떻게 흘러갈까?' 궁금했거든. 인생이라는 영화의 마지막 장면도 결국 자네가 만들어가는 거니까.

나는 자리에서 일어서며 한마디로 정리하기 힘든 감정을 느꼈다. 연구실 문을 열고 나서니, 여전히 극장과 박물관이 맞닿아 있는 복도가 눈앞에 펼쳐졌다. 신영균 대마법사의 잔잔한 목소리가 귓가를 맴돌았다.

"부동산도, 영화도, 뭐든 마음 가는 대로, 좋아서 해야 오래 간다네. 자네도 자신이 오래오래 좋아할 수 있는 무대를 찾길 바라네."

문득 박물관에 가득한 수많은 동상의 업적보다 삶의 이야기가 궁금해졌다. '좋아하는 무대를 만들고 가치를 높이면서 함께 성장한다.' 영화든 부동산이든 결국 그 본질은 크게 다르지 않다는 사실이 마음속에 깊은 인상을 남겼기 때문이다. '내 마지막 장면은 앞으로 어떻게 만들어지게 될까?' 비밀 노트를 꺼내서 마음이 가는 대로 적어 내려가기 시작했다.

무신사의 1,500억 이익 실현?
성수동 파헤치기

20년 만에 서울의 트렌드를 바꾼, 상권의 마법을 일으킨 지역이 있다. 바로 MZ의 성지라 불리는 '성수동'이다. 20년 전까지 기성세대들에게 서울특별시 성동구 성수동 지역은 변방 중에서도 변방이었다. 커다란 시멘트 공장과 여기저기 지저분한 소규모 제조 공장들이 즐비했던 곳, 두통을 유발할 정도로 기름 냄새 나는 자동차 정비소들이 자리 잡고 있던 가난한 동네. 성수동의 평당 단가는 2000년대 초반 평당 700만 원에서 2025년 기준 평당 2억 8천만 원 내외로 실거래되어 40배 이상 상승했다. 도대체 성수동에 무슨 일이 있었던 것일까? 성수동을 20여 년간 지켜온 건물주들에겐 과연 어떤 가치가 생성되었을까?

단순히 시간이 흘러서 부동산 가치가 올랐다고 하기에는 설명이 안 되는 동네, 성수동. 이번에는 '개발의 힘이 변화시킨 성수동의 역사'에 대해 알아보자. 건물주가 개발을 알아야 하는 이유를 알 수 있을 것이다.

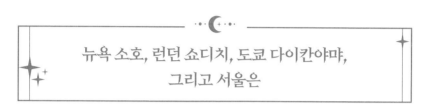

뉴욕 소호, 런던 쇼디치, 도쿄 다이칸야먀, 그리고 서울은

미국과 영국과 일본에는 성수동과 닮은 사례들이 있다. 미국 뉴욕의 소호(SOHO)는 과거 제조업과 공장이 몰려있던 지역이다. 도시 재생을 통해 창의적인 예술가와 브랜드들의 허브로 변모해 오늘의 소호가 되었다. 초기에는 창고와 공장을 리모델링한 소규모 공간에서 시작했지만, 이후에는 고급 브랜드 매장과 대규모 상업 빌딩이 들어섰다. 소호는 현재 뉴욕에서 가장 비싼 부동산 지역 중 하나다.

영국 런던의 쇼디치(Shoreditch)는 과거 낙후된 산업 지역이었으나, 디자이너와 스타트업들이 몰리며 창의적인 허브로 탈바꿈했다. 초기에는 작은 예술가 스튜디오와 카페로 시작했지만, 현재는 테크 스타트업과 글로벌 브랜드들이 입주한 대규모 빌딩들로 채워져 있다. 쇼디치는 리모델링에서 시작해 대규모 디자인 빌딩으로 발전한 도시 재생의 또 다른 성공 사례다.

일본 도쿄의 다이칸야마(Daikanyama) 역시 흐름이 유사하다. 작은 카페와 독립 서점으로 시작되었지만, 현재는 고급 부티크와 대규모 복합 상업 시설이 들어선 지역으로 세련된 라이프스타일을 제공하는 공간으로 성장했다.

소호, 쇼디치, 다이칸야마처럼 성수동도 일개 공장 지역에서 부동산 가치를 극대화하는 지역으로 성장했다. 이 과정에서 해당 지역 건물주들은 어떤 역할과 행동을 했을지 구체적으로 살펴보겠다.

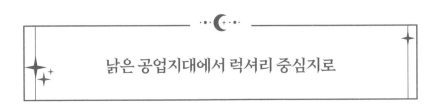

낡은 공업지대에서 럭셔리 중심지로

한국의 브루클린이라는 별명이 있는 성수동은 낡은 공업지대에서 도시 재생과 창조적 개발을 통해 서울의 트렌드와 럭셔리를 대표하는 중심지로 우뚝 섰다. 이 과정에서 기껏해야 공장 건물주였던 경영자들은 땅의 잠재력을 발견하고 개발을 통해 자산 가치를 극대화해서 적게는 수백억 많게는 수천억 자산가로 성장했다.

성수동의 첫 변화는 공장 리모델링에서 시작되었다. 2015년, 대림창고는 낡은 공장을 카페와 전시 공간으로 재탄생시켰다. 투박한 외관은 그대로 두고, 내부를 현대적으로 개조한 독특한 개발 시각은 성수동의 정체성을 상징하는 아이콘이 되었다. 대림창고는 단순히 공간을 바꾸는 데 그치지 않고, 성수동 전체가 도시 재생과 창조적 개발의 가능성을 지닌 지역임을 알리는 일종의 방아쇠 역할을 했다.

이러한 흐름은 패피와 힙스터들의 트래픽을 만들어낸 연무장길로 이어지게 되었다. 대림창고 이후 성수동은 젊은 창작자들과 스타트업의 주목을 받았다. 성수동의 낡은 공장들은 넓은 사용 면적과 저렴한 임대료 덕분에 예술가와 사업가들에게 이상적인 작업 공간이 되었다. 공장의 건물주들도 조금씩 개발의 가치 창출 능력에 눈을 뜨면서 적극적으로 공간을 빛내줄 임차인들과 손을 맞잡기 시작했다.

연무장길을 중심으로 카페, 갤러리, 레스토랑들이 들어서면서, 성수동은 그 누구도 따라가기 어려울 정도의 '힙'한 거리 대명사가 되었다. 여기에 전략적으로 요충지를 삼은 대형 연예 기획사와 독특한 패션 편집숍들이 모여들기 시작했다. 기성세대들은 도대체 왜 이게 인기인지 납득하지 못했지만, MZ세대들은 자신만의 문화를 표출하는 지역으로 성수동을 택한 듯 보였다.

이제 성수동은 브랜드들이 선호하는 팝업스토어의 메카로 자리 잡았다. 코로나19로 인해 거리에 사람을 찾아보기 힘든 시절에도 시몬스 팝업스토어는 소위 대박이 났다. 팝업스토어에서 침대를 판 것도 매트리스를 판 것도 아닌 브랜드 굿즈를 팔아 대박이 날 줄은 아무도 예상하지 못했다. 이후 성수동은 수많은 글로벌 브랜드의 팝업 무대로 떠오르고 있다.

그 덕분에 건물주들은 1년 동안 벌어야 할 임대료를 수개월의 팝업 임대로 벌기도 하는, 수익률 폭증 현상이 일어났다. 현재도 성수동에서는 수십여 개의 팝업스토어가 운영되며 브랜드와 소비자가 매력적으로 소통하는 공간을 제공하고 있다.

성수동은 단순히 힙한 동네에서 끝나지 않았다. 용도지역의 특성을 극대화한 지식산업센터의 신축은 젊은 스타트업과 중소기업을 유치하며, 성수동 내 경제 트래픽을 폭발적으로 증가시켰다. 젊은 청년들이 유입되면서 상권이 활성화되었고, 뚝섬과 건대입구 등 인접 지역의 유동인구까지 흡수하며 성수동은 서울 동부 지역을 대표하는 대표 상권이 되었다. 젊은이들의 트래픽이 형성되고 동네가 힙해지면 진격하는 팀이 있다. 바로 '럭셔리 군단'이다.

성수동에 럭셔리 브랜드의 단독 플래그숍 스토어가 깃발을 꽂아서 큰 놀라움을 주었다. 그 포문을 연 곳은 '디올(Dior)'이다. 디올 성수는 전통적인 강남 명품 거리와는 차원이 다른 콘셉트로 건물의 외관 디자인만으로도 SNS를 장악했다. 성수동의 감성에 맞는 '럭셔리'와 '힙'을 결합한 성공 사례로 외국인들의 순례지가 될 정도였다. 그 이후 성수동에는 버버리, 까르띠에 등 일일이 나열하기도 힘들 정도로 명품 브랜드의 진격이 이어졌다.

트래픽이 생기니 카페와 레스토랑은 소위 대박 매출이 발생했다. 주말의 성수동은 주차가 어렵고 웨이팅은 당연한 '핫플 동네'가 되었다.

서울의 센트럴 파크 하면 거론되던 '여의도 공원'과 '선유도 공원'을 제치고 '서울숲'이 높이 떴다. 바로 서울숲을 둘러싸고 있는, 전세가 3.3m²당 2억 원이라는 럭셔리 하이엔드 주거지 '아크로서울포레스트'와 '한화갤러리아포레', 그리고 초기엔 미분양으로 고생했지만 이젠 당당하게 어깨를 맞대는 '트리마제' 때문이다.

2023년 기준, 아크로서울포레스트 전용 200m²는 보증금 3,500만 원, 월세 3,500만 원에 거래되면서 전국 최고 월세 기록을 세웠다. 또한 같은 단지 전용 200m² 전세가는 72억 원까지 치솟으며 부동산 전문가라고 하는 사람들조차 혀를 내두를 정도였다. 성수동은 소위 '넘사벽' 클래스가 존재하는 동네가 된 것이다.

여기서 끝이 아니다. 성수동은 떠오르는 굵직한 기업들에도 전략적 거점지가 되었다. 무신사는 성수동에 무려 5개의 부동산과 토지를 보유하며 사옥과 매장을 결합한 공간을 선보였고, 무려 1,500억 원의 이익을 실현했다. 젠틀몬스터를 보유한 아이아이컴바인드는 우주선을 닮은 독창적인 디자인 사옥을 건설하며 기대치를 높이고 있다. 그야말로 브랜드와 건축 콘텐츠의 결합을 통해 브랜드 마케팅이 극대화하고 있는 것이다.

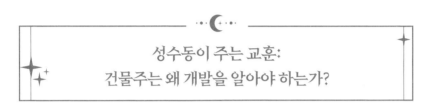

성수동이 주는 교훈: 건물주는 왜 개발을 알아야 하는가?

성수동의 성공은 단순히 시간이 만들어낸, '인플레이션 덕분에 자연스럽게 상승한 결과가 아님'을 주목해야 한다. 성수동의 성공 과정에서 '앵커 테넌트가 집결해 시너지를 내면 건물주는 극단적으로 어떤 이익까지 얻을 수 있게 되는가'를 깨우칠 수 있다.

그만큼 공간을 채워주는 임차인들의 역할이 부동산 자산 가치 상승에는 주요하다는 것을 증명해주었다. 또한 성수동의 상승 시기에 건물을 매도하고 나간 건물주들은 땅을 치고 후회할 것이다. 이 정도까지 부동산 자산 가치가 상승할 줄 몰랐기 때문이다.

건물주라면 보유한 건물뿐만 아니라 지역의 특성과 잠재력을 파악하고 가치가 상승하는 흐름에 올라탈 수 있어야 한다. 이런 지역의 특징이 가치투자자들이 모인다는 것이다. 그들은 언제 팔아야 할지를 고민하지 않는다. 모을 뿐이다. 이런 우량 건물주들이 모이면 해당 지역의 시세는 여간해서 지속적인 우상향을 보인다.

성수동의 사례를 통해 부동산 개발이 갖는 힘을 체험하고, 개발의 논리를 깨우치며 실천을 통해 '건물주'와 '임차인'이 갑을 관계가 아닌

공생하는 파트너로서 협업할 때 서로 원하는 이익의 파이가 더 커질 수 있음을 명심하기 바란다.

그렇다면 다음 성수동은 어디일까? 그리고 당신은 그곳에서 무엇을 할 준비가 되었는지 잘 생각해보라. 성수동에서 이루어졌으니 다음 그곳에서도 똑같은 패턴의 반복이 약 20여 년에 걸쳐, 아니면 더 빨리 펼쳐질 수 있을 것이다. 동서고금을 막론하고 도시 개발의 바람을 타고 흘러가는 부동산 시장의 역사는 꾸준히 반복되었다.

완성된 건물이 비싼 이유?
개발을 통한 가치 생성 요소 이해하기

완성된 건물이 소비자가격으로 판매되는 시장의 상품이라면, 노후 건물은 가공되지 않은 원단에 비유할 수 있다. 원단은 디벨로퍼의 철저한 기획 아래 발굴이라는 과정을 거쳐 디자이너가 상상한 디자인에 맞춰 정교한 가공을 거친 뒤, 유통비와 물류비, 광고비가 더해지면서 소비자가 구매할 수 있는 상품으로 거듭난다. 마찬가지로 완성된 건물 역시 단순히 토지 가격과 건축비만으로 가치를 계산할 수는 없다. 그 속에는 보이지 않는 수많은 과정과 비용이 녹아 있기 때문이다.

건물 하나가 세워지기까지는 보이지 않는 가치가 층층이 쌓여 있다. 영화를 만드는 과정과 크게 다르지 않다. 토지 선정부터 설계와 시공, 유지 관리와 세금, 법적 절차까지 모든 단계에서 비용과 시간이 투입되며, 이를 통해 마침내 소비자가 입주만 하면 되는 완성된 상품이 만들어진다.

이번에는 건물이 상품화되는 과정을 살펴보면서, 부동산 자산으로 분류되는 건물의 생산 원가와 간접 원가, 그리고 사업자의 이윤에 대해 구체적으로 살펴보도록 하겠다. 이 과정을 알게 되면 '나도 할 수 있겠는데?'라는 생각으로 디벨로퍼부터 배우겠다는 경영자도 있을 것이다. 까다롭고 어려워 보이지만 막상 부딪히면 또 풀어나갈 만한 사업이기 때문이다. 제조업의 시스템 구도와 크게 다르지 않다.

건물의 매도 가격은 단순히 건물의 물리적 구축 비용뿐만 아니라 매수 시 발생하는 세금, 법적 비용, 중개 비용, 보험 비용, 개발 비용 등이 포함된 '직접 원가'와 매도 전까지 유지·보수·관리와 해당 개발 업체의 사무실 운영비가 포함된 '간접 원가'가 종합적으로 책정된다. 또한 해당 사업에 대한 투자자의 요구수익률과 회사의 이윤, 매도 시 판매 비용까지 고려해 최종 매각가가 형성된다. 이제 이러한 각 항목을 구체적으로 살펴보겠다.

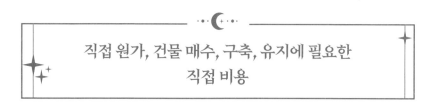

직접 원가, 건물 매수, 구축, 유지에 필요한
직접 비용

완성된 건물의 직접 원가는 건물을 매수하고, 실제로 건축의 과정을 통해 물리적 공간을 구축하며, 매각 전까지 유지하는 데 발생하는 비용으로, 건물의 기본적인 생산원가다. 단계별 비용을 구체적인 예시를 통해 설명하겠다.

토지 선택과 구입 비용: 건물 개발을 위한 부지 마련

건물을 개발하기 위한 첫 번째 단계는 적합한 토지를 선택하고 매수하는 것이다. 토지의 위치, 용도, 크기, 개발 가능성 등에 따라 비용이 크게 달라진다. 도심의 상업지구에 위치한 토지는 외곽의 주거용 토지보다 수 배 높은 가격을 형성하는 것처럼, 상업적 가치가 밀집된 지역일수록 토지 비용이 더 높다.

매수 시 세금 비용: 취득세 등 매수 시 부과되는 세금

건물이나 토지를 매수할 때 취득세를 납부해야 한다. 취득세는 자산을 취득할 때 발생하는 세금으로, 일반적으로는 취득 금액에 4.6%를 취득세로 내게 된다. 취득하는 물건의 주체가 개인이냐 법인이냐, 5년이 경과했느냐, 과밀억제권역에 있느냐에 따라 달라지기도 한다. 동일한 세율을 적용하더라도 건물가액이 크면 초반에 준비해야 할 자금이 많기에 대형 상업용 건물일수록 취득세 지급을 위한 현금흐름이 중요하다. 잔금을 대출로 처리하는 경우가 많은데 이때 취득세는 대출이 안 나올 수도 있기 때문이다.

부동산 중개인, 법무사, 세무사 비용: 법적 계약 및 세무 처리

매수 과정에서는 부동산 계약, 소유권 이전, 세금 관련 업무에 필요한 비용이 발생한다. 부동산 중개인 비용은 매매계약을 중개한 중개업자에게 지급되며, 법무사 비용은 소유권 이전과 관련한 법률 서류 작성 및 검토에 대한 수수료다. 또한 매수 시 세금 및 재무 계획을 수립하기 위해 세무사 비용도 발생할 수 있다. 이러한 비용은 대개 매매 금액에 따라, 전문가의 명성에 따라 다르게 책정될 수 있다.

철거 및 폐기물 처리 비용: 기존 건물 철거에 따른 처리

기존 건물을 허물고 새 건물을 지을 경우 철거 공사 비용과 폐기물 처리 비용이 발생한다. 특히 대형 건물 철거는 소음과 분진 규제에 따라 추가 비용이 발생할 수 있으며, 오래된 건물은 석면 철거를 별도로 해야 한다. 폐기물 처리 비용 역시 무시할 수 없는 비중을 차지한다. 또한 공사 과정에서 민원이 발생할 수 있기 때문에 이를 처리하기 위한 민원 비용을 예비비로 책정한다.

건축 설계 비용: 신축 건물 설계와 계획 수립

새 건물의 설계는 철거 이전에 계획되는 경우가 많다. 나대지 상태로 토지를 매수했다면 이 단계부터 시작된다. 설계는 건물의 용도와 기능, 지역 특성에 따라 도면을 구체화하는 작업이다. 설계자나 건축가와의 협의를 통해 진행되며, 상업용 건물일수록 설계 비용이 증가한다. 건축사 면허 보유 여부, 명성에 따라 설계 비용은 천차 만별이다. 건물 면적이 일정 수준 이상이라면 평당 단가로 산정하지만, 규모가 200평 이하라면 건당으로 책정되는 경우가 더 많다. 일반적으로 평당 설계비는 10만 원부터 50만 원 정도 선에서 선택할 수 있다.

세입자 명도 및 법적 소송 비용: 기존 임차인 문제 해결

매수한 토지나 건물에 기존 임차인이 있다면 명도 절차를 통해 내보내야 공사를 할 수 있다. 원만한 협의가 이루어지지 않으면 법적 소송으로 이어지며, 이때 보상금과 소송 비용이 발생한다.

장사가 잘되는 도심 상권에서는 명도 소송 시 세입자가 요구하는 보상금이 높아질 수 있고, 명도 소송에서 승소하더라도 명도에 불응해

강제 집행을 해야 할 수 있다. 적게는 1년에서 3년 내외까지 소요될 수도 있다.

신축 공사: 건물의 구조물을 세우는 데 드는 비용

설계가 완료되고 인허가를 받으면 본격적인 신축 공사가 시작된다. 공사에는 자재비, 공사 인건비, 장비 사용료가 포함되며 60평 이상의 건물에는 종합건설면허를 가진 공사업체가 진행해야 한다. 일반 공사보다 간접비의 비율이 더 높을 수밖에 없다. 고층 건물일수록 고강도 자재가 필요해 비용이 올라간다.

강화된 유리 창문과 철골 구조물을 사용할 경우 일반 콘크리트 건물보다 공사비가 높다. 특히 커튼 월 유리로 마감된 건물은 에너지 관리 비용이 더 높아 일정 규모 이상의 건물에는 의무적으로 녹색인증을 받기 위한 설계가 필요하다. 그로 인한 공사비는 더 고가일 수밖에 없다.

인테리어 설계 및 시공: 내부 공간을 디자인하고 완성하는 비용

외관이 완성된 후, 내부 공간의 설계와 시공이 필요하다. 인테리어 설계는 공간의 배치와 스타일을 결정하는 작업으로, 고급 상업 공간일수록 고객의 체류 시간을 고려한 인테리어가 요구된다.

이후 인테리어 시공의 경우 단순한 시공이라면 종합건설사에서, 마감 품질에 민감한 시공이라면 실내건축공사 면허를 가진 전문 시공업체에 맡기게 된다. 이 경우에도 비용이 상승한다. 인테리어 공사 시 벽지, 바닥, 조명, 가구, 냉난방 설비, 열교환기 설비 등 설치 비용이 추가되며, 맞춤형 인테리어가 요구될수록 비용은 더 상승한다.

스타일링 및 세부 장식: 최종적으로 공간을 연출하는 비용

인테리어가 끝나면, 공간의 분위기를 연출하기 위한 스타일링 비용이 발생한다. 고급 상업 공간에서는 고객의 눈길을 끌기 위해 소품, 조명, 식물 등을 배치하며, 공간에 딱 맞는 맞춤 가구를 공장에서 별도로 제작해 공수한다. 고급 스타일링으로 품질이 올라갈수록 비용은 추가된다.

유지·보수·관리 비용: 매각 전까지 건물의 유지 및 관리

완성된 건물을 매각하기 전까지 정기적인 건물의 유지, 보수, 관리가 필요하다. 건물 청소, 설비 점검, 엘리베이터 등 시설물 수리의 관리 비용이 정기적으로 발생하며, 대형 건물일수록 인력이 많이 투입될 수밖에 없다. 상업용 건물은 전기, 수도, 공조 시설을 정기적으로 점검하고, 청소 인력, 보안 인력 또한 필요하므로 운영비가 크게 증가한다. 외주를 주더라도 획기적으로 비용이 절감되지는 않는데 인력 구성에 의해 절대적으로 좌우되는 지출 항목이기 때문이다.

보험: 건물 안전과 관리에 필요한 각종 보험 비용

건물을 매수하고 운영하기 위해서는 각종 보험에 가입해야 한다. 화재보험, 재해보험, 책임보험 등이 있으며, 건물 규모와 용도에 따라 보험료가 달라진다. 상업용 건물은 고객 안전을 보장하기 위해 다수의 보험에 가입해야 하며, 보험 비용이 직접 원가에 포함된다.

입주자 모집 비용: 세입자 유치를 위한 마케팅 및 판매 수수료

완공 후 세입자를 유치하기 위해 광고, 홍보, 부동산 중개 수수료 등의 판매 비용이 발생한다. 입지와 건물 용도에 따라 다양한 홍보 전략이 요구되는데 공간의 임대를 위한 광고비도 무시할 수 없는 항목이다.

입주자 관리: 입주자와의 계약 및 관리 비용

공간을 임차할 입주자가 결정되면 계약 체결과 초기 지원, 입주 후 관리 등 입주자 관리가 필요하다. 계약 관리, 입주 지원, 추가적인 법적 대응을 위한 비용 등이 발생하며, 입주자의 요구에 맞춰 시설 개선이 필요할 경우 추가 관리비가 또 발생한다.

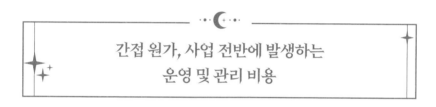

간접 원가, 사업 전반에 발생하는 운영 및 관리 비용

간접 원가는 건물 구축 외에 사업 운영과 관리에 필요한 비용으로, 사업 시작부터 매각까지 운영하는 기간 동안 발생한다.

인건비: 사업 운영 인력의 인건비

건물 개발과 운영에는 다양한 분야의 전문가가 투입되며, 이들의 인건비가 간접 원가에 포함된다. 프로젝트 매니저, 계약 담당자, 설계 관리, 마케팅·홍보 관리 등이며, 규모가 클수록 인건비 부담이 커진다. 정직원은 소수라 할지라도 외주를 통해 비용이 지출된다면 간접비에 포함해야 한다. 경영자들이 공부를 열심히 하고 경험을 열심히 쌓는다면 다른 건 몰라도 간접비 항목에서 획기적인 절감을 할 수도 있다.

사무실 운영비: 사무 공간 유지에 드는 비용

사업을 운영하는 동안 사무실 임대료, 전기, 수도, 인터넷 사용료, 사무용품 구입비 등이 간접 원가에 포함된다. 건물 안에 일정한 공간을 마련해 사용함으로써 별도의 월세가 안 나가더라도 해당 공간을 직접 사용하지 않는다면 월세가 창출될 수 있는 공간이 되므로 해당 공간도 비용으로 책정해 산입하는 것이 타당하다.

유지, 보수, 관리 용역 인건비: 건물 유지 관리 용역을 감독하는 인력

건물 유지 및 관리를 위한 청소 용역, 보안 인력, 설비 점검 인력 등의 외부 용역을 관리하고 감독하는 인건비가 포함된다. 대형 상업 빌딩은 시설 관리 용역, 안전 관리 인력, 청소 및 경비 인력까지 추가되어 관련 인건비가 증가하지만, 대다수 소규모 건물은 사장이 직접하거나 관리 직원을 계약직으로 두고 포괄적인 관리를 한다.

특히 발렛과 같은 주차 서비스를 할 담당자가 필요하다면 고용의 형태가 나을지 외주를 주는 것이 나을지 고민하게 될 것이다. 어떤 선택을 하든 손님이 발렛 직원에게 지급하는 비용과 별개로 주차 관리 비용은 발생할 수밖에 없다.

금융 이자: 자본 조달에 따른 금융 비용

부동산 매수와 건물 공사에 필요한 자금을 대출받았다면 소유권을 이전한 시점부터 공사기간 동안 발생하는 금융 이자와 준공 후 매각을 통한 원금 상환 이전까지 발생하는 대환 대출이자가 간접 원가에 포함된다.

예상보다 공사가 길어지면 이자가 증가하며 공실이 발생하거나, 목표 예상 시점을 초과해 매각한다면 최종 매각가의 산정에도 영향을 끼치는 항목이다. 준공 후 발생하는 금융 이자는 정기적인 자산 가치 재산정이나 차주의 신용도 증가를 통해 일부 절감을 할 수도 있다.

재산세, 종합부동산세: 건물 보유에 따른 정기적인 세금 비용

건물 보유 시 재산세와 종합부동산세를 매년 납부해야 한다. 재산세는 자산을 소유한 대가로 납부하는 세금이며, 종부세는 일정 가격 이상의 고가 부동산에 부과된다. 단, 토지와 건물의 공시지가 합이 80억 원 미만인 상업용 건물의 경우 부과대상이 아니다. 도심 상권 지역이라 공시지가의 합이 80억 원 이상이라면 평수에 상관없이 부과된다는 것을 알아두자.

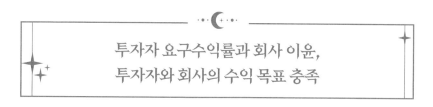

투자자 요구수익률과 회사 이윤, 투자자와 회사의 수익 목표 충족

완성된 건물의 매각가는 직접 원가와 간접 원가를 포함한다고 끝나는 것이 아니다. 본 사업의 투자자와 회사의 이윤 목표까지 더해질 때, 매도 목표 가격이 책정된다.

투자자 요구수익률: 투자자의 기대 수익 반영

투자자들은 투자금 회수와 일정 수익률을 기대하기 때문에, 매각가는 투자자의 요구수익률을 충족해야 한다. 투자자가 연 10%의 수익률을 기대할 경우, 이를 반영해 매각가가 책정된다. 투자자는 주로 자기

자본금에 투자하기 때문에 총사업비의 20% 내외인 자기자본을 기준으로 요구수익률을 충족하면 된다.

기업 이윤: 지속 가능한 사업을 위한 이윤 확보

시행 회사는 프로젝트의 모든 비용을 충당한 후, 일정 수준의 이윤을 남겨야 지속적인 사업 운영이 가능하다. 시행 회사의 목표 이윤은 프로젝트 규모에 따라 달라지며, 목표 이윤이 매출 대비 20%일 경우, 직접 원가와 판매 원가에 투자자의 요구수익률을 포함한 가격에 20%의 이윤을 더해 최종 매각가를 책정하게 된다.

이처럼 건물의 가격은 건물 구축 및 매수 과정에서 발생하는 직접 원가, 사업 전반에 걸쳐 발생하는 간접 원가, 투자자의 요구수익률, 회사의 목표 이윤이 모두 반영되어 형성된다.

여기에 앵커 테넌트의 유치를 통해 인근 상권의 수익보다 높은 수익을 창출하게 된다면 프리미엄이 붙을 수 있다. 이렇게 완성된 건물은 다양한 비용 요소와 수익 기대치가 반영되면서, 물리적인 토지비용 + 건물비용 + 프리미엄 이상의 가치로 시장에서 평가받고 거래가 이루어질 것이다.

지금까지 완성된 건물이 시장에서 거래되는 평가 방식과 원가 구성을 살펴보았다. 사업 확장의 디딤돌로 사옥을 선택해야 하는 경영자라면 부동산 개발업에 대한 학습과 실천을 통해 전문가로 거듭나는 길이, 사옥 입주 이후 '자영업자에서 기업가로 가는 지름길'이 될 수 있다는 사실을 꼭 명심하기 바란다. 사업을 통해 돈을 많이 벌었고 시간의 효율이 더 중요한 경영자라면 완성된 건물을 선택하면 된다. 그러나 셀프로도 가능하다는 것을 깨우치기 바란다. 건물은 거래 금액이 크기 때문에 열정을 적절하게 잘 불태운다면 거래 마진의 효율 또한 상상 그 이상이 될 수도 있다. 지금까지 내용을 표로 정리하면 다음과 같다.

완성된 건물 원가 분석

비용 구분	비용 요소	설명	비용(천원)
직접 원가	토지 매수 비용	위치와 크기, 개발 가능성에 따라 적합한 토지를 선택하고 구매하는 비용	
	취득세	매입한 부동산의 자산 가치를 기준으로 부과되는 세금	
	중개 및 법무 비용	부동산 거래를 위한 중개인, 법무사, 세무사 등의 전문가 비용	
	철거 및 폐기물 처리 비용	기존 건물 철거와 폐기물 처리를 위한 비용	
	건축 설계 비용	건물의 외관과 구조 설계를 위한 비용	
	인테리어 설계 비용	내부 공간 디자인을 위한 인테리어 설계 비용	
	세입자 명도 비용	기존 임차인의 이주를 위한 법적 절차 비용	
	신축 공사비	건물의 구조를 세우기 위한 자재, 인건비, 장비 사용료 등 공사 비용	
	인테리어 비용	내부 공간의 시공을 위한 비용으로 고급 공간일수록 더 많이 소요됨	
	마무리 장식 비용	마지막으로 공간의 분위기를 연출하기 위한 장식과 가구 배치 비용	
	유지·보수 비용	건물 매각 전까지 유지·관리에 드는 청소, 보수 등 비용	
	보험 비용	건물 안전과 관리에 필요한 보험 가입 비용	
	입주자 모집 비용	세입자 유치를 위한 마케팅 및 판매 수수료 비용	
	입주자 관리 비용	입주자와의 계약 및 관리 비용	
	소계	직접 원가 항목의 합계	

	인건비	프로젝트 운영을 위한 다양한 분야 전문가의 인건비
	사무실 운영비	사무실 유지 비용으로 임대료, 전기료, 인터넷 사용료 등
간접 원가	유지·관리 감독 인건비	청소, 보안 등 유지·관리를 감독하는 인력의 인건비
	금융 이자	토지 매입과 공사를 위한 대출 이자 비용
	재산세 종합부동산세	건물 보유 시 매년 부과되는 재산세와 종합부동산세
	소계	간접 원가 항목의 합계
	투자자 수익률	투자자의 기대 수익률을 충족시키기 위한 수익률
이윤	회사이윤	회사가 지속 가능한 운영을 위한 이윤 지표
	소계	이윤 항목의 합계
매도가	매도 목표 가격	최종 매도 목표 가격

4부

고급 마법 완성:
확장·절세·리스크 대비

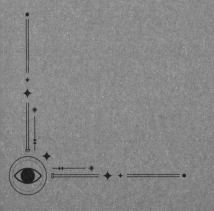
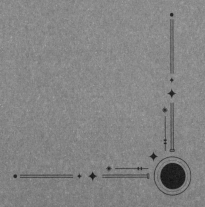

사장을 가르치는 사장 김승호

8천억 원에 회사 매각 후 투자가로 변신, 단계별 자산 증식 전략

자산의 규모가 커질수록 물건 선택, 자금 조달, 리스크 관리 전략이 그때그때 달라집니다. 특히 직접 사용할 사옥과 투자용 건물, 단기 투자용과 장기 보유용, 부의 이전 도구로 활용 전략은 아예 시작 단계부터 만나야 할 사람이 다릅니다. 또한 건물을 사는 능력, 모으는 능력, 유지하는 능력, 매각하는 능력은 다 다른 능력이라는 것을 알아야 합니다. 절세 전략 없이 자산 규모가 커진다면 한번도 경험해보지 못했던 세금의 무거움을 체험하게 될 것입니다.

"자산 규모에 따라 투자 전략은 달라진다"

부동산 마법 학교를 떠나기 전날 밤, 자꾸만 잠에서 깼다. 기대감과 아쉬움이 뒤섞인 기분이었다. 창밖으로 보이는 교정과 달빛을 번갈아 바라보며, 졸업이 가까워졌다는 사실이 믿기지 않았다. 수많은 멘토와 나눈 이야기, 적지 않은 시행착오와 깨달음들이 하나둘 떠올랐다.

마지막 멘토링 장소는 전혀 예상 밖이었다. 안내받은 곳은 교정 끝자락 숲길. 이번 멘토링은 산책을 하며 이야기를 나눌 예정이라고 했다.

침대 위에서 조용히 기지개를 켜고 조용히 밖으로 나섰다. 하늘은 짙은 보랏빛으로 물들기 시작했고, 동이 트기 전의 서늘한 공기가 얼굴을 스쳤다. 아무도 없는 교정을 걸으며, 학교를 떠난다는 실감이 서서히 가슴 깊이 밀려들었다. 그동안 만났던 대마법사들의 모습이 주마등처럼 지나갔다.

숲길 입구에 도착하자, 김승호 대마법사가 기다리고 있었다. 의외로 소탈한 모습이었다. 운동화에 칼을 문 고양이 패치가 붙은 보라색 재킷, 그리고 챙이 있는 모자를 쓴 차림. 8천억 원에 회사를 매각한 뒤 투자자로 변신했다는 이야기가 무색할 만큼 조용하고 차분했다.

"걸을까?" 그는 짧게 말했다. 그 한마디가 왠지 모르게 깊게 다가왔다. '마지막'이라는 말이 아쉬웠지만, 동시에 또 다른 배움이 시작될 것 같아 설렘이 더 컸다.

말없이 시작된 산책은 새벽 공기처럼 고요했다. 이민자로 시작해 수많은 실패를 겪고, 가진 것 하나 없이 오직 의지로 사업체를 인수해 자산을 키워낸 그의 삶. '김밥 파는 CEO'에서 '사장을 가르치는 사장'이자 투자가로 거듭나기까지의 여정은 이미 책으로 여러 번 읽어 익숙했지만, 막상 그를 직접 마주하니 아무 말도 할 수 없었다.

오너 파이낸싱으로 사업체와 부동산 인수

사업체를 인수할 때, 내가 돈이 있어서 가능했던 건 아니야. 장사를 하며 돈을 벌어 분할로 갚겠다고 말하고, 그 약속을 지키는 조건으로 기회를 달라고 했지. 약속한 날짜에, 단 한 푼도 깎지 않고 대금을 다 갚았어. 부동산도 마찬가지였어. 먼저 갖고 싶은 땅을 정해두고, '저건 내 거다'라고 되뇌며 매일 백 번씩 종이에 적었지. 시간이 지나면 어느새 내 것이 되어 있더라고.

'100번 쓰기의 마법'이라고 해야 할까. 말로만 중얼거릴 때와 종이에 직접 써 내려갈 때는 그 깊이와 힘이 전혀 다르더라고. 당시 나는 가진 돈이 거의 없었지만, 스스로 세운 계획을 자신 있게 보여주면 상대방도 설득될 수 있다고 믿었어. 실제로, 나는 내 계획을 믿고 있었거든.

장사가 아닌, 기업가(Entrepreneur) 마인드

"어떻게 성공을 확신하셨어요?"

나는 '하도 많이 망해봐서 잘 할 수 있다'라는 확신이 있었어. 실패를 겪으면서 배운 것들이 결국 나를 단단하게 만들었거든. 내가 제자들에게 늘 강조하는 건, 장사하는 사람이 아니라 기업가가 되라는 거거든. 작은 가게라도 이렇게 생각해야 해. '이걸 어떻게 키울까?' '언제 팔아서 다음 단계로 갈 수 있을까?' 이런 식의 사업적 사고, 전략적 사고가 꼭 필요해. 그리고 이런 마인드는 부동산 투자에도 똑같이 적용돼.

"협상이나 현금흐름도 중요하지만, 결국은 건물을 어떻게 키우고, 그 가치를 높이느냐가 핵심이라는 말씀이신가요?"

맞아. 세 들어서 사업을 하는 사람과, 자기 건물에서 직접 사업을 하는 사람은 효율이 완전히 다르지. 같은 건물에서 장사해도 '세를 내는 사람'과 '세를 받는 사람'의 입장은 생각하는 방향부터 달라.

초기 vs. 나중: 자수성가 후의 투자 시각 변화

처음에는 가진 자본이 없었어. 그런데도 꼭 갖고 싶은 자산이 있었기 때문에 오너 파이낸싱 같은 방법을 활용했지. 약속을 지키기 위해 현금흐름을 안정시키고, 회사 가치를 높이는 데 집중했어. 그러다 회사를 매각하고 투자자의 위치에 서게 되면서 내 전략도 바뀌었어. 1등 부동산이나 1등 회사처럼 검증된 자산에 투자해서 안정적인 수익을 추구하는 쪽으로 말이야. 절세도 적극적으로 고민하게 됐고.

"대마법사님 책에 나온 돈에 대한 4가지 능력처럼, 부동산 투자의 관점도 여건에 따라 달라진다는 거죠? 초반엔 직접 운영으로 수익과 시세 차익을 함께 노리고, 나중엔 탄탄한 부동산이나 회사에 투자해서 안정적인 포트폴리오를 형성하는 것처럼요."

난 그걸 '단계별 자산 증식'이라고 불러. 처음엔 기업가 정신으로 뛰어들어 가치를 키우고, 적절한 시점에 엑시트해서 목돈을 만든 다음, 1등 자산 위주로 투자처를 옮겨가며 수익을 복리 구조로 키워가는 거지.

잠잘 때도 돈이 들어오는 안정적인 구조를 만들게 되면 투자 기회는 더 많아져. 진짜 자산가가 되면 진정한 무자본 투자가 가능해지고. 그럴 땐 모험을 할 수가 없지. 안정적으로 수익이 나오고 있는 부동산이어야 금융권과 파트너가 되어 함께 투자할 수 있는 거야.

투자와 엑시트 전략: 성장의 핵심

"역시 자산가의 투자 전략은 다르네요."

사업이든 부동산이든, 결국 중요한 건 '언제, 어떻게 마무리할 것인가'야. 초반엔 직접 뛰어드는 게 가장 큰 수익을 줄 수 있어. 하지만 엑시트로 큰 자본이 생기면 다시 시작하기보다, 더 나은 사람이 운영하는 곳에 투자하는 게 더 안정적이지.

"나의 재정 여건에 따라 그때는 맞지만 지금은 틀린 전략이 될 수도 있겠네요."

자영업 사장이 월세를 밀리지 않고 낸다는 건 결국 매달 일정 금액을 벌어들이는 능력이 이미 있다는 이야기잖아? 그걸 한 단계 더 발전시키면, 내가 내는 월세 자체를 내 건물에 투자하도록 구조화할 수도 있는 거야. 그 시기를 앞당기는 전략은 다양하지.

이 길이 쉽다고 생각하지 마. 협상이 어긋날 수도 있고, 계획대로 되지 않아서 운영이 어려울 수도 있어. 금리나 시장 분위기처럼 예상하지 못한 변수들도 얼마든지 생기지. 하지만 기업가의 시각으로 보면 나만 힘든 건 아니라는 걸 알게 돼. 그 어려운 상황을 이겨냈을 때, 나는 한 단계 더 높은 자리에 서 있을 수 있어. '어떤 업종이나 콘셉트로 매출을 올리고, 어떤 리모델링으로 임대료 가치를 높일까?' 끊임없이 고민하면 위기를 기회로 바꾸는 사장이 되는 거야. 처음엔 자본 부족이란 장벽이 있어도, 창의적 금융과 운영 능력이 결합하면 생각보다 빠르게 자산을 쌓을 수 있거든.

"정말 공감해요. 저도 자영업자들이 스스로 만든 브랜드를 기반으로 공간의 주인, '브랜드 빌딩'의 주인이 되었으면 좋겠어요."

사업체가 커지면 부동산과 금융업은 자연스럽게 연결돼. 그리고 세금에 대한 전략이 아주 중요해지지. 본업과 부동산, 금융과 세금, 이 4가지가 사장이 기업가로 성장하는 데 아주 중요한 역할을 하거든. 난 이런 걸 알려주는 멘토가 없어서 오래 걸렸지만 자넨 대마법사들의 멘토링이 있으니까 금방 할 수 있을 거야.

괜한 노파심이겠지만 사업이 커갈수록 시기하는 사람, 질투하는 사람, 폄하하는 사람도 늘어날 거야. 그러니 항상 단정하고 겸손해서 규모에 걸맞은 거인이 되어 우리 인연이 가치 있어지기를 바랄 뿐이야. 다른 대마법사들이랑도 이야기해봤는데, 자네가 그동안 한 고생이나 공부가 인정받는 것 같아서 나까지 기분이 좋아.

김승호 대마법사의 말이 끝나자, 해바라기밭 사이로 퍼지던 새벽빛이 점점 더 밝아졌다. 금세 햇살이 온 들판을 환하게 뒤덮을 듯했다. 나는 그가 들려준 조언들을 천천히, 하나씩 마음속에서 되새겼다. 본업과 부동산, 금융과 세금, 그리고 기업가의 자세까지, 그 모든 것이 도전이자 기회로 느껴졌다.

문득 부동산 마법 학교에서 만났던 대마법사들의 얼굴이 하나둘 떠올랐다. 저마다의 방식으로 나를 격려하고 일깨워주고 위로해주었던 그들. 이제 학교를 떠나 이 배움을 실전에서 펼쳐 보여야 할 시간이 다가오고 있었다.

새벽 공기는 어느덧 아침의 기운으로 바뀌고 있었다. 해바라기밭을 뒤로하고 조용히 교정을 향해 걸음을 옮겼다. 마음은 이상하게도, 편안하면서도 깊이 벅찼다. 김승호 대마법사가 보여준 기업가의 시야와 깊이는 '인간으로서의 성장'이라는 과제를 남겨주었다.

"규모에 걸맞은 거인이 되어라." 그 말은 분명, 오래도록 내 안에 남을 것이다. 더 큰 세상으로 나아가더라도— 이 순간, 이곳에서의 다짐은 잊지 않겠다.

아쉬움이 짙게 묻어났지만, 마지막 산책은 또 다른 시작을 향한 첫걸음이 되었다. 이제 마지막 비밀 노트를 써 내려갈 시간이다.

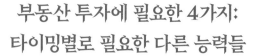

부동산 투자에 필요한 4가지: 타이밍별로 필요한 다른 능력들

건물에 관한 4가지 능력이 있다. '건물을 사고', '건물을 모으고', '건물을 유지하고', '건물을 매각하는' 능력이다. 모두 다른 능력임에도 불구하고 대부분 건물을 사는 능력이 전부라고 생각한다. 이는 '돈의 속성'과도 유사한 면이 있다.

> "돈을 벌고, 모으고, 유지하고, 쓰는 능력은 다 다른 능력이다. 이는 돈을 다루는 네 가지 핵심 능력으로 '돈을 버는 능력은 기본적인 생존을 위한 필수적인 능력'이며, '돈을 모으는 능력은 미래를 위한 준비'이고 '돈을 유지하는 능력은 모은 돈을 지키는 것'이며, '돈을 쓰는 능력은 돈의 가치를 극대화하는 것'이다."
>
> _김승호, 『돈의 속성』(스노우폭스북스, 2020)

부동산 자산관리는 단순히 건물을 사는 것에서 끝나지 않는다. 단순한 소유를 넘어 4가지 능력을 갖출 때 이익을 극대화할 수 있다. 건물을 매수하고, 전략적으로 모아가며, 유지·관리하고, 적절한 시기에 매각하는 모든 과정이 유기적으로 연결될 때 부동산 자산이 진정한 자본 창출의 도구로 활용될 수 있다. 이 과정에서 당신은 '건물주', '자산가', '부동산 전문 투자자'로 여러 호칭을 갖게 될 것이다.

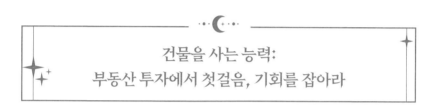

건물을 사는 능력: 부동산 투자에서 첫걸음, 기회를 잡아라

'건물을 사는 능력'은 부동산 투자에서 건물주로서 생존을 위한 첫걸음이다. 이는 자신이 선택한 부동산이 미래에 가치를 창출하고 실질적인 이익 실현을 할 수 있을지를 판단하는 능력이다. 적절한 지역과 상권, 향후 발전 가능성이 있는 입지를 구체적으로 파악해 과감히 투자하는 것이 중요하다.

서울 마포구 홍익대학교 인근에 지하철역 홍대입구로 대표되는 카페 거리가 흥했던 시절이 있었다. 주변의 지가가 상승하고 월세가 오르자, 그 흐름은 연남동과 망원동 카페 거리로 흘러갔다. 특히 '연트럴파크'라는 별명을 갖게 된 공원을 낀 연남동은 그야말로 무지막지하게 부동산 가격이 상승했다. 물론 강남의 가로수길, 세로수길, 성수동 카페 거리도 지가 상승이 이어졌다. 서울숲을 끼고 있는 성수 카페 거리의 상승률은 단연 눈길을 끈다.

지가 상승의 흐름을 미리 꿰뚫고 가치투자를 한 건물주 사례들은 언론에서, 또 주위에서 어렵지 않게 찾아볼 수 있다. 이들은 막 상권이 형성되는 초기에 해당 지역을 눈여겨보고, 앞으로의 잠재 가치를 보고 장기 투자로 건물을 매수한 경우다. 시장의 흐름을 읽는 능력이 뛰어나다고 할 수 있다. 시장의 변화와 부동산 가치의 상승 요인을 예측할 수 있는 식견과 남들이 수익률 운운하면서 비싸다고 할 때 아랑곳하지 않고 결단하는 과감함이 요구된다.

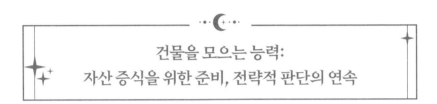

건물을 모으는 능력: 자산 증식을 위한 준비, 전략적 판단의 연속

건물을 모으는 능력은 자산 증식을 위한 전략적 준비의 과정으로 볼 수 있다. 건물 한 채를 샀다고 끝나는 것이 아니라, 인접 대지 혹은 주변의 여러 채 건물을 체계적으로 모으면서 자산 포트폴리오를 구성해가는 단계다.

이때 중요한 것은 부동산을 무작정 많이 모으는 것이 아니다. 연결했을 때 시너지가 창출되어 평가 가치가 상승하고, 건물 신축 시 문제점들이 해결되며, 장기적으로 안정적인 자산들을 선별해 모으는 것이 중요하다. 해당 지역이 상승하면 포트폴리오 전체가 시너지를 이루며 성장세를 이룬다.

카페 거리를 중심으로 연예인들의 선투자가 이루어지면 그 뒤를 바짝 쫓아 카페를 직접 운영할 수 있는 IP 임차인들과 직접 IP를 운영하는 건물주들이 진격한다.* 처음엔 임차인이었고 젠트리피케이션의 설움을 몸소 겪은 후에 공격적으로 변한 이들이다. 건물 하나를 산 후 추가로 다른 건물을 사서 모을 때 대출을 얼마나 효율적으로 활용할 것인지, 포트폴리오의 다양성은 어떻게 확보할 것인지를 고민해야 한다.

대출할 때도 자산을 믹스 매치해 공동담보로 활용함으로써 대출의 한도와 금리 조건을 협상할 때 우위를 점한다. 정기적인 자산 재평가를 통해 보유 자산의 가치를 재무제표에 기록하고, 트래픽을 끌어올 수 있는 우량한 임차인을 유치해 건물의 가치를 한 번 더 끌어 올린다. 명도가 필요하다면 2년이고 3년이고 끈질기게 해내고, 최소한의 리모델링 공사를 통해 임대료를 높여 그간의 투자 비용을 회수한다.

낙후되었지만 고유의 특성을 살리면서도 콘텐츠를 주도하는 임차인들로 인해 지가 상승이 예상되는 지역을 선점하고, 파트너들과 집단으로 투자하는 경우도 어렵지 않게 찾아볼 수 있다. 셰프로 시작했지만 디벨로퍼가 된 장진우 대표가 대표적이다. 이태원 경리단길에 12개의 식당을 운영하면서 '장진우 거리'를 만들어 이익을 실현했을 뿐만 아니라 동인천에도 유사한 전략으로 진입했다.**

만약 사옥을 넘어 건물을 모으는 단계로 진입했다면, 자산에 대한 포트폴리오와 파트너 구성, 금융과 세무에 대한 통합 전략을 사전에 세우고 지속적으로 점검해나가야 한다.

---

* 카페 등의 브랜드를 'IP'라고 부르는 이유는, 단순히 커피를 파는 곳이 아니라 고유한 이름, 디자인, 스토리 등으로 만들어진 지적 재산(Intellectual Property)으로 보기 때문이다. 이는 브랜드가 확장성과 상징성을 가진 콘텐츠 자산으로 평가받기 때문에 사용된다.

** '장진우 거리'는 경리단길 인근에서 독특한 소규모 가게들로 장진우가 직접 운영하면서 트렌디한 상권으로 탈바꿈시켰다. '동인천 프로젝트' 역시 그만의 독특한 감각을 담은 가게들을 열고 문화적 공간으로 재탄생시켰다. 오래된 건축물을 보존하면서 빈티지한 인테리어와 트렌디한 운영 방식을 더해 트래픽을 만들고 시세차익을 얻는 방식으로 전개된 개발 사례다.

건물을 유지하는 능력:
모은 부동산 자산의 가치를 지켜라

　모은 건물을 유지하는 능력은 모은 부동산 자산을 안정적으로 관리해나가는 능력이다. 부동산은 구입한다고 끝나는 자산이 아니다. 제대로 유지하고 관리해야만 그 가치가 지속되거나 상승한다.

　건물이라는 특성상 시간이 지나면 노후되고 가치가 감가상각된다. 이를 극복할 수 있는 다양한 전략이 필요하다. 건물의 외관과 내부 시설을 관리하고, 주기적인 점검과 수리, 세입자 관리, 부동산 세금 납부까지 여러 요소를 고려해야 한다. 이 중 하나라도 소홀히 하는 경우 건물의 가치는 하락할 수밖에 없다.

　건물의 가치를 유지하고 지속적으로 상승시키기 위한 체계적인 관리 계획이 필요하다. 특히 건물을 밸류업*한다는 것은 단순히 공사를 통해 예쁜 건물을 만드는 것을 넘어서는 개념이다. 건물의 가치를 높이는 것은 결국 투입한 자기자본 대비 자본 이득의 비율로 평가된다. 투입 자본을 높인다고 해서 임차료를 무한정 높일 수는 없다. 임차료의 저항선이 있기 때문이다.

　그래서 요즘에는 월세를 내는 단순 세입자 개념이 아니라, 공동사

---

* 전문용어로 밸류애드(Value-add)라고 한다. 밸류애드란 부동산, 특히 상업용 부동산 투자에서 자주 사용되는 용어로, 자산의 가치를 높이기 위해 물리적, 운영적, 재정적 개선을 통해 수익성을 극대화하는 전략을 의미한다. 간단히 말해 현재 상태보다 자산의 가치를 '더하는' 모든 활동을 포함한다.

업을 하는 파트너 개념으로 매출의 일정 부분을 건물주에게 지급하는 수수료 매장 방식이 세입자들에게 호응을 얻고 있다. 이 경우 세입자는 초기 인테리어 비용을 건물주에게 요청하고, 건물주는 세입자가 들어와서 장사만 할 수 있는 환경을 적극적으로 조성한다. 모든 매장을 직영으로 운영하는 미국 커피 프랜차이즈 '스타벅스'가 이런 수수료 매장의 방식으로 건물주와 계약한다.

건물 가치를 유지하는 것을 넘어 상승시키기 위해 매수 단계부터 우량 임차인을 섭외하는 건물주도 있다. 이 모든 행위가 모은 부동산 자산을 유지하기 위한 노력이다.

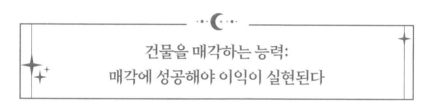

건물을 매각하는 능력: 매각에 성공해야 이익이 실현된다

건물을 매각하는 능력은 부동산 자산의 가치를 극대화해서 투자금을 회수하고 자본 이득을 실현하는 궁극적으로 마지막 단계다. 구체적인 출구 전략을 수립하지 않고 감정적으로 부동산을 매수하는 것은 부동산 자산을 통한 이익 실현이 불투명해질 수도 있다는 것이다.

대다수의 건물 매입은 담보 대출을 사용하며, 레버리지를 사용한다는 의미는 그 대출금을 다 갚지 않는 이상 지속적인 이자 비용의 지출을 감안해야 한다는 것이다. 물론 건물주에 따라 부동산 자산을 모으기만 할 뿐 매도할 생각 없이 자녀들에게 상속·증여만을 고려하기도 한다. 이렇게 소유와 부의 이전을 목적으로 하는 부동산 자산은 대출이 0원인 경우가 대부분이다. 그러나 사업을 하면서 모으게 되는 건물에 대출이 없는 경우는 거의 없다. 왜냐하면 대출 없이 온전히 투자금을 100% 현금으로 매수하는 경우 투자 수익률이 형편없이 낮아지기 때문이다.

따라서 안전자산으로 보유를 목적으로 하는 부동산 자산의 관리 방법과 위험자산으로 자본 이득을 목적으로 하는 부동산 자산의 관리 방법은 다를 수밖에 없다. 특히 후자는 부동산 자산관리에서 건물을 매각하는 능력이 압도적으로 중요하다.

부동산 자산을 적절한 시기에 매각해 최대 수익을 얻는 능력은 결국 부동산 투자 전체의 성패를 가른다. 부동산 매각에서 중요한 것은 첫째도, 둘째도, 셋째도 타이밍이다. 시장 상황과 건물의 현재 가치, 정부의 정책과 대출 금리, 그리고 향후 전망을 철저히 분석해야 한다. 특정 지역의 상권이 포화 상태에 이르러 건물 가치가 하락할 것으로 예상되는 경우, 목표 수익률보다 적더라도 포화에 이르기 전에 신속한 매각으로 환금하는 것이 현명할 수 있다. 매각 시점에 대한 전략적 선택과 최적의 판매 조건을 마련하는 것도 중요한 능력이다.

이렇듯 좋은 가격에 팔기 위해서는 적절한 타이밍과 협상 기술이 필요하며, 이 과정에서 최대한의 이익을 실현하는 방법을 고민하게 된다. 이때 가장 중요한 요소가 바로 절세 전략과의 결합이다.

부의 이전 전략이 달라야 하는 이유,
증여 혹은 상속을 준비해야 한다면

부동산 자산을 취득하고 나면 상황에 따라서는 본업을 통한 이익의 규모 대비 더 큰 이익을 창출한 것으로 평가될 여지가 있다. 부동산 자산관리에서 세금을 산정하는 변수는 다양하므로 절세를 위해 꼼꼼히 검토해야 한다. 절세 전략은 개인 혹은 기업이 처한 여건과 환경, 미래 계획에 따라 달라질 수 있다.

부자들이 부자 되기 쉬운 이유는 간단하다. 부자가 자산을 증식하는 패턴을 이해하고 있기 때문이다. 세금을 줄이는 것에 집중하기보다 절대 이익을 키우고 가족의 자산을 증식시키는 그들의 전략을 알아보자.

부동산 자산 절세 절략

공시가격 이의신청

부동산을 소유하고 있다면 매년 공시가격을 기준으로 산정된 금액에 따라 재산세와 종합부동산세를 부과받는다. 하지만 공시가격이 시세보다 지나치게 높게 책정될 경우, 그만큼 과도한 세금이 부과될 수 있다. 이럴 때는 국토교통부의 공시가격 이의신청 절차를 통해 조정을 요청할 수 있다.

공시가격 이의신청은 매년 발표된 공시가격에 대해 30일 이내에 서면 또는 온라인으로 신청할 수 있으며, 이때 합리적인 근거 자료를 함께 제출하는 것이 중요하다. 공시가격이 낮아지면 재산세와 종합부동산세가 함께 줄어들기 때문에 연간 수백만 원에서 수천만 원에 이르는 절세 효과를 기대할 수 있다. 따라서 공시가격을 매년 꾸준히 확인하고, 과도하게 평가되었다면 즉시 이의신청을 해서 조정하는 것이 가장 기본적이면서도 효과적인 절세 전략이다.

장기 보유를 통한 양도소득세 절감

자산을 장기 보유함으로써 양도소득세 부담을 줄이는 전략은, 특히 고가 자산을 보유한 개인들에게 매우 중요하다. 개인이 보유한 부동산 자산은 보유 기간이 길어질수록 세금을 줄일 수 있는 장기보유특별공제 혜택을 받을 수 있다. 예를 들어 개인이 부동산을 15년 이상 보유하는 경우 최대 30%까지 공제 혜택을 받을 수 있으며, 본인이 실제 거주

하는 주택이라면 보유 기간과 거주 기간을 각각 계산해 10년 이상 거주 및 보유 시 최대 80%까지 공제를 받을 수 있다. 반면 법인의 경우, 장기 보유하더라도 이러한 혜택이 적용되지 않는다는 점을 유의하자.

장기 보유는 단순히 세금을 줄이는 데 그치지 않고, 자산의 물리적 상태를 개선하고 시장의 변동성을 활용해 장기적인 가치 상승을 기대할 수 있는 기회를 제공한다. 따라서 단기 수익보다는 안정적인 자산 운영을 목표로 하는 자영업자에게 장기 보유 전략은 매우 적합하다고 하겠다.

증여와 상속 계획 수립

부동산 자산을 가족에게 증여하거나 상속할 계획이 있다면, 이를 미리 체계적으로 준비하는 것이 세금 절감을 위한 핵심 전략이 된다. 2025년 기준, 상속·증여세율은 30억 원 초과 시 최고 50%에 달해 상당히 높은 수준이므로, 사전 대비 없이 진행하면 자산의 상당 부분이 세금으로 소진될 수 있다.

예를 들어 10억 원을 증여할 경우(비과세 공제를 다 사용했다고 가정), 단순히 30%를 적용해 3억 원 정도로 계산할 수 있지만, 실제로는 누진세율 구조에 따라 약 2억 4천만 원의 증여세가 부과된다.

사전 증여는 상속 시 발생하는 고율의 세금 부담을 줄이는 데 매우 효과적이다. 미리 일정 자산을 증여해두면 상속 시 자산 총액이 줄어들어 상속세 부담을 낮출 수 있다. 특히 부동산이 저평가된 시점이거나 상속·증여할 자산이 많은 경우 사전 증여는 거의 필수다. 설령 사전 증여 이후 10년 이내에 상속이 발생해 증여재산이 합산되더라도, 이때는 증여 당시 가액으로 평가되기 때문에 세금 부담은 훨씬 줄어든다.

상속세율

과세표준	세율	누진공제액
1억 원 이하	10%	0
5억 원 이하	20%	1,000만 원
10억 원 이하	30%	6,000만 원
30억 원 이하	40%	16,000만 원
30억 원 초과	50%	46,000만 원

또한 가족 신탁 제도를 활용하면 일정 기간 가족 구성원이 자산을 공동으로 관리하며 상속세 부담을 분산시킬 수 있어, 보다 안정적인 자산 이전이 가능하다.

특히 자산 가치가 높은 부동산을 보유하고 있다면, 세무사나 상속 전문가와 상의해 사전에 상속 플랜을 설계하는 것이 절세의 핵심이다.

자산 구조 및 소유 구조 재편

부동산 자산을 일정 금액 이상 보유하게 되면, 자산을 나누거나 분산해 재산세나 종합부동산세 부담을 줄이는 것이 가능해진다. 자산 구조를 전략적으로 재편하면 누진세율의 부담을 줄이고 동시에 효율적인 자산관리도 도모할 수 있다.

대표적인 방법 중 하나는 법인을 설립해 법인 명의로 부동산을 보유하는 것이다. 개인보다는 법인 명의가 세금 측면에서 유리할 수 있으며, 특히 여러 자산을 보유할 경우 자산을 분산해 부담을 낮추는 데 효과적이다.

또한 가족 간의 공동소유를 통해 세금을 나누어 부담하거나, 자산의 일부를 다른 용도로 활용하는 방식으로 절세가 가능하다. 특히 부부 간 증여는 절세 전략으로 유용하다. 10년간 6억 원까지 세금 없이 증여할 수 있으므로, 아직 이를 활용하지 않았다면 적극적으로 검토해 볼 필요가 있다.

다만 법인 설립과 소유 구조 변경은 장기적인 전략으로 접근해야 하며, 단순히 세금만 줄이겠다는 목적으로 무리하게 실행하면 오히려 비용이 더 커질 수 있다. 따라서 자산 구조 재편은 반드시 전문가와의 상담을 통해 신중하게 계획하는 것이 바람직하다.

건물 리모델링 및 개선을 통한 자산 가치 유지와 비용 절감

부동산 자산을 리모델링하거나 개선하는 것은 단순히 세금을 줄이기 위한 목적을 넘어, 자산 가치를 유지하고 더 높은 임대 수익을 창출하기 위한 전략이다. 특히 리모델링에 사용된 비용은 손금 처리나 자본적지출로 분류되어 법인세 절감에 효과적이다. 예를 들어 법적 요건에 따라 자본적지출로 분류된 비용은 자산 항목으로 처리되어 감가상각 대상이 되며, 이는 장기적으로 세금 부담을 완화하는 효과로 이어진다.

또한 리모델링을 통해 부동산의 외관이나 내부 환경이 개선되면 자연스럽게 자산 가치도 상승하게 된다. 이는 임차인을 유치하거나 공실을 줄이는 효과도 있어 장기적으로 자산관리에 긍정적인 영향을 미친다.

부동산 자산관리를 위한 절세 전략의 중요성

부동산 자산을 소유하고 관리할 때의 절세 전략은 자산의 안정적 성장과 재무 관리를 도모하는 데 중요한 역할을 한다. 자산 규모가 커질수록 세금 구조가 복잡해지므로, 절세를 할 수 있는 경우의 수가 다양해지며, 이 중 가장 적합한 방법을 선택할 필요가 있다.

따라서 부동산 자산의 초기 취득부터 운영, 매각까지 장기적인 관점에서 체계적인 사업계획을 수립하고 재무 계획과 절세 전략을 결합해야 한다. 적절한 시기에 맞춰 최적의 절세 방안을 단계별로 적용하는 것이 중요하다. 부동산 자산관리가 시작된다는 것은 세무사와 부동산 전문가의 조언을 종합적으로 판단해 자산 규모와 상황에 맞는 절세 방안을 수립하고 이행한다는 의미를 내재하고 있다.

짧은 시간 내에 자산 규모가 커질수록 지켜야 할 자산도 많고, 세금 구조도 복잡해지기에 절세할 수 있는 경우의 수 역시 여럿이다. 부동산 자산이 30억 원 이상인 경우, 세금 부담은 기업의 매출 규모와 부동산 자산의 평가 가치가 커질수록 경영상의 리스크로 작용할 수 있다. 따라서 부동산 자산의 초기 취득부터 운영, 매각까지 장기적인 관점에서 체계적인 사업계획을 수립하고 재무 계획과 절세 전략을 결합해 수립하도록 하자.

부동산 법인의 미래,
패밀리오피스

건물주가 된다는 것은 단순히 부동산을 소유하는 것을 넘어, 축적한 자산을 담는 단단한 그릇을 마련한 것과 같다. 금융 자산 상속은 유동성과 접근성이 뛰어나지만 자산의 안정적 보존에는 한계가 있다. 때문에 '부(富)의 이전' 도구로 부동산 자산을 사용하고 있다.

부동산 법인을 활용한 절세 전략을 중심으로, 부동산 자산을 효과적으로 관리하고 상속하는 방법을 알아보기에 앞서 자산 축적의 진정한 의미를 살펴보자. 축적하는 자산은 주로 상속이 목표가 된다. 혹자는 사회 환원이 목표라고 하지만 사회 환원하는 과정에서도 절세 전략이 필요하고, 재단을 설립하더라도 역시 절세 전략이 필요하다.

가족의 공용 자산을 형성하고 이를 대대로 이어가려면 기틀이 마련되어야 한다. 현대 자산관리의 핵심은 수익 창출에만 머물지 않고, 가문의 자산을 보호하고 지속적인 절세를 하며, 자산이 녹지 않고 증식하는 체계를 구축하는 데 있다. 이때 부동산 법인을 검토하게 된다.

부동산은 동서고금을 막론하고 안정적인 가치와 실물 자산으로서 역할을 해왔다. 부동산 법인은 단순히 세금을 줄이는 수단이 아닌 체계적으로 관리하고 운영할 수 있는 시스템을 제공하는 도구다. 개인 자산은 언제든지 개인의 의사에 따라 혹은 외부 요인에 따라 의도치 않게 처분될 수 있다. 하지만 법인화를 통해 명확한 소유권을 구분하고 지속 가능한 운용을 보장하며, '패밀리오피스'와 같은 자산관리 비즈니스 모델과 결합했을 때 그 가치는 극대화된다. "왜 건물주가 되어야 할까?"라는 질문에 대한 답을 이상의, 우리 사회에서 자산이 갖는 의미에 대해 살펴보자.

패밀리오피스는 19세기 유럽 귀족 가문과 미국의 산업 자본가들 사이에서 시작된 자산관리 방식으로, 대대로 이어지는 가문의 자산을 체계적으로 보호하고 증식해나가기 위해 설립되었다. 가장 대표적인 사례는 1882년 록펠러 가문이 설립한 패밀리오피스로, 방대한 자산을 효율적으로 관리하고 가문의 철학과 가치를 유지하며 재산을 대대손손 이어주는 구조를 만들어주었다. 유럽의 로스차일드 가문 역시 패밀리오피스로 전통적인 부동산과 금융 자산을 모두 관리하며, 경영권을 보호하기 위한 철저한 상속 계획을 세워왔다.

패밀리오피스의 초기 모델은 단순히 재산 관리와 세금 절감에 초점을 맞췄으나, 시간이 지나면서 투자 관리, 상속 계획, 세무 관리, 교육 및 컨설팅 등 다양한 서비스를 포함하는 형태로 발전했다. 20세기 후반에는 금융시장과 자산관리 업계가 체계적인 성장을 이루면서 여러 가문의 자산을 함께 관리하는 '멀티 패밀리오피스(Multi-Family Office)' 모델이 등장했다. 이를 통해 자산 규모가 비교적 작은 가문도 패밀리오피스 서비스를 받을 수 있는 기회가 확대되었다.

초기에는 부동산 등 실물 자산의 관리가 주요 목적이었고, 현대에 들어서는 금융 자산 투자 및 기업 투자 등으로 확대되었다. 이러한 발전은 부동산과 금융 자산의 통합적 관리를 가능하게 하며, 패밀리오피스가 단순한 자산 보호를 넘어 다양한 자산의 성장과 안정성을 동시에 도모할 수 있는 구조로 자리 잡게 했다.

EY에서 발행한 '2022년 글로벌 패밀리오피스(Global Family Office)' 보고서에 따르면 전 세계적으로 패밀리오피스 운용자금의 총액이 1조 2천억 달러(약 1,350조 원)를 넘어서 이미 사모펀드 및 벤처캐피털의 운용자금 총액을 앞지를 정도의 규모에 도달했다.

아시아에서는 싱가포르가 패밀리오피스의 선두주자로 자리 잡았다. 정부 차원에서 세금 인센티브를 비롯해 다양한 기업 친화적 혜택을 제공하고 적극적으로 홍보한 덕분에 최근 몇 년 동안 다수의 부호가 싱가포르에 가문의 자산관리를 위한 싱글 패밀리오피스를 설립했다.

국내에서도 자산가들 사이에서 패밀리오피스에 대한 관심이 점점 커지고 있다. 삼성, 현대, SK 등 대기업 총수 가문들은 이미 부동산 및 금융 자산을 관리하는 전문 조직을 운영하고 있으며, 최근에는 KB금융과 신한금융 등 은행권에서 자산가를 위한 패밀리오피스 서비스를 제공하며 자산관리와 상속 컨설팅을 확대하고 있다.[*]

---

[*] 패밀리오피스, 한국 시장 성공 가능성은(출처: 매거진 한경, 2023.05.31.)

이렇듯 패밀리오피스는 자산을 상속하고 유지하고 관리하고 성장시키는 역할을 하고 있다.

그렇다면 금융 자산 상속과 부동산 자산 상속은 어떤 공통점과 차별점이 있을까?

금융 자산은 주식, 채권, 펀드 등으로 구성되며, 유동성이 높고 상속세 납부를 위한 현금 확보가 쉽다는 장점이 있다. 그러나 단기적으로 가치 변동이 클 수 있고, 소비로 이어질 가능성이 있어 '대대로 물려주는' 상속 효과는 상대적으로 부동산 자산에 비해 약할 수 있다.

부동산 자산 상속은 건물, 토지, 임대 부동산 등 실물 자산으로 구성되며, 법인을 활용한다면 상속세 부담을 줄이고 자산을 물리적으로 보존하며 주식만 상속하면 되므로 안정적으로 운영할 수 있는 기반을 제공한다. 다만 법인 초기 설립 비용과 관리 비용이 발생하며, 운영에도 전문적인 지식이 필요하다. 그래서 미니 패밀리오피스의 개념으로 가족의 자산을 지켜나갈 목적의 부동산 법인 운영이 자산가와 성공한 경영자들 사이에서 보편화되어 가고 있다. 성공한 사장이라면 법인 운영이 낯설지 않을 것이다.

자산은 단순히 물려주기 위한 이득으로서의 자산과 사업 가치를 창출해내는 사업용 자산으로 구분된다. 따라서 부동산 법인으로 건물을 취득하게 되는 경우 얻게 될 수 있는 효과에 대해 구체적인 사전 검토가 필요하다.

11단계 "세후 수익이 진짜 수익이다"

부동산으로 자산 형성을 시작할 때는 세무사, 회계사, 변호사 등 '절세×실질 수익의 전략'을 실현할 전문가들을 미리 모아야 합니다. 부동산은 복잡한 조세 및 법률 구조로 인해 전문가들도 어려움을 겪는 분야이기 때문입니다. 자산을 축적한 후에 전문가의 조언을 구하는 것은 비효율적입니다. 어떤 사업이든 사업의 규모에 맞게 팀을 구성하고 빌드업을 하는 것이 타당합니다.

"부자가 되었으니 부자답게 세금을 내시오."
차원이 다른 세금과의 만남

각자의 상황마다 건물주가 알아야 할 세금은 끝이 없다. 만약 법인이 소유한 부동산을 매각할 경우, 개인에게 부과되는 양도소득세가 아닌 법인세가 과세된다. 일반 개인이 부동산을 양도할 때는 양도소득세가 부과되지만, 법인은 부동산 매각 시 생긴 이익이 법인의 사업 수익으로 간주되므로 법인세로 처리되는 것이다.

각각의 상황에 따른 세금의 차이를 보도록 하자.

개인과 법인이 양도로 인해 발생한 소득에 대해 세금을 과세하는 차이

개인이 부동산을 매각하면 주로 양도소득세가 부과되지만, 법인은 매각 차익에 대해 법인세가 적용된다. 법인은 전체 수익에 대한 법인세율을 적용하기 때문에 개인에게 적용하는 양도소득세와는 과세 방식이 다르며, 자산을 팔 때 발생한 이익도 법인 소득에 포함되어 과세된다.

법인은 부동산의 취득 시 발생한 취득세를 토지 및 건물의 취득원가로 보며, 건물의 경우 보유기간에 따라 매년 감가상각이 이루어지므로 해당 비용을 손금 처리할 수 있다. 하지만 개인이라면 감가상각비 처리 방식과 시기에 따라 양도차익이 달라질 수 있으며, 이는 양도세 부담에 영향을 준다.

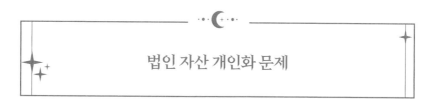

법인 자산 개인화 문제

법인이 취득한 자산을 계속 법인이 보유해야 하는 것은 아니다. 법인 자산을 개인화할 필요가 있다면 법인에서는 비용처리를 하고 개인에서는 급여로 처리해 근로소득으로 인식하거나, 투자에 대한 배당소득으로 인식할 수 있다. 이러한 과정에서 법인은 비용처리를 해서 세금을 덜 냈지만, 개인화하는 과정에서 세금이 발생한다.

하지만 개인과 법인의 중요한 차이는 개인은 소득이 발생한 시기에 세금을 부과하지만 법인은 소득을 유보시켰다가 원하는 시점에 개인화할 수 있다는 점이 있다. 만약 올해 내가 이익이 1억 원이 생겼다면 개인의 경우에는 개인 소득세율을 반영하게 되는데, 법인의 경우에는 법인에서 이익이 1억 원이 생겼다고 하더라도 올해 1억 원을 다 빼오지 않는다면 올해 5천만 원 내년 5천만 원 하는 식으로 구분해 개인 명의의 재산화를 할 수 있다.

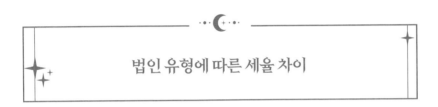

법인 유형에 따른 세율 차이

중소기업, 대기업, 비영리 법인 등 법인 유형 및 소득 기준에 따라 세율이 다르고, 일부 법인은 특정 세제 혜택을 받을 수 있다. 이로 인해 법인세율 적용이 달라져 매각 세금 계산이 더 복잡해질 수 있다.

일반적인 법인의 경우와 성실신고확인대상 소규모법인은 같은 법인인데도 세율이 다르다. 2억 원 이하일 경우 일반 법인은 지방세를 고려하지 않는다면 9%(지방세 별도)의 세율을 적용하지만 성실신고확인대상 법인의 경우에는 19%(지방세 별도)의 세율을 적용한다.

성실신고확인대상 소규모법인이라 함은 지배주주 등 지분율이 50%를 초과하고, 부동산임대업이 주된 사업이거나 부동산 임대수입, 이자소득, 배당소득이 회사 전체 매출의 50% 이상이고 상시 근로자 수가 5인 미만인 법인을 말한다. 흔히 우리가 말하는 부동산 임대 가족 법인을 의미한다고 이해하면 된다.

법인세율

적용법인	과세표준	세율
일반 법인	2억 원 이하	9%
	2억 원 초과~200억 원 이하	19%
	200억 원 초과~3,000억 원 이하	21%
	3,000억 원 초과	24%
성실신고 확인대상 소규모 법인	200억 원 이하	19%
	200억 원 초과~3,000억 원 이하	21%
	3,000억 원 초과	24%
당기순이익 과세법인	20억 원 이하	9%
	20억 원 초과	12%

법인 주주 세팅과 구성원 변경 가능성

　법인은 주주나 법인 내부 자산 이동에 있어 다양한 방법으로 세금을 절감하거나 구조를 조정할 수 있다. 이는 정교한 절세 전략이 필요하다. 따라서 법인의 경우 세율뿐 아니라 위치, 자산 성격, 감가상각, 추가 부담금 등 고려해야 할 사항이 많아 전체적인 세금 계산이 복잡해지고 신중한 세무 계획이 필요하다. 이를 통해 법인 자산 매각 시 부담하는 비용 최적화를 할 수 있다.

　간혹 법인을 설립할 때 과점주주가 되면 안 좋다는 이야기를 들은 대표들이 실제 자본금을 불입한 것도 아닌데 가족들 명의로 주식을 배정해 놓는 경우들이 있다. 법인의 이익이 적은 경우라면 상관없겠지만 회사가 커가고 이익이 증가하기 시작하면 법인의 주식도 가치가 증가하게 된다. 법인의 주식은 해마다 이익이 나면 그 이익이 잉여금으로 누적되어 주식 가치가 상승하는 구조이기 때문이다.

비상장법인의 주식의 경우 발행가와 액면가만 있는 것이 아니라 3년을 넘게 보유했을 때 순자산 가치와 3개년치 순손익가치를 2:3의 비율로 안분해 주식의 가치를 평가하게 된다. 2018년 4월 1일 이후 가중 평균값과 순자산 가치의 80%를 비교해 높은 금액으로 평가한다. 부동산 비율이 50% 이상인 부동산 과다 보유 법인의 경우, 순자산 가치와 순손익가치를 3:2의 비율로 산정한다. 만약 3년 미만의 법인이거나 자산 총액 중 부동산 비율이 80% 이상인 경우 순자산 가치로 주식 가치를 산정한다. 순자산 가치는 자산에서 부채를 뺀 금액에서 주식 수를 나눈 것이다. 만약 첫해에 손실이 났다면 그해 순자산 가치는 액면가보다 떨어질 수 있겠지만 다음 해, 그다음 해까지 이익이 계속 났다면 이익잉여금이 누적되어 결국 자본의 가치를 상승시키고 주식의 가치가 커지게 되는 것이다.

참고로 과점주주는 법인의 주식을 50% 초과해 보유하고 있는 자이며, 과점주주는 혼자만 보는 것이 아니라 특수관계자인 가족들이 가진 지분까지 합산해서 본다. 그렇기 때문에 가족들 명의로 주식을 배정해 놓는다고 해도 어차피 과점주주가 된다. 추후에 증자나 양도로 명의를 바꾸는 행위를 할 때도 명의신탁증여의제라는 과세로 증여세를 추가로 내야 하는 경우가 있으니, 주주 구성원을 산정할 때는 처음부터 자본금을 불입한 사람에게 지분을 주는 것이 현명한 방법이다.

양도차익에 대한 과세 과정

그렇다면 법인의 부동산 매각 시 법인세 계산을 어떻게 할 수 있는지 예시를 통해 살펴보자(해당 계산은 2025년 기준 세율표로 계산됨).

양도차익 계산

법인이 부동산을 매각하면, 매각 대금에서 취득원가와 필요 경비를 제외한 순수익이 양도차익이 된다. 이 양도차익이 법인의 일반 과세 소득으로 반영되어 법인세 대상이 된다.

양도차익 = 매각 금액 - (취득 금액 + 필요 경비 + 감가상각비)

예를 들어 법인이 부동산을 10억 원에 취득하고, 15억 원에 매각하며 필요경비가 1억 원이었다면 양도차익은 15억 – (10억 + 1억) = 4억 원이 된다.

법인세 과세 대상 소득에 반영

부동산 양도차익은 해당 사업연도의 과세 대상 소득에 포함되어, 다른 사업 수익과 합산해 법인세율이 적용된다.

법인세율 차등 적용

법인세율은 누진세 구조로 되어 있으며 지방세율 10%가 추가된다.

- 2억 원 이하 소득: 9%(지방세 포함 9.9%)

- 2억 원 초과 200억 원 이하 소득: 19%(지방세 포함 20.9%)

- 200억 원 초과 소득: 21%(지방세 포함 23.1%)

예를 들어 4억 원 양도차익이 법인의 유일한 소득이라고 가정할 때, 법인세는 다음과 같이 계산된다.

- 2억 원까지 9% 적용: 2억 × 9% = 1,800만 원

- 나머지 2억 원에 19% 적용: 2억 × 19% = 3,800만 원

- 법인세 = 1,800만 원 + 3,800만 원 = 5,600만 원

- 총 세금: 법인세 5,600만 원 + 지방세 560만 원 = 6,160만 원

토지 등 양도차익 법인세

법인이 보유하는 부동산을 매도하는 경우 해당 부동산 보유로 이익이 생겼다면 이익에 대해 법인세가 부과된다. 이때 토지와 주택을 보유했다면 법인세 외에 추가로 토지 등 양도차익에 대해 법인세가 부과된다. 누진세 구조에 지방세율 10%가 추가된다.

토지 등 양도차익 법인세율

구분	세율
주택(주택부수토지 포함) 및 별장(농어촌주택 제외)	20%(미등기 40%)
조합원입주권 및 분양권	20%
비사업용 토지	10%(미등기 40%)

법인세 절감을 위한 절세 전략 검토

감가상각비 활용 매각 전 감가상각비를 충분히 반영해 순수익을 줄이면 과세 표준을 낮출 수 있다. 개인의 경우 동일한 세율을 적용하더라도 임대소득보다 양도차익으로 인한 소득이 더 높으므로 매년 감가상각보다는 처분 시 감가상각을 진행해 양도세 절감을 하는 것이 유리하다.

다만 부동산 임대법인은 감면요건이 적용되지 않는 경우가 많아, 매해 감가상각을 하는 경우와 처분 시 처분 손실에 반영하는 경우가 세율은 동일하므로 유리한 방법으로 선택하면 된다. 개인도 중소기업 특별세액감면 시 감가상각 의제 규정을 적용하지 않는 것은 아니지만 개인의 경우에는 높은 누진세율 구조 때문에, 양도까지 생각한다면 매년 감가상각을 하지 않고 건물 양도 시 감가상각 전 건물의 취득가액으로 반영하는 것이 더 절세하는 방법이다.

타 자산과의 양도 시점 조율 법인에서 발생한 모든 소득은 법인세 부과 대상이기 때문에 소득 분산을 위해 본업에서 수익이 많이 난 시점과 매각 시점을 조율해 법인세 부담을 최적화할 수 있다.

세무 전문가와 절세 전략 수립: 법인의 전체 수익 구조를 고려한 세금 전략을 세워 과세 부담을 최소화하는 것이 필요하다. 특히 법인이 부동산을 매각할 때는 법인세로 과세되는 특성상, 매각 시점을 전략적으로 고려한 절세 전략은 필수다.

세금 폭탄이 발사되었습니다, 피하든지 혹은 맞서 싸우든지

··· ✦ ☽ + ✦ ···

회계에서 말하는 자산의 개념을 살펴보자. 회계에서 자산은 단순히 회사 통장 잔고가 아니라, 회사 운영에 들어와 현금흐름을 만들어내는 모든 재산을 의미한다. 자본이든 부채든 상관없이, 회사가 이를 활용해 수익을 만들어낼 수 있다면, 넓은 의미에서 모두 자산이 되는 것이다. 신규 프로젝트에 투입된 부채 자금이 큰 수익을 낼 수 있다면, 이 부채는 단순한 빚이 아니라 회사의 가치를 창출하는 자산으로 작용한다. 그렇다면 많은 대출을 받아 매수한 사옥은 어떠한 자산의 가치를 갖게 될까?

자산이 자본과 부채의 합이라는 개념의 시각에서 보면 어떤 방식으로 만들어진 자산이냐에 따라 세금이 달라진다고 생각할 수 있다. 그러나 현실은 다르다. 차입해서 벌었건, 영업 외 이익으로 벌었건, 현금

자산으로 벌었건 세금은 최종적으로 회사의 전체 이익에 부과된다. 부채든 자본이든 회사의 재정 활동을 통해 창출된 결과물이므로, 세금은 그 결과에 따라 과세하게 되는 것이다.

좀 더 자세히 살펴보겠다. 부채를 활용해 대규모 투자를 했고 그 결과로 큰 이익이 발생했다면, 이익의 성격과 관계없이 부채의 여부와 상관없이 세금은 동일하게 부과된다. 이 때문에 부동산 투자자나 사업가들은 자산 규모에 따라 현금흐름을 세심하게 관리하고, 부채를 통한 자산 확대가 어떤 세금 부담을 초래할지 면밀하게 검토하며 절세 전략을 세울 수밖에 없는 것이다. 부동산 자산의 취득과 운영에서 발생하는 수익은, 자금 출처와 관계없이 최종적으로 과세의 대상이 된다.

세금은 어떤 경우에도 임의로 피해갈 수 없다. 자산의 가치에 따라 부과되는 세금의 종류와 차이를 살펴보고, 각 자산 규모에 따라 어떤 방식으로 대응을 할 수 있는지 알아보자.

매수 법인이 설립된 지 5년 미만이고, 해당 부동산이 과밀억제권역 내에 위치해있다면, 취득세가 중과될 수 있다. 과밀억제권역 내 부동산 취득 시 부동산 투기를 억제하고 균형 있는 지역 발전을 도모하기 위해, 특정 조건을 충족하는 경우 법인에게 더 높은 취득세율이 적용된다. 이를 반영해 취득세 항목을 다시 정리해보자.

취득세

부동산을 취득할 때 부과되는 취득세는 법인의 설립 시점과 부동산

의 위치에 따라 크게 달라진다. 특히, 과밀억제권역 내에 있는 부동산
을 5년 미만의 법인이 매수하는 경우 취득세는 중과세율로 적용된다.
일반 지역과 과밀억제권역 내 세율을 아래와 같이 비교할 수 있다.

과밀억제권역 외 부동산 취득 시 또는 과밀억제권역 내 설립 5년 이상

- 토지 및 건물 매입 취득세 4.6% 기본세율

- 건물 신축 취득세(원시취득) 3.16%

과밀억제권역 내 부동산 취득 시(법인 설립 5년 미만)

- 취득세 중과세율 적용: 기본 세율에서 3배 중과

- 토지 및 건물 매입 취득세 13.4%

- 건물 신축 취득세(원시취득) 9.08%

과밀억제권역 내에 소재한 5년 미만 법인이 취득하는 20억 원의 부
동산은 13.4%의 취득세율을 적용받아 2억 7천만 원가량의 취득세가
부과될 수 있다. 이는 일반 지역에서 같은 자산을 취득하는 경우보다
높은 세 부담을 초래한다.

그렇다면 과밀억제권역 내에서 취득세 중과 대상이 되지 않으려면
어떻게 해야 할까? 과밀억제권역에서 법인이 부동산 매입 시 취득세
중과세를 피하려면 몇 가지 조건을 충족해야 한다. 쉽게 말해, 다음의
두 가지 조건 중 하나라도 충족하지 않으면 더 높은 세율이 적용된다.

첫째, 법인이 설립된 지 5년 이상이 되어야 취득세 중과 대상이 되
지 않는다. 설립된 지 3년밖에 안 된 신생 법인이 과밀억제권역에서 건
물을 사면, 취득세가 더 비싸진다. 반면 설립된 지 5년이 넘은 법인이

라면 일반 취득세율을 적용받아 세 부담이 줄어든다.

둘째, 상업용이 아닌 특별한 용도의 부동산에 대해서는 중과세가 적용되지 않는다. 이를 통해 과밀억제권역에서도 일반 취득세율을 적용받을 수 있다. 중과세가 면제될 수 있는 용도는 다음과 같다.

산업단지 내 공장 및 시설

산업단지나 공업지역 내에 위치한 공장이나 관련 시설들은 중과세 대상에서 제외된다. 제조업을 위한 공장부지, 물류센터 등이 이에 해당된다.

연구개발 시설

연구개발 목적으로 사용되는 부동산은 중과세에서 면제된다. 법인이 연구개발을 위해 설립한 연구소나 기술센터는 일반 상업용 부동산과 달리 취득세 중과가 적용되지 않는다. IT 기업이 과밀억제권역 내에 설립하는 연구소가 해당된다.

학교 및 교육기관

교육을 목적으로 사용되는 부동산도 중과세가 면제된다. 대학 캠퍼스, 직업훈련학교, 평생교육원 등이다.

의료시설

병원이나 의료시설과 같이 공공에 이익이 되는 의료 목적 부동산도 중과세 대상에서 제외된다. 병원, 요양병원, 치과, 한의원 등이 이에 해당된다.

공공시설 및 사회복지시설

사회복지와 공공서비스 제공을 위한 시설도 중과세에서 면제될 수 있다. 노인 요양시설, 장애인 복지시설, 지역 주민 센터, 공공 도서관 등이 이에 해당된다.

정리하자면, 과밀억제권역 내에서 법인이 건물을 매입할 때 일반 상업용 사무실이나 상가 건물이 아니라 공장, 연구소, 병원과 같은 공공성 또는 산업 발전을 위한 특수 목적의 부동산에 해당하면 중과세 대상에서 제외될 수 있다. 따라서 과밀억제권역 내 중과세 요건에 해당하는 방식으로 부동산을 매입할 경우, 상대적으로 높은 취득세를 부담하게 되므로 이를 미리 파악하고 사업전략을 세워야 한다.

재산세

재산세는 매년 6월 1일 기준으로 부동산 소유자에게 부과되는 세금으로, 과세표준에 따라 세율이 달라진다. 토지분 재산세는 9월에 납부하고, 건물분 재산세는 7월과 9월에 두 번 나눠서 납부한다. 재산세는 고정비로 발생하는 만큼, 건물 자산을 보유하고 있다면 매년 지속적으로 고려해야 하는 항목이다.

예를 들어 보유 예정 기간이 5년이고 100억 원의 부동산 자산을 보유할 계획을 세웠다면 매년 4천만 원씩, 총 2억 원의 재산세가 숨만 쉬어도 나가게 되고, 심지어는 월세를 못 받아서 손실이 나도 재산세는 보유하는 부동산에 부과되므로 재산세는 내야 한다.

재산세

구분		표준세율 / 누진공제
토지	**① 종합합산과세대상**	
	5천만 원 이하	0.2%
	1억 원 이하	0.3% (5만 원)
	1억 원 초과	0.5% (25만 원)
	② 별도합산과세대상	
	2억 원 이하	0.2%
	10억 원 이하	0.3% (20만 원)
	10억 원 초과	0.4% (120만 원)
	③ 분리과세대상	
	전·답·과수원·목장용지·임야	0.07%
	골프장·고급오락장용 부속토지	4%
	①, ② 외 분리과세 대상 토지	0.2%
건축물	**① 취득세 중과대상 골프장·고급오락장용 건축물**	4%
	② 지정 주거지역·지정 공장용 건축물	0.5%
	③ 기타 건축물	0.25%
주택	6천만 원 이하	0.1%
	1.5억 원 이하	0.15% (3만 원)
	3억 원 이하	0.25% (18만 원)
	3억 원 초과	0.4% (63만 원)

종합부동산세

종합부동산세는 과세기준일(매년 6월 1일) 현재 보유한 과세 유형별 재산세 납부를 한 사람이 납부 대상자가 된다. 종합부동산세는 주택, 종합합산토지, 별도합산토지 3가지로 구분되어 과세된다. 주택분 종합부동산세는 주택분 재산세 납세의무자가 대상이고, 종합합산토지 종합부동산세는 토지 공시가격의 합계액이 5억 원을 초과하는 경우 토지분 재산세 납세의무자가 대상이다. 별도합산토지 종합부동산세는 토지 공시가격의 합계액이 80억 원을 초과하는 토지분 재산세 납세의무자가 대상자가 된다.

같은 토지라고 하더라도 종합합산인지 별도합산인지에 따라 종합부동산세가 부과될 수도 있고 부과되지 않을 수도 있다. 나대지나 주택건설업자의 주택신축용 토지(취득일로부터 5년 이내에는 합산배제) 또는 재산세 분리과세, 별도합산과세대상이 아닌 모든 토지 등은 종합합산토지로 보고, 일반건축물의 부속토지는 별도합산토지로 본다.

또한 종합부동산세는 공시지가를 기준으로 하므로 시세 100억 원의 부동산 자산이라 할지라도 실제 부과되는 보유세는 적을 수 있다.

개인이 주택을 보유하는 경우 주택을 몇 채 보유하는지에 따라 종합부동산세가 추가 징수된다면 법인이 주택을 보유하는 경우 징벌적 성격에 가깝게 최소한의 기본공제를 적용하지도 않으므로 공시지가가 낮음에도 불구하고 종합부동산세를 부담하게 된다.

토지나 건물을 보유하는 경우 일반적으로 종합합산토지라고 표현

과세대상 구분

구분		자산의 종류	재산세	종부세
건축물	주거용	주택(아파트, 연립, 다세대, 단독·다가구), 오피스텔(주거용)	과세	과세
		일정한 임대주택·미분양주택·사원주택·기숙사·어린이집용 주택	과세	×
	기타	일반건축물(상가, 사무실, 빌딩, 공장, 사업용 건물)	과세	×
토지	종합합산	나대지, 잡종지, 분리과세가 아닌 농지·임야·목장용지 등	과세	과세
		재산세 분리과세대상 토지 중 기준초과 토지	과세	과세
		재산세 별도합산과세대상 토지 중 기준초과 토지	과세	과세
		재산세 분리과세·별도합산과세대상이 아닌 모든 토지	과세	과세
		주택건설사업자의 일정한* 주택신축용 토지	과세	×
	별도합산	일반건축물의 부속토지(기준면적 범위 내의 것)	과세	과세
		차고용 토지, 보세창고용 토지, 시험·연구검사용 토지, 물류단지시설용 토지 등	과세	과세
	분리과세	일부 농지·임야·목장용지 등(재산세 0.07% 과세)	과세	×
		공장용지 일부, 공급목적 보유 토지(재산세만 0.2% 과세)	과세	×
		골프장, 고급오락장용 토지(재산세 4% 과세)	과세	×

* 취득일로부터 5년 이내에 「주택법」에 따른 사업계획의 승인을 받은 토지

하는데, 토지의 공시지가에 따라 종합부동산세가 산출되게 된다. 만약 해당 토지에 상가를 지었다면 별도합산토지분으로 보아 더 적은 세금을 부담할 수도 있다. 별도합산토지의 종합부동산세는 공시지가 기준으로 80억 원까지는 세금이 나오지 않기 때문이다. 그래서 주택이나 토지 자금을 모아 상업용 토지 건물을 구입하는 것이 종부세를 안 낼

종합부동산세율

구분	주택 (2주택 이하)*	주택 (3주택 이하)	종합합산토지		별도합산토지	
과세표준	세율	세율	과세표준	세율	과세표준	세율
3억 원 이하	0.5%	0.5%	15억 원 이하	1%	200억 원 이하	0.5%
6억 원 이하	0.7%	0.7%				
12억 원 이하	1.0%	1.0%	45억 원 이하	2%	400억 원 이하	0.6%
25억 원 이하	1.3%	2.0%				
50억 원 이하	1.5%	3.0%				
94억 원 이하	2.0%	4.0%	45억 원 초과	3%	400억 원 초과	0.7%
94억 원 초과	2.7%	5.0%				
법인	2.7%	5.0%				

* 조정대상지역 2주택 포함

수 있는 방법이기도 하다.

　다행인 것은 종부세 산정기준에서 이미 납부한 재산세가 있다면 그만큼은 차감하고 종합부동산세가 산출된다는 것이다.

절세 마법으로
전쟁에서 승리하려면

대다수 평범한 사람, 즉 본인이 부자가 아니라고 생각하는 가장들은 '부동산 자산관리'를 여전히 먼 이야기처럼 생각한다. 현실에서는 당장 이번 달의 매출, 손익, 매달 나가는 월세가 더 절실한 문제이기 때문이다. '절세' 또한 마찬가지다. 매출과 이익이 빠듯한 현재 상황에서 세금 문제는 사업이 성장해 자산이 축적되기 전까지 실감이 나지 않을 수 있다.

그러나 사업이 성장해 영업이익이 쌓이고 자산이 늘어나기 시작하면 부동산 자산관리와 절세는 사업 성장의 필수 요소로 자리 잡게 된다. 세무조사라도 한 번 받게 되면 사업을 운영하는 데 있어 세금에 대한 전략이 얼마나 중요한 요소인지 가슴 속 깊이 깨닫게 된다.

사업체가 점차 커지면서 중요한 안전자산으로서 역할을 해줄 부동산 자산관리와 절세의 개념을 이해하고 적극적으로 관리할 수 있다면, 진정한 자산가의 길로 들어설 수 있다.

부동산 자산을 보유하면서 가장 실감하는 것 중 하나는 자산 소유와 함께 다양한 세금이 발생한다는 사실이다. 부동산 취득세, 재산세, 종합부동산세, 양도소득세 등 다양한 세금이 발생하며, 이를 적절하게 관리하지 않으면 큰 재정적 부담이 될 수 있다. 절세는 이러한 세금 부담을 줄이는 효과적인 방법이다.

절세란 단순히 비용을 줄이기 위해 무조건 지출 처리를 하는 의미가 아니라, 합법적인 세금 공제 및 절감 방법을 통해 재정 효율을 높이는 것을 뜻한다. 사업 초기에는 세금 문제를 관리하는 데 큰 부담이 없겠지만, 사업이 성장해 자산이 늘어날수록 절세는 더 이상 무시할 수 없는 요소가 된다.

상속이나 증여 혹은 매각을 준비하지 않은 상황이라면 그동안 각고의 고난을 겪으며 어렵게 모은 부동산 자산이 반토막 나는 경우도 어렵지 않게 볼 수 있다. 자산가가 되기 위한 과정에서 세금 부담을 최소화하고 효과적인 절세 전략을 세우는 것은 자산을 지키는 가장 기본적인 토대다. 모래 위에 지은 집이 쉽게 허물어지듯, 절세 전략 없이 쌓은 부동산 자산은 결국 큰 후회를 불러올 수 있다.

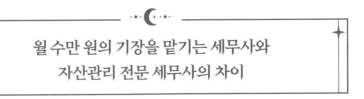

월 수만 원의 기장을 맡기는 세무사와 자산관리 전문 세무사의 차이

사업을 시작한 자영업자라면 월세와 운영비 절감을 위해 기장 관리

비용이 저렴한 세무사를 찾기 마련이다. 초기에는 소규모 기장을 대행해주는 세무사를 선택하는 것이 효율적일 수 있다.

그러나 사업이 성장하고 자산이 쌓이기 시작하면, 소규모 기장을 맡아주는 세무사로는 해결할 수 없는 문제들이 발생한다. 기장을 담당하는 세무사는 주로 매출과 비용을 정리하고 세금 신고에 필요한 기본 회계 자료를 관리해주는 역할을 한다. 그들에게 부동산 자산관리 내용을 질의하면 소극적인 자세로 응대할 수밖에 없다. 세무사도 변호사와 마찬가지로 전문 영역이 별도로 존재하기 때문이다.

자산관리 컨설팅을 제공하는 파트너는 부동산 자산과 현금흐름을 최적화하고, 절세 전략을 설계하는 등 자산가로 성장하는 데 중요한 조언을 제공한다. 이들은 단순히 매달의 세금 신고를 돕는 것이 아니라, 장기적인 자산 운용과 재무 계획의 파트너 역할을 수행한다.

자산이 쌓이고 영업이익이 증가하면서 사업의 규모가 커진다면, 이제는 기장 비용 절감을 고민하기보다는 자산을 안정적으로 관리하고 성장시킬 수 있는 전문적인 절세 컨설팅을 제공하는 세무사를 찾아야 한다. 이런 세무사들은 세금 신고를 넘어 재무적 안정을 위한 장기적인 자산관리에 중점을 둔다.

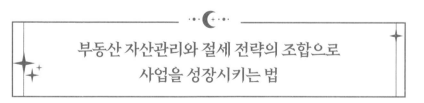

부동산 자산관리와 절세 전략의 조합으로 사업을 성장시키는 법

건물을 여러 채 소유하게 된 자영업자라면, 이제부터 부동산 자산관리와 절세 전략을 결합해 자산을 최적화하고 사업을 성장시키는 방법을 체계적으로 습득하기를 권한다. 이 두 조합은 단순히 자산을 소유하는 것을 넘어, 자산을 어떻게 효율적으로 관리하고 운영할지에 대한 종합적인 마스터플랜 수립의 필요성을 강조한다. 사업을 하는 사업체와 부동산을 보유하는 사업자를 별도로 두는 것이 더 유리하다고 생각하는 사람들이 많다. 하지만 이건 반은 맞고 반은 틀리다.

사업체와 부동산업체는 수익이 창출되는 구조 자체가 다르다. 영업 활동을 통한 매출과 보유 재산의 운영으로 창출한 임대 수익이 둘 다 수입이지만 대출을 받는다고 가정한다면 두 개의 사업을 각각 운영하는 것이 그리 유리하지 않다는 사실을 알게 될 것이다. 현재 사회 구조적으로 부동산을 통해 임대 수익을 올리는 것을 정부에서 지원하는 정책은 없다. 더 깐깐하게 보기 마련이다.

하지만 사업을 하겠다는 사람을 말리는 정책은 없다. 사업을 한다는 것은 인력을 고용한다는 의미이며 수익을 내서 세금을 내겠다는 것과 일맥상통하기 때문이다. 따라서 사업으로 수익이 생긴 자금으로 부동산을 매입할 경우, 부동산법인을 별도로 설립해 관리하는 것을 생각한다면 자녀 증여까지 포괄적으로 고민한 후 사업체 법인과 부동산 법인을 구분하는 것을 추천한다.

아직 성장세에 있다면 부동산은 사업체에서 매입하기를 권한다. 이유는 단순하다. 사업을 하는 경우 지원받을 수 있는 금리나 혜택이 부동산을 매입해서 임차하는 경우보다 더 많기 때문이다. 이렇게 한두 개 정도 사업체에서 사용하기 위한 부동산을 매입해서 안정권에 들어왔다면 이후 자산 증식의 수단인 가족법인을 설립하거나 상속이나 증여를 고민하는 단계에서 사업체와 부동산업을 구분해 관리해도 되는 것이다.

합법적 테두리 내 절세 전략 수립

부동산 자산을 보유하면서 발생하는 다양한 세금을 효율적으로 관리하기 위해 법적 절세 방안을 활용해야 한다. 예를 들어 매입 자산을 일정 기간 이상 보유함으로써 양도소득세를 줄이는 전략, 재산세와 종합부동산세 등 불필요한 세금 부담을 줄이는 방법, 개발 과정을 통해 가치를 올리는 데 사용된 모든 비용을 처리하는 방법 등을 적극적으로 모색해야 한다.

거래할 때 포괄양수도 조건을 통해 부동산을 취득하는 경우 포괄적으로 부동산업을 그대로 양수하는 경우도 있고, 부동산의 명의는 그대로 둔 채 법인 주주의 지위로서 법인 주식을 매수해서 법인의 주주가 변경되는 방법을 택하는 경우도 있다. 단순히 부동산을 사고파는 것보다 법인의 주식 거래를 택하는 이유는 바로 '취득세' 때문이다.

자산을 포괄적으로 양수한다는 것은 부동산임대업이라도 부동산업을 양수인이 그대로 인수해 인적 물적으로 포괄적으로 이전받았다는 것을 의미한다. 이 경우 부동산 측면에서는 건물에서 발생하는 부가가치세를 지급하지 않아도 되는 이점이 있다.

반면 부동산의 명의는 그대로 둔 채, 법인의 주주나 임원을 변경하는 경우도 있다. 이 경우 취득세를 다시 내지 않아도 되기 때문에 자금 유동성이 떨어지는 초기에는 유리한 점도 있다. 특히 건설임대주택 같은 사업의 경우에는 건물을 신축한 경우에만 취득세 및 종합부동산세 세제 혜택을 받을 수 있는데, 임대가 다 채워진 임대법인을 매입하게 되면 기존 혜택을 전혀 받지 못하기 때문이다.

하지만 이렇게 법인을 양수하는 것은 리스크가 있다. 대표자 및 주주가 아예 변경되는 것이지만 이전 관계자들이 법인을 담보로 해서 보증을 했다거나 계약을 한 경우에는 본의 아니게 손해를 볼 수도 있기 때문이다.

무엇보다 상속·증여 등 부의 이전 분야와 부동산 자산관리가 결합해야 한다면 부동산 매입의 단계에서부터 차분한 검토가 이루어져야 한다. 각자 상황이나 여건이 다 다르기에 전문가의 심도 있는 컨설팅이 무엇보다 중요한 요소가 된다.

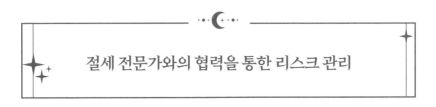

절세 전문가와의 협력을 통한 리스크 관리

부동산 자산이 증가할수록 세무적 리스크도 이와 연동해 증가하기 마련이다. 세금 징수는 자산의 규모가 커지고 자본 이득이 커질수록 그 비율이 더 커지기 때문이다. 전문적인 세무 컨설팅을 통해 자산을 안정적으로 유지하고, 리스크 관리가 효율적으로 이루어지도록 미리 계획을 세워야 한다.

부동산이라는 자산의 특성상 단기 수익을 극대화하는 데 집중하기보다는, 장기적인 자산 가치 증대를 위해 효과적인 전략을 수립하고 지속적으로 전략의 타당성을 점검해나가는 것이 효율적이다.

부동산 자산관리 과정에서의 절세 전략 수립은 단순히 세금을 줄이기 위한 노력이 아니다. 이 두 가지는 지속적인 이익을 창출해나가는 사업의 재정적 기반을 튼튼히 하고, 자산의 가치를 상승시켜 나가기 위한 심장의 역할을 한다는 점을 잊어서는 안 된다.

자산이 일정 규모 이상으로 증가하면, 그에 따른 세금 부담은 더욱 커진다. 보유한 자산이 점차 커지면, 그것을 어떻게 관리할지에 대한 고민이 깊어지기 마련이다. 세금은 자산을 관리하고, 증식시키는 과정에서 매우 중요한 요소로 작용한다. 자산이 상속되거나 증여될 때, 또 자산을 매각하거나 임대할 때 세금 관리가 필요한 이유는 명확하다. 고액 자산을 보유한 사람들에게 절세는 단순히 세금을 줄이는 것 이상의 의미를 갖게 된다.

영업이익이 10억 원만 넘어가더라도 미래를 위해 효율적인 자산관리와 세금 최적화가 결합된 통합전략이 필요하다. 절세 전문가의 역할은 세금 문제와 그 해결책을 전문적이고 체계적으로 통찰하고 이를 꿰뚫는 해답을 제시한다. 고액 자산을 가진 사람들에게는 세금 문제가 고립된 상황이 아니라, 자산관리 전략으로 다루어져야 한다. 단순히 현재의 자산만을 보유하고 관리하는 것이 아니라, 부의 이전도 고려한다면 시간을 두고 준비해야 하기 때문이다.

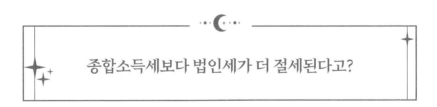

종합소득세보다 법인세가 더 절세된다고?

법인세는 종합소득세보다 압도적으로 세율이 낮다. 간단히 소득금액에 대한 세액을 계산해보면 다음과 같이 개인과 법인의 차이가 크다는 것을 알 수 있다. 물론 법인에서 생긴 이익을 개인으로 옮겨갈 때는

개인 종합소득세 vs. 법인세

소득금액	개인	법인	세액 차이
1억 원	1,956만 원	900만 원	2.17배
2억 원	5,606만 원	1,800만 원	3.11배
5억 원	1억 7,406만 원	7,500만 원	2.32배
10억 원	3억 8,406만 원	1억 7,000만 원	2.25배
배당소득	-	14%	-
청산소득	-	9~24%	-

그에 따른 근로소득세나 배당소득세 등 세금이 발생한다.

만약 가족 공동 자산을 매번 배당하지 않아도 되는 여건이라면, 법인으로 형태를 유지하면서 지속적인 사업하는 경우 개인에 비해 큰 폭의 절세를 할 수 있다. 나아가 배당을 매년 2천만 원 이하로 한다면 15.4%(지방세 포함)의 원천징수 세금만 내면 된다. 그래서 이미 개인 소득에 대한 사업자가 있고, 이 개인 소득이 높다면 합산되기 때문에 법인으로 분산할 수 있는 점이 매력적이다.

또한 법인에서 대표자의 급여를 받는 시점 선택이 가능하기 때문에 법인에 대표자 무보수 형태로 운영하고 수익 배당을 받는다면 이를 근거로 매월 내는 건강보험료 또한 줄일 수 있다. 다만 건강보험료는 연도별로 정산되기 때문에 제대로 관리해주지 않으면 추후 납부고지서를 받기도 한다.

부동산 매매에 따른 세금도 대폭 줄어든다고?

개인의 양도소득세는 지방소득세를 포함해서 49.5%(지방세 포함)의 최고세율을 적용받지만, 법인은 상대적으로 낮은 세율을 적용받는다. 법인은 개인이 단기 양도 시 적용받는 아주 높은 단기 양도소득세율을 적용받지 않으므로 비주거용 부동산을 하루만 보유하다 양도해도 매매차익에 대한 세금 부담이 개인에 비해 상대적으로 적다.

법인세는 소득의 구분 없이 모든 소득을 합쳐서 계산하므로, 법인에서 제조업을 하며 손실이 났지만 부동산 매매를 통해 이익이 생겼다면 합산해 법인세가 더 낮아질 수 있다는 장점이 있다. 하지만 개인의 경우 부동산 임대소득과 사업소득을 통산하는 방법은 조금 다르다. 만약 임대소득에서 손실이 나고 사업소득에서 이익이 났다면, 사업소득에서 발생한 이익은 소득세를 내고, 임대소득에서 발생한 손실은 다음 연도로 이월해서 임대소득에서 이익이 났을 때 활용할 수 있다. 반대로 임대소득에서 이익이 나고 사업소득에서 손실이 났다면, 임대소득에서 발생한 이익에 대한 세금을 계산할 때 사업소득에서 발생한 결손금과 상계한 순수하게 얻은 이익만을 가지고 소득세를 내게 된다.

부동산 매수 후 운영하는 와중에 지속적인 손실이 발생할 경우, 15년간 이월해 이익과 상계가 가능하다는 측면도 주목해볼 만하다. 부동산 매도 시에 대부분 큰 이익이 나게 된다는 점을 감안한다면 그동안 발생한 손실을 활용해 법인세 역시 줄일 수 있다는 결론이 나온다. 과세표준에 따른 세율표는 다음과 같다.

종합소득세율

과세표준	세율	누진공제액
1,400만 원 이하	6%	0
1,400만 원 초과~5,000만 원 이하	15%	1,260,000
5,000만 원 초과~8,800만 원 이하	24%	5,760,000
8,800만 원 초과~1억 5천만 원 이하	35%	15,440,000
1억 5천만 원 초과~3억 원 이하	38%	19,940,000
3억 원 초과~5억 원 이하	40%	25,940,000
5억 원 초과~10억 원 이하	42%	35,940,000
10억 원 초과	45%	65,940,000

법인세율

적용법인	과세표준	세율
일반 법인	2억 원 이하	9%
	2억 원 초과~200억 원 이하	19%
	200억 원 초과~3,000억 원 이하	21%
	3,000억 원 초과	24%
성실신고확인대상 소규모 법인	200억 원 이하	19%
	200억 원 초과~3,000억 원 이하	21%
	3,000억 원 초과	24%
당기순이익 과세법인	20억 원 이하	9%
	20억 원 초과	12%

물론 단순히 개인과 법인의 세율만 비교한다면 이익이 2억 원일 경우 일반 법인이 세율 9%(지방세 제외)를 적용하고 개인의 경우에는 38%(지방세 제외)를 적용하지만, 요즘은 성실신고확인대상 소규모 법인에 해당된다면 일반 법인보다 세율이 높은 19%(지방세 제외)를 적용하게 되어 법인이 더 까다롭거나 안 좋다고 인식하는 경우도 있다.

하지만 그렇다고 해도 개인보다 세율이 낮은 건 자명한 사실이다. 당장의 이익 배분이나 현금 인출의 경우 법인이 어렵고 복잡하다고 생각하는 경우들이 있지만 이러한 복잡함이 있다는 것은 그만큼 혜택이 더 많기 때문이라고 생각한다면 충분히 더 절세할 수 있다.

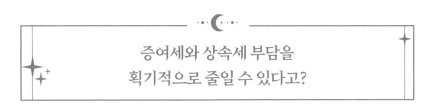

증여세와 상속세 부담을 획기적으로 줄일 수 있다고?

자녀를 주주로 설정하고 가족법인을 설립한다면 증여보다는 배당을 통한 이익 배분을 할 수 있다. 미성년자도 주주가 가능하므로 균등배당을 통해 부동산 법인에서 발생한 이익을 자연스럽게 자녀에게 이전해줄 수 있다. 이렇게 법인의 주주로서 법인의 이익을 가져가는 것은 증여로 보지 않는다는 것도 주목해볼 만한 부분이다. 증여가 아닌 배당소득으로 적용할 경우, 2천만 원까지는 15.4%(지방세 포함)의 분리과세를, 그 이상의 금액에 대해서는 종합소득세에 합산해 과세된다.

물론 부모가 자녀에게 자산을 무상으로 이전한다면 이는 증여세로 과세된다. 그러나 증여 후 10년 이내에 재차 증여하면 전부 다시 합산해 계산된다는 것에 주목해보기 바란다. 9년 전에 증여한 가액이 있고 지금 재차 증여한다면 누진세율로 최대 50%의 높은 세율로 과세된다. 따라서 점진적으로 자녀에게 부의 이전을 해줄 수 있는 것에 대한 가액 한계가 명확하다.

하지만 세금을 내더라도 자산 가치가 더 오를 것 같이 보이면 가장 세금이 적은 시기에 빨리 세금을 내는 것이 전체 자산의 운용 측면에서는 유리하다. 해당 세율은 상속에도 똑같이 적용된다. 증여 후 증여자가 사망하게 되면 상속세 계산 시 상속인은 10년, 상속인 이외의 자는 5년간 증여한 재산가액을 상속재산에 전부 합쳐서 누진세율로 다시 계산하게 된다.

그러나 주주로서 받는 배당소득은 매년 새로 계산될 뿐 작년의 배당소득에 합쳐서 계산하지 않는다는 점이 가장 큰 차별 포인트가 된다. 종합소득세의 낮은 세율인 6%(지방세 포함 6.6%)부터 적용받을 수 있기 때문에 상당한 세액 절감이 가능하다.

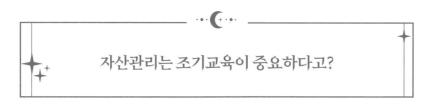

자산관리는 조기교육이 중요하다고?

현금을 증여하는 것은 자녀에게 재앙이 될 수도 있다. 자신이 번 돈에 대해서는 그 가치를 체득하고 유지하고 관리하는 가치에 대해서도 신중할 수 있지만 그냥 받은 재산은 녹아버릴 뿐 아니라 녹는 과정에서 큰 상처를 받게 될 수 있음을 알아야 한다.

만약 부동산 법인을 관리하면서 그에 맞춰 수익과 지출을 관리하는 과정에서 주주로 참여하게 하면서 자산관리를 하는 방법을 배우게 한다면 자산 가치의 개념에 대해 바른 태도를 가질 수 있다. 또한 법인의 관리는 쉽게 경험할 수 있는 것이 아니므로 간접 학습을 통해 법인을 운영하는 법을 배운다면 나중에 관리자 역할을 할 때 시행착오를 최소화할 수 있다.

물론 법인 자금은 개인이 마음대로 사용할 수는 없다. 그러나 가족의 공용 자산으로서 가문을 이어나갈 재원이 되는 자산이라면 개인 자산과 구분해 마음대로 사용할 이유도 없을 것이다. 건물주가 된 후 자산 가치의 진정한 의미를 깨우치게 된다면, 결국 축적한 자산은 죽을 때 가져갈 수 없고 누군가에게 물려주어야 하는 대상이라는 것을 알게 될 것이다.

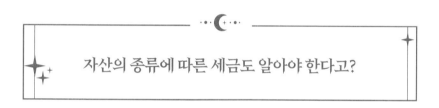

자산의 종류에 따른 세금도 알아야 한다고?

고액 자산을 보유한 사람들은 자산 종류가 다양하다. 부동산, 주식, 사업 자산 등 자산의 종류에 따라 세금이 다르게 부과되기 때문에, 이를 잘 관리하고 최적화하는 것이 중요하다.

부동산 자산

앞에서 살펴보았듯 부동산 자산은 상업용 부동산과 주거용 부동산으로 나뉘며, 각기 다른 세금이 부과된다. 상업용 건물은 부가가치세가 부과될 수 있으며, 사업을 하기 위해 취득한 경우(추후 부가세 납부 전제) 취득할 때 지급한 부가가치세를 공제받을 기회가 있다. 그러나 주거용 부동산은 취득 시점에 부가가치세가 면제되지만, 주택을 법인이 보유한다면 종합부동산세나 취득세가 중과되는 경우가 많으므로 동일한 부동산 자산이라도 해당 자산을 어떠한 목적으로 누가 쓸지를 충분히 고민한 후 의사결정 해야 한다.

금융 자산

주식이나 채권, 펀드와 같은 금융 자산도 배당소득세나 양도소득세가 부과된다. 주식 매각 시 발생하는 양도소득세를 효율적으로 관리하거나, 배당금에 대한 세금을 최소화할 수 있는 전략뿐만 아니라 가상

주식 및 출자지분 과세표

구분				세율		
국내 주식	대주주	중소기업	상장 · 비상장	과세 표준	세율	누진 공제
				3억 이하	20%	-
		중소기업 외	상장 · 비상장	3억 초과	25%	15백만 원
			1년 미만 보유	30%		
	대주주외	중소기업	상장&장외 거래비상장	10%		
		중소 기업외	상장&장외 거래비상장	20%		
국외 주식*		중소기업		10%		
		중소기업외		20%		

* 중소기업 내국법인이 국외에 상장한 주식 이외에 외국법인이 발행한 주식은 중소기업에 해당하지 않음

자산 거래에 따른 세금 전략도 필요하다.

금융 자산을 보유하는 경우 자산의 다양한 종류와 상속 시 세금 부담을 고려해 세금 최적화 전략을 세워야 한다. 금융 자산 역시 법인화해 관리하거나, 세액 공제를 활용한 세금 절감 방안을 모색할 수 있다. 특히 법인의 주식을 보유하고 있는 경우 이를 처분할 때 내야 하는 세금은 동일한 양도소득임에도 불구하고 해외주식 양도의 경우 10~20% 세율(지방세 별도)을 적용하고, 국내주식 양도의 경우 대주주라고 하더라도 중소기업의 주식이라면 최대 25%(지방세 별도)를 적용하게 된다. 이러한 세율 체계 때문에 부동산만 보유하는 것이 아니라 금융 자산도 함께 보유해 자산을 다각화하는 것이 절세 측면에서도 유리하다.

사업 자산 vs. 개인 자산

사업 자산은 기업의 소유 자산을 의미한다. 사업을 통해 보유한 자산은 법인세와 관련된 세금이 부과된다. 사업 자산을 법인 명의로 관리하면, 개인 자산으로 부과되는 것과 별개로 세금의 효율적인 관리가 가능하며, 법인세 혜택을 받을 수 있어 절세에 유리하다. 다만 사업 자산에 대해서는 장기적인 세금 계획을 수립해야 하며, 임대소득이나 사업 운영에 따른 세금 부담을 관리하는 방법이 개별적으로 검토되어야 한다. 개인 자산과 법인 자산의 통합적인 관리를 통해 세금 리스크를 최소화하고, 세금 최적화를 실현할 수 있다.

세금 관리에서 중요한 점은, 기업의 경영과 자산, 개인 자산의 운영과 관리를 포괄한 통합적 시각에서 포괄적인 자문을 받아야 한다는 것이다. 세법은 비정기적으로 자주 변경되며, 복잡한 규제와 조건이 많다. 따라서 절세 전문가와의 상담을 통해 최신 세법을 반영해 맞춤형 절세 전략을 지속적으로 수립해나가는 것이 안전하다.

절세 전문가의 역할은 단순히 세금을 줄이는 것뿐만 아니라 자산을 보호하는 데 가장 큰 목적이 있다. 자산의 상속이나 증여 과정에서 발생할 수 있는 법적 리스크와 세금 리스크는 단순히 세금 줄이는 시각으로만 검토한다면 시행착오를 겪을 수 있다. 세금 전략은 자산을 효율적으로 관리하고, 장기적인 세금 부담을 줄이기 위한 핵심적인 도구로써 활용해야 한다.

절세 관리는 단기적인 세금 납부 관리를 넘어 장기적인 자산관리로 보는 것이 타당하다. 자산을 어떻게 증식하고 세금 부담을 줄일 것인지에 대한 다층적인 계획이 중요하다. 이를 단편적으로 관리한다면 그 세금 부담이 자신뿐만 아니라 자녀의 자산 증식에 발목을 잡을 수도 있다. 절세 전문가와의 상담을 통해 자산 보호와 미래 세대에 대한 유산 관리를 준비하고, 자산 증식을 위한 전략을 구체화함으로써, 가문의 자산을 지켜나갈 수 있는 계획을 세우기 바란다. 절세 전문가는 개인 자산과 법인 자산의 통합적 절세 관리를 통해 가장 효율적인 관리를 할 수 있도록 도와주는 핵심 파트너가 될 것이다.

12단계 "돈을 모으고 나면 결국은 리스크 관리"

부동산 마법 학교 졸업 멘토링 현장. 나는 중앙에 놓인 의자에 앉아, 주변에 둘러선 11인의 대마법사를 바라봤다. 새로운 시작을 향한 축복의 시간일 거라 예상했지만 내 예상은 보기 좋게 빗나갔다. 졸업고사라니, 게다가 통과하지 못하면 처음부터 다시 시작해야 한다니, 이게 무슨 상황인가? 한편으론 그간 갈고닦은 실력을 증명해 보일 기회라고 생각하니 가슴 저 아래서 뜨거운 것이 불타오르기 시작했다.

시험의 시작을 알리는 웅장한 팡파르가 울리고, 대마법사들이 한 명씩 서류를 넘기며 시험지를 확인하는 소리가 들려왔다.

도널드 트럼프 대마법사 "금리 인상기에 경기침체가 발생한다면 대출 부담이 커지고 임차 수요가 감소할 텐데, 어떻게 현금흐름을 유지하고 위기에 대응할 겁니까?"

금리가 인상되면 이자 부담이 가중되고, 경기침체로 임대수요가 줄어들 수 있습니다. 우선 금융기관과의 리파이낸싱 협상을 통해 금리나 상환 조건을 조정하겠습니다. 동시에 공실을 막는 것이 최우선이고요, 임대료를 살짝 조정해서라도 말이죠. 또한 추가 수익 창출이 가능한 부동산은 운영 방식을 유연하게 바꿔서 세후 이익이 남도록, 관리 비용과 운영 방식을 지속적으로 최적화할 계획입니다.

로버트 기요사키 대마법사 "'가난한 아빠'가 빠뜨린 것 중 하나가 바로 세무 전략이었어요. 금리가 오르고 경기가 안 좋으면 수익도 줄어들 텐데, 세후 수익은 어떻게 최대화할 수 있겠습니까?"

먼저 저를 도울 수 있는 팀을 구성하겠습니다. 부동산 전문 세무사와 긴밀히 협업해서, 법인의 구조나 매입·운영·매도 방식에 따라 절세할 수 있는 부분을 꼼꼼히 챙기겠습니다. 금리가 인상되고 수익이 줄어든다면 절세 효과는 더 절실할 것입니다. 능력 있는 세무·회계 전문가를 아예 기업의 주주로 파트너링해서 공격적으로 리스크 회피 전략을 실행하겠습니다.

김승호 대마법사 "본업과 부동산, 금융과 세무를 한꺼번에 신경 써야 하는데, 어떤 우선순위로 리스크에 대응해야 할까요? 금리, 공실, 경기침체, 세금 이슈 다 터지면 정신없을 텐데요."

그런 복합 리스크가 가장 어렵죠. 우선순위는 이렇게 정하겠습니다. 첫째, 공실을 줄이고, 본업에서 현금이 들어오도록 현금흐름 안정화를 하겠습니다. 둘째, 금리 인상으로 인한 부담을 줄이기 위한 대출 조정과 유동성 확보해 금융 리스크를 관리하겠습니다. 셋째, 줄어든 수익을 지키기 위해 지출 항목 중 세금 부분을 전략적으로 관리해서 상계하는 전략을 택하겠습니다. 결론적으로 가장 시급한 현금흐름부터 잡고, 차츰 금융-세무 쪽을 단단히 다져나가겠습니다.

신영균 대마법사 "경기침체가 길어지면 상권 자체가 죽을 수도 있는데, 임차인 구하기도 어려울 테야. 어떻게 극복하겠나?"

상권이 죽으면 공실과 임대료 하락이 동반될 겁니다. 그래서 저는 '어떤 콘텐츠를 들여와서 상권을 활성화할까'를 직접 사업 차원에서 생각해보려 합니다. 특히 침체가 길어지면, 브랜딩이나 마케팅을 활용해 '충성도 높은 고객의 일상에 침투하는 것'이 매우 중요하다고 생각합니다.

로버트 앨런 대마법사 "창의적 자금 조달을 통해 매입했는데, 금리가 더 올라가면 대출 상환 부담이 폭증할 수 있어요. 레버리지를 무리하게 쓴 투자자가 한순간에 무너지는 경우도 많고요. 어떻게 대처할 겁니까?

레버리지는 '양날의 검'이니까요. 금리 인상 시나리오를 미리 가정해서, 3~4% 금리상승까지는 버틸 수 있는지 시뮬레이션을 해둘 겁니다. 무리한 LTV(Loan to Value)로 사지 않고, 현금 보유분을 일정 부분 남겨서 안전마진을 확보하겠습니다. 필요하면 임차 구조를 안정적으로 바꿔 이자 부담 이상의 수익을 만들어낼 것입니다. 핵심은 단기 급등 금리에 대해 대처 가능한 '플랜B'를 마련해두는 것입니다.

롭 무어 대마법사 "레버리지가 중요하지만 의존도가 높아지는 만큼 위험도도 커질 겁니다. 침체가 계속되어 가격이 하락하면, 자산 가치가 하락하는 디플레이션 리스크도 생기는데, 거기에 대한 방어 전략은 무엇인가요?"

가격이 떨어지면 담보 가치도 낮아지고, 자산이 침몰할 수 있습니다. 이를 방어하려면 첫째, 현금흐름 기반의 투자, 둘째, 1등 입지가 기본이라 생각합니다. 가격은 변동돼도 임대수요가 확실한 곳은 공실이 잘 안 나고 현금흐름도 안정적입니다. 또 가격 하락 폭이 작거나 회복이 빠르겠죠. 따라서 레버리지를 쓸 때 '1등 입지'를 선별하고, 하방이 단단한 시장에 우선 투자하겠습니다.

레이 크록 대마법사 "맥도날드 비즈니스 모델로 사업을 한다고 가정합시다. 경기침체 시에는 가맹점이 줄어들 수도 있는데, 이런 부분을 어떻게 대비할 건가요?"

임대료 인하나 유동성 지원, 브랜드 마케팅 지원 등을 통해 가맹점이 살아남는 전략을 택할 것입니다. 가맹점이 망하면 공실이 되니까요. 결국 상생 구조를 만들어야 합니다. 가맹점이 잘되면 임대 수익도 안정되고, 브랜드 가치도 오를 겁니다.

데이비드 그린 대마법사 "임대주택 사업은 공실이 치명적이죠. 금리 인상·경기침체 시에는 임대료 인상도 어렵고, 오히려 공실 위험이 커집니다. 어떻게 하시겠습니까?"

우선 공실을 막기 위해 임차인 만족도를 높일 것입니다. 인테리어나 시설 개선, 편의시설 보강 등으로 이 집에서 나가고 싶지 않게 락인(Lock in) 전략을 펼쳐야죠. 또 임대료를 욕심내지 않고 적정선에서 타협해, 장기 계약을 유도하겠습니다. 마지막으로 시니어를 대상으로 한 차별화된 임대주택 모델로 시장의 시니어 자산가들을 끌어들일 수 있는 차별화된 비즈니스 모델을 개발해서 시장에 선보이겠습니다. 특히 한국은 시니어 비중이 갈수록 높아지고 도심에 거주하는 시니어는 소득 수준이 높아서 해볼 만하다고 생각합니다.

브랜든 터너 대마법사 "좋네요. 지나친 욕심은 결국 공실로 이어지니까요. 좋은 전략입니다."

정주영 대마법사 "'하면 된다'고 밀어붙이는 건 좋지만, 요즘 세상은 나 때랑 또 다른 환경 아닌가. 세계적인 저성장에 인플레이션이 오르면서 금리도 올라가고, 수요가 확 줄어 경기침체가 오면 매각 타이밍을 놓칠 수도 있고. 경기가 안 좋을 때는 어떤 출구 전략을 세우는 게 좋다고 생각하나?"

언제 경기가 좋았던 적 있던가요. 저는 단타로 접근하기보단 장기 보유를 전제로 하는 가치투자 전략을 선호합니다. 경기침체가 왔는데도 서둘러 팔면 헐값에 매각해야 할 수도 있죠. 대신 보유하면서 임대 수익으로 버티고, 시장이 회복될 때까지 기다리는 전략이 낫다고 봅니다. 시장은 결국 언젠가는 상승장으로 다시 돌아올 테니까요. 필요하다면 부분 매각이나 지분 매각 등으로 유동성을 확보하는 방안도 마련해둘 겁니다. 어떤 부동산은 팔고, 어떤 부동산은 끝까지 가져가는 식으로 자산 포트폴리오를 민감하게 재조정하면서 버틸 계획입니다.

도널드 트럼프 "한국의 트럼프가 될 가능성이 아주 조금 보이는 것 같은데, 금리 인상, 공실, 경기침체, 이 3대 리스크에 대한 대비 전략이 꽤 합리적입니다."

로버트 기요사키 "팀 구성, 현금흐름 안정, 절세 플랜… 충분히 배운 걸 잘 소화했네요."

김승호 "본업＋부동산＋금융＋세무, 그 연결고리를 흔들림 없이 유지하겠다는 게 믿음직스럽군요."

신영균 "흥행이 되면 가치가 오른다는 진리를 깨우친 거 같군요."

로버트 앨런 "자금 조달 전략도 시시때때로 바꿔야 합니다. 그건 빠진 것 같은데…"

롭 무어 "자본주의 시스템에서 부동산 투자할 때 레버리지는 양날의 칼이지만 사용하지 않을 수 없는 칼이죠. 기대합니다."

레이 크록 "임대 시스템 설계가 관건이군요. 계속 개선하고, 상생모델을 만들어보시길 바랍니다."

데이비드 그린 & 브랜든 터너 "자산가 계층인 시니어 대상으로 차별화된 임대주택을 개발해서 시장에 공급하겠다는 답이 아주 좋았습니다."

정주영 "'하면 된다'의 대전제는 결국 누구보다 앞서서 위기관리를 하는 시야를 가져야 하는 건데, 이만하면 멘토링한 보람이 있는 듯하죠?"

트럼프 "자, 멘토단 의견이 일치했네요. 당신의 졸업고사 성적은…"

큰 부자가 되었다면 그 왕관의 무게를 견뎌라, 예상치 못한 리스크를 대비하는 법

'건물주'라는 단어는 건물을 소유한 주인을 뜻하지만 실제로 건물주가 되는 것은 단순히 건물을 소유하는 것 이상의 노력을 요구한다. 건물 또한 인격을 가진 살아있는 생물(生物)과 같아서 지속적인 관리, 유지, 그리고 장기적인 가치 증대를 통한 이익 실현을 위해서는 생각보다 많은 노력이 요구된다.

건물주로서 성공하려면 건물의 물리적인 공간 관리는 물론 서비스 제공 측면에서 발생할 수 있는 예상치 못한 다양한 상황을 미리 숙지하고 이에 대비해야 한다. 진짜 건물주가 되었다면 당연히 필요하리라 예측했으면서도 막상 지출할 시점이 되면 깜짝 놀라게 되는 지출 항목 9가지를 다시 한번 살펴보자.

1. 건물 관리비는 당연히 발생한다: 정규직 직원 고용 vs. 외주 관리

건물은 반려동물처럼 스스로 관리되지 않는다. 시간과 비용을 투자해 꾸준히 관리하면 보는 이마다 감탄하지만, 그렇지 않으면 존재감이 사라지거나 눈살을 찌푸리게 될 수도 있다. 어떤 건물도 자동으로 관리되지 않는다. 건물주가 직접 관리하거나 외주를 맡겨야만 건물은 활력을 유지하고 사용자에게도 만족을 줄 수 있다. 이는 나아가 매각 시 매수자를 줄 세우는 요소가 되기도 한다.

건물 관리 방식은 건물 규모에 따라 달라진다. 정규직 직원을 두면 품질 높은 관리와 빠른 소통이 가능해 만족도가 올라간다. 현장 대응도 유리하고 상태 점검도 체계적이다. 그러나 인건비 외에도 복리후생비가 추가되므로 일정 규모 이상의 건물이나 장기적 관리가 필요한 경우에 적합하다.

반면 외주 업체에 맡기면 전문성을 확보할 수 있지만, 제대로 관리되고 있는지 확인할 인력이 없다면 오히려 답답함을 느낄 수 있다. 비용은 상대적으로 적지만, 장기적으로는 비효율적일 수 있다.

결국 핵심은 건물의 크기와 관리 빈도다. 이 항목은 건물 매수 이전, 사업계획서에서 수익과 지출을 분석할 때부터 미리 반영해 두어야 한다. 참고로 규모가 작은 건물의 경우, 사장이 직접 관리하거나 총무팀 직원이 겸직하는 경우도 있다. 하지만 전문성이 떨어질 수 있기 때문에, 어떤 방식이 더 효율적인지 면밀히 검토해 비용에 반영하는 것이 타당하다.

2. 임대업은 결국 서비스업이다: 공용 공간과 조경 관리

건물을 사옥으로 전층 사용하는 경우, 직원이 1차 고객이 되고 외부 방문자는 2차 고객이 된다. 반면 일부 공간을 임대할 경우, 임차인이 1차 고객, 임차인 회사의 직원이 2차 고객, 임차인의 고객이 3차 고객이 된다. 이처럼 다양한 고객이 함께 사용하는 공간이 바로 건물의 '공용 공간'이다.

공용 공간은 옥외 공간과 옥내 공간으로 나뉜다. 옥외 공간의 핵심은 조경이며, 주차장, 로비, 계단, 화장실 등의 청결과 관리 수준은 건물의 첫인상을 좌우한다. 최근에는 조경을 인테리어 요소로 활용하는 '그린테리어'가 주목받으며, 옥내 조경도 점차 확대되고 있다. 잘 관리된 조경은 공간의 품격을 높이고 임차인의 만족도에도 긍정적인 영향을 준다. 입구 주변 조경, 옥상 정원, 화단 등은 건물의 분위기를 좌우하므로 계절에 맞춘 정기 관리가 중요하다.

또한 승강기와 소방 설비는 안전과 직결되는 핵심 관리 항목이다. 특히 승강기 교체는 큰 비용이 소요되므로 건물 매입 전 연식과 하자 이력을 반드시 확인하고, 교체 시기를 고려해 별도 예산을 마련해두는 것이 바람직하다.

3. 임차인과는 사전 서면 합의가 효율적: 임차인 규칙 위반 대응

임차인은 양질의 서비스를 제공해야 할 고객이자, 임차료를 지급받는 대상이기도 하다. 하지만 계약 기간 중 임차인이 건물 사용 규칙을 위반한다면, 신속하고 단호한 대응이 필요하다. 특히 임차인 또는 임차인의 고객이 규칙을 어겨 손실이 발생할 경우를 대비해, 관련 대응 방안을 사전에 마련하고 이를 계약서에 명확히 반영해야 한다.

예를 들어 규칙 위반으로 인해 추가적인 수리나 보수가 필요할 경우, 임차인이 비용 지급을 거부하거나 지연한다면 임대인이 우선 지불

후 추후 청구하는 방식도 고려할 수 있다. 만약 보수가 늦어져 다른 이용자에게 불편을 초래하면, 더 큰 손실로 이어질 수 있기 때문이다.

이를 방지하려면 명확한 사용 규칙을 마련하고, 계약서에 구체적으로 명시하는 것이 효과적이다. 특히 공동 사용 공간에 대한 규칙과 위반 시 배상 조건을 사전에 합의해 두는 것이 중요하다. 임차인의 위반 행위로 인해 손실이 발생할 경우, 어떤 방식으로 배상할지 명확히 정해두면 분쟁 예방에 큰 도움이 된다.

4. 임차인과는 법정에서 만날 확률? 법적 대비와 협상 준비

임차인과의 계약에서 약정한 사항이 이행되지 않을 경우, 부득이하게 법정 다툼으로 이어지는 사례가 적지 않다. 가장 흔한 분쟁은 임차료 미지급이나 계약 조건 위반으로 인해 법적 조치를 고려해야 하는 상황이다. 이럴 때는 반드시 서면으로 입장을 고지하는 절차가 필요하다.

처음에는 구두로 전달하는 것이 더 부드럽게 느껴질 수 있지만, 실제로는 서면으로 먼저 내용을 통보한 뒤 대면하여 사정을 확인하는 방식이 더 효과적이다. 임차인이 계약 내용을 정확히 기억하지 못할 수도 있고, 감정이 섞인 대화는 불편했던 점이나 개선 요구 사항이 한꺼번에 터져 나오며 갈등이 커질 수 있기 때문이다.

따라서 서면 고지를 통해 내용을 명확히 전달한 뒤, 대면 협상을 거쳐 합의가 이루어진 경우에도 다시 서면으로 그 결과를 정리해 전달하는 것이 바람직하다. 이때 건물주 명의의 공문 형태로, 건물 관리 부서의 승인을 받아 발송하는 것이 이상적이다. 만약 분쟁이 심화되어 내용증명 발송이나 소송 절차로 이어질 가능성이 있다면, 법률 전문가의 조력을 받는 것이 좋다.

특히 임차인이 임차료를 장기간 미지급해 명도소송까지 가야 하는 경우, 강제집행 과정에서 시간과 비용의 손실이 발생할 수 있다. 이를 예방하기 위해서는 '제소 전 화해조서'를 사전에 상호 합의해 작성해두는 것도 한 방법이다. 다만 이는 필수 요건이 아니라 선택 가능한 협의 사항이므로, 주변 여건을 충분히 고려해 대응해야 한다.

무엇보다 중요한 것은 정기적인 계약 조건 점검과 서면 기록화다. 임차인에게는 규칙 준수 현황을 정기적으로 안내함으로써 불필요한 오해와 분쟁을 사전에 예방할 수 있다.

5. 공실 기간에도, 새 임차인이 들어오는 과정에서도 건물주는 지출

계약 기간이 만료되어 임차인이 퇴실하면, 새 임차인을 구하는 공실 기간 동안에도 건물주에게는 다양한 지출이 발생한다. 가장 먼저 임차인이 지급하던 임차료가 사라지고, 그동안 임차인이 부담하던 관리비 역시 건물주가 직접 부담해야 하는 상황이 생긴다. 공실 상태가 장기화되면 관리 및 청소 비용뿐 아니라 마케팅 비용, 중개 수수료, 광고비 등 추가 비용도 발생하게 된다.

특히 신규 임차인을 유치하기 위해 중개수수료 외에도 렌트프리(무상임대) 기간이나 핏아웃(인테리어) 기간을 계약 조건에 포함할 경우, 해당 기간 동안 임차료 수입은 발생하지 않아 손실을 감수해야 한다. 관리비를 받는다고 하더라도 임대 수익 공백은 피할 수 없는 셈이다. 이러한 지출은 신규 임차인을 유치하기 위한 투자로 볼 수 있지만, 예상치 못한 손실로 이어질 가능성도 있다.

따라서 공실 리스크와 관련된 비용은 임차인 운영 계획 수립 단계에서 미리 예산에 반영하고 사전에 대비하는 것이 중요하다.

6. 리모델링 했다고 당분간 보수 비용이 안 든다고?

초보 건물주가 가장 자주 하는 오해 중 하나는 "공사한 지 얼마 되지도 않았는데 왜 벌써 하자가 생기느냐"는 것이다. 실제로 노후된 건물을 매입하면서 객관적인 하자 점검 없이 외장이나 내장 마감 위주의 리모델링 계획만 세운 뒤 공사를 진행하고, 시운전 기간도 없이 서둘러 입주하는 사례가 많다.

리모델링은 신축에 비해 기간과 비용을 줄일 수 있다는 점에서 매력적으로 보인다. 그러나 초기 계획이 아무리 탄탄하더라도, 예산 조정 과정에서 눈에 보이는 부분에만 집중하게 되면 근본적인 체질 개선은 이루어지지 않는다. 외벽 균열, 누수, 배수관 막힘 등은 노후 건물이라면 피할 수 없는 문제이며, 시간이 지나면 반드시 드러난다. 특히 바닥에서 물이 올라오는 하자가 생기면 전체를 철거하고 다시 공사해야 하는 상황에 직면할 수도 있다.

이러한 문제가 임차인 입주 후에 발생하면 상황은 더 심각해진다. 이미 인테리어와 가구 공사까지 마친 상태에서 하자가 발생하면, 영업 차질로 인한 손실까지 건물주가 부담해야 할 수도 있다.

따라서 리모델링 계약 시에는 반드시 하자 보수 조건을 명시하고, 예기치 못한 수리비용을 대비한 별도의 예산을 마련해두는 것이 중요하다. 특히 10년 이상 된 노후 건물은 겉으로 보이지 않는 부분에 공사비를 안분하는 것이 필수다. 공사 완료 후에도 정기적인 점검과 유지·보수를 통해 건물 상태를 안정적으로 관리해야 한다.

세상에 하자 없는 건물은 없다. 중요한 것은 하자를 미리 예방하고,

발생한 하자를 체계적으로 관리해나가는 것이다.

7. 건물이 없을 때는 몰랐던, 건물주만 내는 세금

대다수 건물주는 매년 재산세와 종합부동산세를 납부한다. 특히 공시지가가 상승하거나 세율이 인상될 경우, 세금 부담이 예상보다 커질 수 있으므로 누진세 구조를 고려한 세금 예산 확보가 필요하다. 이를 위해 매년 세금 지출에 대비한 예비비를 마련해두어야 한다.

또한 건물의 유지, 관리, 보수와 관련한 비용 중에는 세무상 비용 처리 가능한 항목과 그렇지 않은 항목이 있으므로, 정확한 세금 계산과 절세 전략을 미리 수립하는 것이 중요하다. 세법은 비정기적으로 개정되기 때문에, 매달 일정 금액을 세금 예산으로 따로 책정해 관리하면 세금 납부에 따른 심리적 부담도 줄일 수 있다.

무엇보다 세금 관련 뉴스는 실무 적용 시기와 차이가 있을 수 있으며, 발표된 정책이 실제 시행되지 않거나 폐지되는 경우도 종종 있다. 따라서 정책 변화에 지속적인 관심을 갖고 정보를 확인하며, 중요한 결정을 내리기 전에는 전문가의 자문을 받는 것이 현명한 대응이다.

8. 자연재해로 인한 긴급 보수 비용에는 예방 비용의 정기적 지출도 포함

강남역 인근의 B빌딩과 K빌딩은 지하 공간으로 빗물이 유입되는 것을 막기 위해 차수문을 설치했지만, 2022년의 집중호우 앞에서는 무용지물이었다. 반면 같은 지역의 청남빌딩과 삼성전자, 삼성생명빌딩은 집중호우 속에서도 침수 피해를 입지 않았다. 특히 강남역 지하상가와 맞붙어 있는 삼성전자빌딩은 지하상가가 물에 잠긴 상황에서도 건물 내부로 빗물이 전혀 유입되지 않았다.

강남역 일대는 빗물이 한꺼번에 몰리는 오목하고 낮은 지형 특성상 상습 침수 구역이다. 2011년에도 이 일대는 큰 물난리를 겪었고, 대부분의 인근 빌딩들이 침수 피해를 입었다. 이 당시에도 청남빌딩만 유일하게 피해 없이 멀쩡해 주목을 받았다. 청남빌딩은 이 지역의 침수 위험을 고려해 1994년 건물을 완공할 때부터 차수문을 설치했기 때문이다.

2011년 대홍수 이후 청남빌딩은 차수문의 높이를 사람 가슴 높이로 보강했고, 삼성전자와 삼성생명빌딩은 당시 지하가 전부 침수되는 피해를 겪은 뒤 모든 출입구에 차수문을 설치했다. 이러한 철저한 대비 덕분에 2022년의 집중호우 속에서도 피해를 막을 수 있었다.

반면 B빌딩과 K빌딩은 차수문이 설치되어 있었음에도 빗물이 유입되어 큰 피해를 입었다. 이는 차수문의 높이가 무릎 정도로 낮거나 모든 출입구에 설치되지 않아 방어에 실패했기 때문이다. 실제로 2022년 집중호우로 인해 강남 일대에서는 차량 1만 1,142대가 침수되었고, 이로 인한 추정 손해액만 1,600억 원에 달했다.

우량한 차수판을 설치해 주변 건물들이 큰 피해를 입을 때도 유일하게 침수를 피한 청남빌딩은 매번 집중호우 시기에 회자된다. 물론 고성능 차수판 설치에는 상당한 비용이 들지만, 청남빌딩의 건물주는 지역 특성과 침수 위험을 고려해 과감하게 투자했다. 이는 고가 차량의 침수로 인한 손해복구 비용을 예방하고, 자산을 보호하기 위한 선제적 판단이었다.

도심의 건물일지라도 태풍, 폭우, 지진 등 자연재해에 대비하기 위해 예비비를 편성해두는 것은 필수다. 특히 침수는 반복되는 자연재해인 만큼, 저지대 건물일수록 더욱 철저한 대비가 필요하다. 화재 또한 입지와 무관하게 언제든 발생할 수 있으므로, 화재 등 긴급상황에 대비한 보험 가입도 반드시 필요하다. 이러한 보험은 사고 발생 시 큰 손실을 줄이는 유효한 수단이 되며, 예방을 위한 정기적인 비용 지출이 반드시 선행되어야 한다는 점도 명심해야 한다.

9. 가치가 올라가려면? 시간과 돈! 그리고 품질관리

개발 호재가 있는 지역에 건물을 매수하면 토지가격은 자연스럽게 상승한다. 반면, 건물은 시간이 지남에 따라 감가상각이 이루어진다. 따라서 건물 내 앵커 테넌트를 유치해 프리미엄을 형성하면, 매각 시 더 큰 수익을 실현할 수 있다.

건물의 이익 실현을 극대화하려면 보유 기간 동안 자산의 가치와 품격을 지속적으로 개선하는 노력이 필요하다. 단순한 유지·보수에 그치지 않고, 리노베이션, 외부·내부 디자인 개선, 최신 설비 설치, 전광판 등 추가 수익 창출 요소를 적극 도입하는 전략이 효과적이다. 이러한 투자는 보유 기간 동안 실질 수익률을 높이는 동시에 자산 가치를 상승시켜, 매각 시 더 높은 가격으로 연결된다.

특히 저가로 매수한 구옥 건물의 경우, 리모델링을 통해 신축 수준의 임대료를 받을 수 있다. 투자한 건축비 대비 상승한 임대료를 통해 빌딩 가치를 높이는 전략은 널리 활용되는 방법이다. 여기에 더해, 에너지 절감형 조명이나 고효율 난방시설 같은 설비 개선은 유지비를 절감하면서 임차인의 만족도를 높이는 데 기여할 수 있다.

대로변 건물의 경우 외부 전광판 설치는 또 다른 수익 창구가 된다. 일부 경우에는 호실 임대료보다 전광판 임대 수익이 더 큰 비중을 차지하기도 한다. 다만, 전광판 설치에는 초기 비용과 유지·보수, 자금 조달 문제가 따르므로 이를 보완하기 위해 전광판 리스 상품을 활용하는 것도 하나의 방법이다.

결국 건물 매수와 관리에서는 수익률 극대화를 위한 다양한 전략을 면밀히 검토하고, 지출 항목 9가지에 대한 체계적인 재무 계획을 함께 수립하는 것이 중요하다. 모든 사업계획은 건물주가 주도적으로 이끌어야 하며, 전문가는 리스크 관리 시 참모로 활용하는 것이 바람직하다. 결국 어떤 전문가도 알아서 해주는 일은 없으며, 리더십과 전략적 판단은 건물주의 몫이다.

5부

부동산 마법 실전:
실전 사례 워크숍 비밀 노트

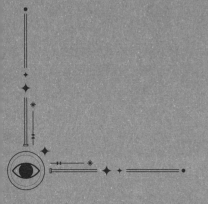
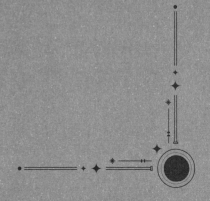

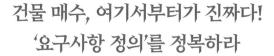

건물 매수, 여기서부터가 진짜다!
'요구사항 정의'를 정복하라

흔히 '건물을 보러 간다'는 말은 부동산 투자의 첫걸음을 내딛는 것처럼 들린다. 하지만 많은 사람이 이 중요한 첫 단계를 구체적인 계획 없이 막연하게 시작해 스스로 비효율의 늪에 빠진다. 시간과 에너지를 낭비하는 것도 모자라 건물 중개인이 보내는 수십 개의 카톡 매물만 보다가 끝나는 경우가 허다하다.

건물 매수의 과정에서 매수자의 '요구사항 정의'는 성공을 좌우할 핵심 요소다. '목표'와 '요구사항'이 구체적이고 명확하지 않으면 매수 희망자와 중개인 모두 불필요한 시간과 노력을 쓰게 된다. 허위 매물에 속아 위험을 감수하게 될 가능성도 매우 크다는 점을 인지하자. 그렇다면 이런 비효율을 어떻게 극복할 수 있을까?

2024년 하반기, 한국사장학교에서 진행된 강의 중에 화제가 된 주제가 있다. 바로 '팔란티어(Palantir)'에 대한 것이다. 팔란티어는 방대한 데이터를 효율적으로 수집, 통합하고 이를 통해 유의미한 인사이트를 추출할 수 있는 소프트웨어를 개발하는 회사로 복잡한 데이터를 사용자가 쉽게 다루고 이해할 수 있도록 돕기 때문에, 정보에 입각한 결정을 빠르게 내리는 데 유용하다. 이를 통해 고객들은 데이터를 단순히 저장하는 데 그치지 않고, 미래를 예측하거나 더 나은 전략을 세울 수 있는 도구로 사용할 수 있다.

다양한 정보가 연결되어 서로 영향을 미치는 방식을 이해하도록 돕기 때문에, 마치 지식의 지도를 제공하는 것과도 같다. 각 데이터에 대해서도 다층적으로 의미를 부여하기 때문에 '어떤 일이 왜 일어났는지', '다음에 무슨 일이 일어날지'를 예측하고 기업으로 치면 각 부서의 직원들이 스스로 알아서 일하게 할 수 있다.

이 프로그램이 작동하려면 데이터를 입력할 때 명확한 지시를 입력해 놓는 것이 최우선이다. 정확하고 구체적으로 입력만 잘해둔다면 인간이 6개월에 걸쳐서 해야 할 일을 단 이틀 만에 AI가 수행하는 놀라운 퍼포먼스를 보여주기도 한다.

정확한 업무 지시 입력을 통해 인간이 할 일을 AI가 더 효율적으로 대행할 수도 있는 것처럼, 여기 예비 건물주가 원하는 바를 건물 중개인이 스스로 알아서 수행하게 할 수 있는 비책이 있다. 매수자가 자신의 요구사항을 일정한 서식에 맞춰 서면으로 작성해 먼저 전달함으로써 해당 조건의 매물을 중개할 수 있는지 의지와 의향, 가능성을 확인하는 절차를 거치는 것이다. 본 서면은 매수자의 매수 목적을 구체화해 누구나 이해할 수 있는 정확하고 구체적인 단어로 작성하는 것이 전제된다. 이를 통해 매수인과 건물 중개인 상호 간에 눈치 싸움에서 필연적으로 발생하는 미스 커뮤니케이션의 비효율을 최소한으로 줄일 수 있다.

사장과 직원 간 소통에 있어 사장은 재확인이 필요 없을 정도로 정확한 단어와 문장으로 해야 한다. 똑같은 지시를 내려도 지시받은 직원의 업무 이해 과정에 문제가 생기면 성과나 효율은 떨어질 수밖에 없다. 그리고 상하관계의 특성상 상사에게 재확인하고 묻는 것을, 자신이 부족하다고 드러내는 것 같아서 망설이게 된다.

이러한 논리는 매수자와 매수자의 건물 중개인 간의 관계에서도 그대로 적용된다. 건물 중개인 입장에서 상하(上下)관계는 아니지만 그보다 더한 '갑을(甲乙)' 관계이고, 심지어 발주처로서의 전문성은 찾아볼 수 없는 매수 왕초보라면 그 의도를 알아서 이해하고 일을 처리해야 하는 어려움에 처한다. 사장의 지시 한마디에 회사는 실적과 운명이 갈리는 것과 다르지 않기 때문이다. 매수자의 모호한 업무 요청과 추상적인 목표는 대개 좋지 못한 결과로 이어진다. 소통의 당사자가 매수인이 지정한 전속 매수 대리인이건 복수로 만나보는 여러 건물 중개인 중 한 명이건 실질적으로 중요한 문제는 아니다. 매수인의 '정확하고 구체적인 요구사항 정의'가 가장 최우선적인 요소가 되어야 한다.

해당 서면은 망망대해 같은 부동산 시장에서 마치 '목적지를 향해 최단 시간 경로로 안내하는 내비게이션' 역할을 한다. 건물 중개인의 시간 낭비와 시행착오를 줄여줌으로써 궁극적으로는 매수인이 원하는 거래에 한 걸음 더 가까이 가게 해준다. 내 시간이 소중한 것 이상으로 남의 시간도 소중하다. 무엇보다 가장 큰 피해는 말로 대충 요구한 매수자에게 일어날 수 있고 당신의 시간이 무의미하게 사용될 수 있다는 점을 명심해야 한다.

요구사항 정의가 매수 효율성을 높이는 이유

요구사항 정의는 건물 매수 과정을 단순히 '건물 보기'에서 '목표 맞춤형 매수'로 변화시킨다. 구체적인 요구사항을 사전에 정리하고, 이를 중개인에게 명확히 전달한다. 요구사항 정의는 다음을 목표로 한다.

효율적인 매물 탐색

건물의 층수, 연면적, 위치 등 원하는 조건을 정확히 정의하면 불필요한 매물 탐색과 시간 낭비를 줄일 수 있다. 요즘은 프롭테크가 발달해서 건물 중개인이 구체적인 조건을 검색해 더 신속하게 최적의 매물을 추천할 수 있다.

가격 협상에서의 강력한 협상력

구체적인 요구와 수치를 가지고 협상에 임하면 매도자와의 협상에서도 유리한 위치를 선점할 수 있다. 예를 들어 가장 많이 원하는 적정 시세의 가이드라인을 공시지가의 250% 이하로 정한다면 해당하는 물건만 보게 되어 안전 마진 구간을 확보할 수 있게 된다.

허위 매물 피하기

매수자의 명확한 요구사항이 있을 때 허위 매물에 시간과 비용을 낭비할 일이 줄어든다. 중개인도 매수자의 기대를 충족하기 위해 빠른 거래가 가능한 매도 의지가 확실한 매물 위주로 추천하게 된다.

요구사항 정의를 위한 체크 리스트

건물 매수 시 요구사항 정의를 명확히 하고 서면으로 정리해두면, 중개인과의 협업에서도 신뢰를 얻고 효율성을 극대화할 수 있다. 이 책에서 제공되는 매수자의 요구사항 정의 체크 리스트를 사용하면 초보라도 손쉽게 작성할 수 있다. (작성에 어려움을 겪을 경우, 온라인상에서 비대면 코칭을 신청하면 된다.) 요구사항 정의 시 고려해야 할 주요 항목들을 살펴보겠다.

예산 범위

투자 가능한 최대 금액과 추가 비용까지 설정해둔다. 대출을 사용할 것인지, 현금은 얼마나 사용할 것인지 계약금, 중도금, 잔금은 어떤 조건으로 지급하기를 원하는지 작성한다.

급매물일 경우 중도금 없이 한 달 이내 잔금을 지급하는 조건인 경우가 종종 있다. 급매물이 아니더라도 충분히 가격조정을 요구할 명분이 된다. 매입 자금이 현금으로 100% 준비가 된 고객은 늘 우위에서 건물을 고를 수 있다.

입지

주요 상권, 교통, 향후 개발 계획 등을 바탕으로 원하는 위치를 구체화한다. 같은 지역이라도 지하철 노선과 출입구 방향에 따라 용도지역이 다를 수 있다. 신축이나 리모델링을 고려한 매물을 찾는다면 일반

346 _____ 부동산 마법 학교

상업지역, 준주거지역, 일반주거지역 등 원하는 용도지역을 지정하면 더 빠른 매칭이 가능하다.

용도

건물의 용도를 한정한다. 상업용이라 하더라도 오피스, 상가, 주거, 주상복합 등 건물의 구체적인 활용 목적을 설정한다.

수익률 목표

사옥으로 사용할 것이라면 의미 없는 분야지만, 일부는 사옥을 사용하고 일부는 임대해 고정 수익 창출을 원한다면 요구하는 월 임대 수익과 연간 수익률 목표를 기재해야 한다. 수익률을 작성할 때는 향후 매도 시 발생할 수 있는 시세 차익은 반영하지 않으며 세전으로 표기하는 것이 일반적이다.

건물 상태

건물의 연식, 구조 상태, 리모델링 필요성 등을 포함해 관리와 유지비까지 고려해 ○○○○년 이전 혹은 ○○○○년 이후 준공 건물 등으로 표기한다. 통상 신축 후 3년에서 5년 이내의 건물은 준신축 건물로 분류한다. 원하는 주차대수와 주차 방식(기계식, 자주식), 승강기 유무에 대한 조건 기재 역시 아주 중요한 요소다.

이러한 구체적인 요구사항을 사전에 정의하고 건물 중개인과 공유하면, 더 진정성 있는 매물을 탐색할 수 있을 뿐 아니라 투자 과정에서도 불필요한 시행착오를 줄일 수 있다. 세부적인 사항은 첨부하는 '요구사항 정의' 서류를 참고하면 된다.

건물주가 되는 첫 단추, 요구사항 정의

건물 매수가 처음이라 도무지 어떻게 작성해야 할지 감이 오지 않는다면 일단 건물을 많이 보러 다니는 것을 추천한다. 온라인을 통해 구경하는 것과 실제 해당 지역에 임장을 다녀보는 것은 차이가 크다.

특히 신축이나 리모델링한 건물의 예전 모습을 온라인 지도에서 확인하고 현재의 모습을 실제로 확인하면서 부동산 개발을 통해 얻을 수 있는 시세 차익에 대해서도 실감을 해보는 것을 추천한다. 완성된 건물을 통해 얻을 수 있는 수익보다 개발을 통해 얻을 수 있는 수익이 왜 더 클 수밖에 없는지도 깨우쳐보기를 바란다.

건물 매수는 단순히 눈에 띄는 자산을 주머니 속 현금으로 구입하는 것이 아니다. 누군가에겐 일생에 단 한 번 경험하게 될 큰 자산 거래이고, 누군가에겐 첫 거래를 시작으로 자산가로 성장하기 위해 수없이 경험해야 할 자산 거래가 될 수도 있다. 팔란티어의 그것처럼 필요한 정보와 요구를 구체적으로 작성해 대리인, 중개인에게 전달함으로써 타인의 시간과 능력을 최대치의 레버리지로 활용하는 효율을 경험하기 바란다.

 QR에 접속하면 서류 양식 엑셀 파일을 다운로드하고 비대면으로 작성 코칭도 받을 수 있습니다.

매수자 요구사항 정의

1. 매수자 기본 정보	성명(법인 경우 회사명)	
	연락처	
	E-mail	
	사업 목적	[예 : 사옥 매입 / 임대 수익용 / 상업(업무)시설 확장 등]
2. 매입 목적 및 사용 계획	매입 목적	[예 : 사옥 사용 / 투자 목적으로 매입 후 임대 등]
	사용 계획	[예 : 특정 업종이나 특정 사업 부문 확장을 위한 공간 / 상업(업무):주거 혼합 등]
3. 매입 예산 및 자금 계획	총 예산(원)	
	대출 계획	
	대출 예상 비율(%)	
	현금 비율(%)	
	금융기관 협의 여부	[예 : 협의 완료 / 협의 예정 등]
	잔고증명서 제공가능 여부	[예 : 준비 가능 등]
4. 선호 위치 및 입지 조건	선호 위치	
	도시 및 지역	
	특정 구역 또는 주요 상권 연접 여부	
	입지 조건	
	대중교통 접근성	[지하철역 / 버스정류장 인접 등]
	주요 도로 접근성	
5. 건물 조건	건물 유형	[예 : 사무실용 빌딩 / 상가 / 복합용도 건물 등]
	건축 연도	[예 : 신축 / 5년 이내 / 10년 이내 등]
	총 면적 [평수]	[대략적인 면적 범위]

5. 건물 조건	층수 조건	[예 : 3층 이상 / 승각의 유무 / 1층 사용 가능 등]
6. 주차 조건	주차 대수	[최소 필요 주차 대수]
	주차 방식	[외부 자주식 주차가능 여부 / 기계식 주차 가능 여부 등]
	추가 주차 가능 여부	[예 : 대형 차량 주차 공간 필요 여부 등]
7. 임대차 현황 (임대 수익용일 경우)	임대 조건	[임대 수익이 필요하면 최소 기대 수익률(연%)]
	임차인 조건	[예 : 주요 업종 제한 여부 / 안정적 임차인 요구 여부 등]
	임대차 계약 기간	[잔여 임대차 기간 또는 신규 임차인 유치 가능 여부 등]
8. 편의 시설 및 부가 조건	필수 편의 시설	[예 : 노약자 편의시설 / 냉난방 완비 / 화장실 개수 / 내부수리 여부 등]
	부가 시설 요구 사항	[예 : 발코니 / 옥상공간 사용 여부 / 상가 출입구 위치 등]
9. 기타 요구 사항 및 조건	기타 요구 사항	[예 : 건물 외관의 유지보수 상태 / 관리비 등 고지 요망]
	계약 조건	[예 : 계약금 / 중도금 / 잔금 일정 및 협의가능 여부 등]
	추가 요청 사항	[예 : 계약 전 건물 구조 나 토지관련 확인 / 법적검토 요청여부 등]
10. 응답 및 연락 방법	중개인 응답 요청방식	[예 : 이메일 / 전화 / 연락시간 등]
	현장 답사 가능 여부	[예 : 방문 희망 일자 및 시간 등]
첨부 자료 [선택]	사업자등록증 사본 [법인의 경우]	
	잔고 증명서	
	기타 필요 서류	
기타 요구		

본 문서는 당사자의 동의 없이 외부로 유출시 민·형사상의 책임이 따를 수 있습니다.

매수 의향서로 승부수를 띄워라!
중개인과 함께하는 '협상 주도권' 확보 전략

건물주가 되려면 먼저 건물을 사는 과정을 거쳐야 한다. 전문가와 아마추어의 차이는 사용하는 언어가 '일반언어'인가 '전문용어'인가로 구분할 수 있다. 건물을 거래하는 과정에서 만나는 관계자들에게 만만하게 보이고 싶지 않다면 건물을 산다는 표현 대신 매수(買受)한다. 건물을 판다는 말은 매도(賣渡)한다는 용어를 사용하는 것이 좋다. 건물을 사는 사람을 매수인(買受人) 혹은 매수자(買受者), 파는 사람을 매도인(賣渡人) 혹은 매도자(賣渡者)로 부른다. 아마추어로 보인다면 호구로 보일 수 있다는 단점을 넘어 준비가 덜 된 매수인으로 인식해 우량 물건을 소개받기도 어려울 수 있기 때문이다.

건물의 가격이 높을수록 단계와 그에 따른 서류들을 주고받으면서 협상을 진행한다. 이 과정에서 정확하고 명확한 서류 작성은 협상력을 높이고, 거래를 원활하게 하는 데 중요한 역할을 한다.

무엇보다 매수 의향서는 매도자에게 매수의향자의 거래 의지를 표현하는 중요한 첫 단계 서류다. 매수 의향서 외에도 거래 과정에서 요구되는 서류들이 있으며, 각 서류는 거래 진행을 명확히 하고 리스크를 줄이는 데 필수적이다. 건물 거래는 '아파트 하나를 사고파는 과정'과 질적으로도 양적으로도 다름을 인지해야 실수로 인한 리스크를 회피할 수 있다.

마음에 드는 건물을 발견했을 때, 당장이라도 건물의 매도자를 만나 계약하고 싶은 마음이 굴뚝 같을 것이다. 그러나 건물의 매도자 입장에서는 자신이 팔겠다는 금액으로 매수하겠다는 사람이 나타나도, 선뜻 계약에 나서기 어려운 경우가 많다. '이 가격에 사겠다는 사람이 있으면 조금 더 올려도 팔리지 않을까?' 하는 기대가 생기기 때문이다. 기왕이면 한 푼이라도 더 주겠다는 사람과 협상을 이어갈 것이냐, 아니면 빠른 거래에 초점을 맞출 것이냐는 협상의 결이 달라지는데, 인기 있는 건물일수록 매도자가 급하지 않은 경우가 대다수다. 또한 건물은 매도자가 팔 생각이 없었는데 매수자가 팔아달라고 요청해서 파는 경우도 적지 않기 때문에 매도자 우위로 진행되는 일이 많다.

사람들 보는 눈은 비슷해서 미래가치가 기대되는 건물에 몰린다. 그래서 통상 복수의 매수의향자들이 해당 소유권을 가진 매도자와 거래를 요청하고, 매도자는 대리인을 통해 걸러진 상대와 테이블 미팅을 한다. 강남의 상업용 꼬마빌딩의 경우 해당 지역에서 약 1만여 명의 건물 중개인들이 활동하다 보니 우량 물건에는 수십여 팀의 중개인이 공격적인 매수 의향서를 던지고 일단 매도자를 흔들어보려고 하는 경우도 적지 않다.

실질적으로 매도 의지가 있는 매도자는 대리인을 정해서 매수 의향서를 검토하면서 협상을 위한 테이블 미팅 여부를 정한다. 이때 가격만 알아보고 매물을 올렸다 내렸다 하는 매도자도 적지 않기 때문에 매수자 입장에서는 진성으로 매도하려는 의지가 있는지 확인하는 절차가 필요하다.

등기부등본을 조회하면 해당 부동산의 역사가 공식적으로 기록되어 있는데 '갑구'에 기록되어 있는 소유권자의 현황이나 '을구'에 있는 근저당 대출사용 현황 등을 통해 매도자의 매도 온도를 추정해볼 수 있다.

매도자 입장에서 진정성 있는 매수의향자를 분별하는 첫 단추가 되는 매수 의향서에 대해 살펴보도록 하겠다.

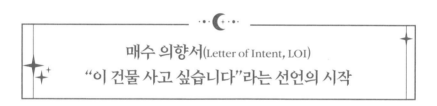

매수 의향서(Letter of Intent, LOI)
"이 건물 사고 싶습니다"라는 선언의 시작

매수 의향서는 매수자가 매도자에게 자신의 거래 의지와 구체적인 조건을 전달하는 공식 문서다. 이는 협상의 첫 단계를 알리는 서류로, 매수자의 기본 정보, 매수 의도와 목적, 희망 매입 가격 등을 담은 매수 조건, 주차 조건, 리모델링 및 시설 보수 이력, 현재 시설의 하자 상태, 불법건축물 여부, 불법 임차인 여부, 임차인들과의 계약 현황, 잔금 전 명도 완료 가능성, 포괄양수도 법인 주식 거래 가능성 여부 등 매수자가 중요하게 여기는 사항에 대해 구체적으로 요청해 기록한다.

또한 가장 중요한 '대금 납부 시기'와 '전체 거래 완료 희망 시점'을 기입하는 것이 효과적이다. 매수 의향서는 법적 구속력이 없는 경우가 많지만, 매수자의 진정성을 표현하고 매도자에게 신뢰를 주는 첫인상 과도 같은 중요한 서류라고 볼 수 있다. 성실하고 구체적으로 작성된 매수 의향서는 매도자의 입장에서 진성 매수 의향자라는 판단을 하게 해서 실질적인 거래 성사 가능성을 높여준다.

잘 쓴 매수 의향서

구체적이고 체계적인 매수 의향서는 매도자에게 매수자에 대한 긍 정적인 신호를 준다. 건물 매각 시 매도자는 좋은 조건은 물론 신뢰할 수 있는 매수자와 거래하기를 원한다. 따라서 매수자가 계약금, 중도 금, 잔금 지급 시기와 구체적인 자금 마련 계획을 명시한 매수 의향서 를 제출하면, 매도자는 해당 매수자가 실제로 자산을 소유할 능력과 의지를 갖추었음을 확신할 수 있다. 다음은 잘 작성된 매수 의향서의 예시다.

이는 다음과 같은 효과를 기대할 수 있다.

첫째, 명확한 의도 전달이 된다. 매수자는 왜 이 건물을 매수하려는 지, 이 건물이 어떻게 자신의 사업에 기여할 수 있는지를 설명하고 있 다. 이는 단순히 '건물이 마음에 든다'는 막연한 표현 대신, 사업 확장 의 일환으로 구체적인 필요에 따라 매수를 희망한다는 메시지를 전달 한다.

둘째, 구체적인 자금 계획을 보여준다. 계약금, 중도금, 잔금의 지급 시기를 구체적으로 제시해 자금 준비가 되었음을 명확히 해서, 매도자 는 매수자가 실제 거래를 할 능력과 준비되어 있음을 확신할 수 있다.

셋째, 확인 요청사항 검토를 통해 매수자가 해당 건물의 리스크를

매수 의향서

- 매수자 이름: ㈜스마트텍 / 대표이사 김철수
- 매수 의향 대상: 서울 강남구 A 빌딩
- 매수 의도: 당사는 현재 강남구에서 사업한 지 5년이 넘은 벤처기업으로 유사 평수를 임대해 월세로 사용 중, 사옥을 마련해 사업 확장을 계획. 본 건물이 직원들 출퇴근하기 도 좋고 회사의 홍보 마케팅에 도움이 될 것 같아 매수 희망.
- 매수 희망 금액: ○○억 원
- 계약금 및 대금 지급 계획:

  계약금 10%, 계약 체결 당일 납부 예정.

  중도금 40%, 계약 체결 후 30일 내 지급.

  잔금 50%, 계약 체결 후 60일 이내 완료 예정.
- 자금 조달 계획: 현금 60%, 대출 40%(주거래 은행에서 가승인완료)
- 추가 요청사항:

  ① 잔금 전 매도자 책임하에 세입자 전체 명도

  ② 등기부등본상에 불법건축물로 되어 있는 부분에 대해 잔금 전 매도자 책임하에 멸실 및 원상복구 가능한지 확인 바람.
- 비고

  계약 조건 맞을 경우, 계약금은 바로 지급 가능.(잔고증명 첨부)

충분히 검토했음을 보여준다. 또한 매도자에게 이 조건을 반영해 더 효과적으로 협상을 진행할 수 있는 기회를 준다.

마지막으로 신속한 계약 이행 의지를 표명하는 방법으로 잔고증명서를 첨부하는 것은 거래 성사의 가능성을 더 높여준다. 이와 같은 잘 쓴 매수 의향서는 매도자에게 진정성과 준비된 자세를 보여주며, 협상 과정에서 매수자에게 유리한 위치를 만들어준다.

본전도 못 찾는 성의 없는 매수 의향서

반면 잘못 성의 없는 매수 의향서는 매도자의 신뢰를 떨어뜨리고, 매수 의지가 확실하지 않다는 인상을 줄 수 있다. 명확한 자금 계획이나 구체적 요구사항이 빠진 경우, 매도자는 매수자가 실제로 거래를 성사할 의지가 있는지, 자금 능력이 충분한지를 의심할 것이다.

매수 의향서

- 매수자 이름: 박 ○○
- 매수 의향 대상: 서울 강남구 A 빌딩
- 매수 의도: 해당 건물에 관심이 있으며, 매수 의향이 있음.
- 매수 희망 금액: ○○ 억 원 내외
- 계약금 및 대금 지급 계획: 상황에 따라 협의 가능.
- 추가 요청사항: 가격을 더 네고할 수 있는지 일단 만나서 협의 원함.

이 매수 의향서에는 다음과 같은 문제가 드러난다.

첫째. 매수 의도가 모호하다. 매수자는 단순히 관심이 있다고만 밝히고, 구체적인 이유나 매수 목적을 밝히지는 않았다. 이는 매도자에게 매수자의 의지가 불분명하다는 인상을 줄 수 있다.

둘째, 매수 희망 금액도 모호하고 자금 계획도 없어 찔러보기식 매수 의향서라는 안 좋은 인상을 줄 수 있다. 계약금과 대금 지급 계획이 명확하지 않은 부분은 최악이다. '상황에 따라 협의 가능'이라는 표현은 매수자가 자금 준비가 충분히 되어 있지 않다고 추정하게 된다.

추가 요청사항에 대해서도 매수자는 별다른 요청사항이 없다고 밝히고 있는데, 이는 매수자가 자산에 대해 충분히 검토하지 않았음을 반증한다고 볼 수 있다.

결과적으로 이와 같은 의향서는 매수자의 준비 상태와 의지를 신뢰하기 어렵게 만든다. 매도자는 일단 만나서 대화하자는 요청을 거부할 확률이 높다.

협상의 주도권을 갖는 방법

매수 의향서를 잘 작성하는 것만으로도 협상에서 주도권을 잡을 수 있지만, 경쟁자가 있을 때는 다음과 같은 전략을 검토해볼 수 있다.

본 계약 전 가계약금을 지급하는 방법이다. 당장이라도 계약금의 일부를 미리 지급하겠다는 의사는 조건이 맞을 경우 신속한 거래가 가능할 것이라는 기대감과 동시에 강력한 신뢰감을 준다. 자금 준비가 충분히 되어 있고, 거래에 대한 진정성이 있음을 보여주기 때문이다. 또한 계약 체결과 동시에 빠르게 모든 절차를 진행하겠다는 의사까지 보여준다. 경쟁이 있는 상황에서는 매수자가 신속하게 거래를 마무리할 준비가 되어 있다는 점은 협상에서 강력한 무기가 될 수 있다.

매도자의 부담을 덜어주는 조건을 제공한다면 가장 우위에 설 수 있다. 대다수 매도자의 가장 큰 부담은 결국 임차인이다. 명도를 매수자 책임으로 하겠다는 조건을 제시할 경우 가장 강력한 어필 포인트가 될 수 있다. 다만 이는 매도의 경험이 풍부해 충분히 해당 업무를 수행할 수 있는 실력이 있을 때만 유효한 전략으로 작용할 수 있음을 명심해야 한다. 건물 비즈니스의 세계에서 가장 난도가 높은 파트가 바로 '세입자 명도'다.

만약 중소벤처기업진흥공단 등의 기관 자금으로 건물을 매입하기로 하고 세입자 명도를 매수자 책임으로 계약했는데 명도가 지연된다면, 중진공에서 받은 자금에서 임차인이 사용하고 있는 해당 면적을 안분해 원금을 상환해야 할 수도 있다. 벤처기업 지원 자금의 특징은 한도와 금리가 상대적으로 경쟁력이 있지만 어떠한 경우라도 전체 연면적을 해당 사업체의 사업 영위를 위한 사옥으로만 사용해야 한다는 특수조건이 강력하게 작용한다. 이는 정기적인 실사를 통해 모니터링되고 이행이 안 되면 대출금 환수라는 극단적인 상황도 야기될 수 있기 때문에 신중하게 검토해야 한다.

또한 매도자의 마음은 하루에도 열두 번씩 바뀔 수 있는 갈대와도 같다는 점을 감안해야 한다. 대다수 매도자는 나이가 지긋한 '개인'이다. 사회생활을 경험해보았지만 서면 의사 교환이나 상호 신뢰 이행에 대한 민감도가 낮을 수도 있다.

대개 저자가 겪어본 어르신 매도자들은 계약하는 당일까지도 싱숭생숭해서 고민에 빠진 듯 보였다. 큰돈을 받게 되었는데도, 썩 기분이 좋아 보이지도 않았다. 팔아달라고 청할 때 앓던 이를 빼고 싶었던 것처럼 졸랐던 모습은 온데간데없고, 마치 자식을 원하지 않는 곳으로 출가시키는 부모의 마음처럼 시원섭섭함을 느끼는 듯 보였다. 특히 먹을 것 안 먹고 입을 것 안 입고 마련해서 오랫동안 보유하고 있던 건물은 더욱 그러했다.

그래서일까? 직접 대화하면 어르신 매도자는 이 건물을 매수하는 사람이 꼭 유용하게 잘 쓰길 바라는 마음과 더불어, 꼭 필요한 사람에게 매도했으면 좋겠다는 의중을 갖고 있기도 했다. 모든 거래가 마찬가지이듯 물론 숫자가 중요하지만, 숫자가 유사한 조건일 경우 '사람이 먼저'라는 원칙이 여기서도 작용한다. 물론 이러한 정서는 매도자가 법인인지 개인인지, 개인이라면 연령대에 따라 다를 수 있음을 감안해야 한다.

양해각서(Memorandum of Understanding, MOU) 상호 협의 사항을 서면화해 거래의 공식화

매수 의향서 이후 협상이 원활히 진행되면, 매도자와 매수자 간에 거래 조건을 구체적으로 합의하는 단계가 진행된다. 이때 통상 양해각서 형식의 문서가 작성된다.

건물 가격이 낮을 경우 개인 매도자 간에 이 과정은 건너뛸 수도 있지만, 통상 일정 금액 이상의 거래에서는 이 과정이 필수적으로 들어간다. 특히 매수자와 매도자가 법인이라면 법률 대리인을 통해 작성된다. 이 양해각서는 논의한 조건들을 서면으로 정리해 상호 이해와 합의를 공식화하는 역할을 한다.

앞서 언급한 대로 개인 매도자는 이런 양해각서 체결을 낯설어하며 원하지 않기도 하는데, 이런 경우에는 매수자가 지속적으로 거래에 관한 공식적 입장을 공문 형식으로 보내서 조건을 확약해나가기도 한다.

양해각서를 작성하는 과정에 대해 좀 더 구체적으로 살펴보겠다. 양해각서는 매수자와 매도자가 합의한 내용을 정리한 중요한 서류다. 여기에는 건물 매수 가격, 계약 진행 일정 등이 구체적으로 포함된다.

양해각서는 매수 의향서보다 한 걸음 더 나아가 법적 책임도 따르는 약속을 담은 문서다. 구속력이 있는 경우가 많아 법적 책임이 따를 수 있다. 따라서 거래 조건이 명확해지고 양측의 기본적인 합의가 이루어졌을 때 양해각서에 서명하고 다음 단계로 진행하는 것이 바람직하다.

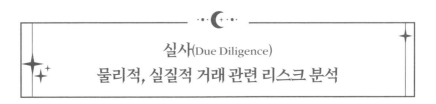

실사(Due Diligence)
물리적, 실질적 거래 관련 리스크 분석

양해각서를 쓴 후에는 매수자가 건물 상태를 자세히 점검하는 실사 과정이 진행된다. 여기서는 표면적 실사는 건물에 혹시 문제는 없는지, 세금 상황은 어떠한지, 건물 구조나 안전 상태는 괜찮은지 확인하고 서류로 추가 검토할 부분을 점검한다.

무엇보다 건물을 인수할 때는 건물의 하자 이력을 확인하고 제3자를 고용해 실제 건물의 전반적인 컨디션을 확인하는 과정이 필요하다. 통상 엔지니어링 회사에서 물리적 실사 보고서를 작성해준다. 육안으로 봤을 때 문제가 없어 보인다고 해서 실질적으로 문제가 없다고 단정 지어서는 안 된다.

특히 오랜 공실이 지속됐을 때는 건물 하자로 인한 공실은 아닌지 더 꼼꼼히 살펴보아야 한다. 누수로 인한 피해 흔적이 있다면 하자 보수 이력을 확인해보아야 한다. 기계식 주차장에 누수가 발생할 경우 주차한 차량의 손상을 줄 수 있어 치명적이다.

또한 예전에 지은 건물들의 경계는 인접 대지를 침범하고 있거나 침범당하고 있는 경우가 많다. 매도자에게 이에 대한 측량 정보를 요청해서 만에 하나 발생할 수 있는 리스크를 관리해야 한다.

부동산의 법적 권리나 소유권 이전에 관한 문제는 없는지도 확인해야 한다. 세금 체납 여부와 재산세 납부 기록을 확인하고, 해당 부동산에 근저당이 설정된 경우 법무사에게 위탁해 근저당을 해제하는 조건을 확인하고, 계약일에 잔금을 직접 지급하는 과정을 통해서 온전히 근저당 해제가 이루어지는지 확인해야 한다. 실제 채무 관계로 인한 근저당인지, 아니면 다른 목적으로 설정한 근저당인지 여부도 확인하는 것이 좋다.

무엇보다 토지의 소유권자와 건물의 소유권자가 동일한지, 단수인지 복수인지 확인이 필요하다. 또한 단일 필지가 아닌 여러 필지의 토지 위에 건물이 있는 부동산의 경우, 드물기는 하나 '담보 가치가 0원인 도로 필지'에 대해 간혹 악질적인 근저당권자가 의도적으로 법무사가 해당 필지에 대한 근저당 해제 누락을 유도하는 경우가 있다. 나중에 매수자가 정식으로 소유권을 확보하게 되면 매수자가 전 매도자의 채무를 승계하기로 하고 계약했으니 매수자가 전 매도자 대신 돈을 갚으라고 권리를 주장하며 민사 소송을 하는 경우다. 이런 리스크에 대해서는 전문가를 통해 면밀한 사실관계 확인을 진행하고, 리스크 발생시 매도자의 이행 의무에 관한 사후 조항을 특약에 삽입하는 것도 검토해볼 여지가 있다.

무엇보다 영업 중인 상업용 부동산을 매수한다면 '데이터 룸(Data room)'이라고 칭하는 각종 실질 데이터에 대한 사실관계를 검증하는 과정이 필요하다. 특히 포괄양수도 형태로 '법인 주식 거래 방식'으로 건물 거래를 하는 경우 세무와 재무 관련 문서에 관해 면밀히 더 살펴야 한다.

특히 건물 관리의 수입·지출 현황이 잘 관리되었는지, 건물 운영에 따른 당기순이익이 상승하는 흐름인지 하강하는 흐름인지 점검해보고 혹시 하강하는 흐름이라면 주요 원인은 무엇인지 확인해야 한다. 예를 들어 건물의 노후로 인한 유지·보수·관리 비용이 증가했다면 이는 자연 발생적인 것인지, 아니면 이와는 별개로 매도자 개인 사정에 의한 외부 요인에 의한 것인지를 분별해내야 한다.

또한 법인의 재무제표에 드러나 있지 않은 '우발 채무'의 가능성과 법인의 직원을 승계했을 시 발생할 수 있는 퇴직금 문제 등 '노무 리스크'에 대해서도 여러 가지 경우의 수를 검토해야 한다. 부동산 거래를 법인 매매 형태로 진행하는 것은 단순 부동산 매매를 넘어, 건물 자산을 보유하고 있는 기업의 M&A와 다를 바 없는 공력을 요구한다.

이런 방식의 거래가 복잡하고 어렵게 느껴진다면 토지와 건물만 딱 떼어내서 거래하는 것이 속 편하다. 이 단계에서 '문제가 발견될 경우, 매수자는 거래 조건을 다시 협상하거나, 거래 진행을 중단할 수 있다'는 특약을 양해각서에 삽입하는 것도 효율적인 거래에 도움이 된다.

매매계약서(PSA-Purchase & Sale Agreement)
드디어 '계약 확정'의 순간

실사가 원만하게 진행되었다면 본격적으로 매매계약서를 작성하는 단계로 진입한다. 매매계약서는 건물을 사고파는 데 필요한 모든 조건을 담은 중요한 서류다. 실사가 완료되고 최종 조건이 합의되면, 매수자와 매도자는 매매계약서를 체결한다. 매매계약서는 부동산 거래에서 가장 중요한 서류로, 계약의 법적 효력을 갖는다. 매매계약서에는 다음과 같은 내용이 포함된다.

- 구체적인 거래 조건: 매수 가격, 대금 납부 일정, 대출 조건 등
- 양측의 권리와 의무: 매수자의 대금 지급, 매도자의 권리 이전 의무
- 위약금 및 계약 해지 조건: 매도자나 매수자의 의무 불이행 시 발생할 수 있
  는 벌금 및 해지 조항
- 기타 조건: 잔금 납부 이후 부동산의 소유권 이전 시점, 부동산 인도 시기 등

매매계약서는 법적 구속력을 가지기 때문에, 매수자는 계약서의 모든 조건을 꼼꼼히 검토한 후 서명해야 한다. 특약사항에 독소조항이 없는지 면밀하게 검토한다.

매수자 입장에서는 매도자의 불법행위에 대해 그대로 승계할 경우 발생할 수 있는 리스크를 충분히 확인해야 한다. 매도자가 알고 할 수도 있고 모르고 할 수도 있는 다양한 불법행위가 계약을 체결하는 순간 매수자에게 승계될 수 있는 여지가 있음을 명심하자.

매도자 입장에서는 중도금, 잔금 납입 일정에 대한 명확한 이행 조건을 기재하는 것이 좋다. 만약 납입 일정이 지연되면 서면으로 최고 후 계약 미이행에 따른 계약금 몰취 등 구체적인 조건을 확인한다.

매수자 입장에서는 매도자와 실제 대면해 계약하지 않는 상황이라면 여기에서 발생할 수 있는 리스크를 관리해야 한다. 소유권자가 치매나 병환으로 인해 자녀나 배우자가 인감도장을 가지고 계약에 참여하려 한다면, 반드시 위임장과 부동산 거래용 인감증명서 발급 여부를 확인해야 한다. 전화나 영상통화로 의지를 확인하는 것도 방법이지만 가장 좋은 방안은 매도자와 대면해 직접 계약을 체결하는 것이다.

가끔 계약일 당일에 계약 금액의 130%, 150%, 200%로 더 주겠다고 매도자를 현혹해 타 건물 중개인이 매도자를 빼돌리는 경우도 발생할 수 있으니, 계약 당일까지 꾸준히 소통해 매도자의 마음이 변하지 않도록 관리하는 것도 중요하다. 또한 공동지분으로 되어 있는 부동산이라면 지분권자가 단 1명이라도 참석하지 않거나 계약을 반대할 경우 계약을 포기하는 상황으로 전개될 수 있음을 인지하고 관리해야 한다.

가장 최악의 상황은 대금을 지급하고 소유권을 이전하는 단계에서 발생하는 사고다. 이를 미연에 방지할 수 있도록 계약서를 꼼꼼히 작성해야 한다. 모든 계약 과정은 문서로 주고받는 것이 안전하며, 카톡이나 문자메시지도 유효하지만 가장 안전한 방법은 동영상 녹화 혹은 녹음이다.

매도자가 여러 명이고, 필지도 여러 개인 건물을 매수할 때는 계약 서류도 수백 장이 될 수 있다. 건물 중개인뿐만 아니라 부동산 전문 변호사의 법적 조력이 반드시 있어야 한다.

클로징 서류(Closing Documents)
마지막까지 긴장을 늦추지 마라

거래의 마지막 단계에서는 꼼꼼한 점검이 필요하다. 이 서류들은 소유권 이전 및 최종 대금 지급과 관련된 중요한 서류로, 거래를 공식적으로 마무리하는 역할을 한다. 최종 잔금 납입을 한 후에는 납입대금에 대한 지급을 증명하는 확인서 혹은 영수증과 부동산에 대한 세금이 모두 납부되었음을 확인하는 서류들을 챙겨서 잘 분류해놓아야 한다. 특히 등기권리증을 각별히 관리해야 한다.

가장 좋은 방법은 모든 서면을 디지털 파일로 스캔해 하나의 폴더에 관리하는 것이다. 최종적으로 은행에서 대출을 사용했을 경우 근저당이 설정되고 해당 내용은 등기부등본에서 열람할 수 있다.

이렇듯 각 서류는 거래의 진척 상황을 명확히 하고 양측의 책임과 의무를 분명히 해서 불필요한 리스크를 줄인다.

매수자는 각 서류 작성 시 구체적이고 명확하게 지시하고 서류 내용을 이해해 협상 과정에서 주도권을 잡을 수 있어야 하며, 이를 통해 원하는 조건에 따라 거래가 성사될 가능성을 높이는 것을 목표로 삼아야 한다. 매수 의향서 양식이 필요하면 다음의 양식을 사용하면 된다.

QR에 접속하면 서류 양식 엑셀 파일을 다운로드하고 비대면으로 작성 코칭도 받을 수 있습니다.

1. 매수자 기본 정보	성명 [법인 경우 법인명]	
	주민등록번호 [법인 경우 사업자등록번호]	
	대표자 성명 [법인 경우]	
	주소 [법인 경우 법인주소]	
	연락처	
	E-mail	
	사업 목적	
2. 매입 대상 정보	물건의 위치 [주소]	
	건물 유형	[예 : 근생 빌딩 / 사무용 빌딩 / 주거용 건물 등]
	연면적 및 층수	[m² 또는 평수 / 지하 0층 : 지상 0층]
3. 매입 조건	제안 매입 금액	[구체적 매입 금액 기재]
	계약금	[전체 매매 금액 대비 비율 % 및 금액]
	중도금 및 잔금 납부 일정	[예 : 계약 후 잔금 납부 일정 및 금액 등]
	대출 사용 계획	[대출 사용 여부 : YES or NO / 예상 대출비율 %]
4. 매입 목적 및 사용 계획	매입 목적	[예 : 신규 사옥 / 상가 임대 / 상업용 시설로 이용 등]
	건물 사용 계획	[예 : 리모델링 계획 / 상업용 공간 확장계획 / 현재 상태 유지 등]
5. 매입 의향 조건	조건부 사항	• 목적물에 대한 기술 검토 결과에 따른 협의 • 목적물의 법적 상태 확인 및 문제 발생 시 조건부 조정 협의 • 임차인 현황 확인 후 임대차 계약 상태에 따른 협의
	특약 사항	• 토지 경계 측량 및 구조물 안전성 검토 결과에 따른 협의 • 전문가의 현장 세부 실사 결과에 따른 협의

6. 매입 계획 및 자금 조달 계획	잔고 증명서	[필요시 잔고 증명서 제출]
	매입 자금 조달 계획	[예 : 자본금 및 대출 자금을 포함하여 매수계획 수립 중 등]
	사업 계획서	[필요시 제출 준비]
7. 협의 요청 및 회신 요청	요청 사항	•매도인의 대출 부담 여부 확인 및 협의 •건물 유지보수 현황 및 관리비 내역 요청 •임차인 계약내용 및 계약 만기 정보 확인 요청
	매도인의 회신시기	[예 : 요청일로 부터 3일 이내 등]
	매도인의 서류	[예 : 등기부 등본(인적사항 표기된) / 건물물대장 (건물도면 첨부) / 토지대장 / 관리용 건물도면 등]
8. 유효 기간	매수 의향서의 유효 기간	[이 의향서는 발행일로부터 00일 동안 유효합니다.]
9. 첨부 서류 [필요 시]	사업자등록증 사본 [법인일 경우]	
	잔고 증명서	
	사업계획서 초안 [필요시]	
	기타 관련 서류 [필요시]	
10. 서명	매수자 성명 및 서명 [법인의 경우 법인명]	
	의향서 제출 일자	

• 주의 사항: 본 매수 의향서는 법적 구속력이 없는 제안서로, 매도인과의 협의 및 동의를 전제로 한 매수자의 의향을 표시한 문서입니다. 최종 계약은 양측의 동의와 법적 검토가 이루어진 후 체결됩니다.

본 의뢰서는 당사자의 동의 없이 외부로 유출시 **민·형사상** 책임이 따를 수 있습니다.

이 템플릿을 통해 매수자의 의향과 조건을 명확히 정의하여 매도인에게 전달할 수 있습니다. 가능한 구체적인 금액, 조건, 필요한 검토 사항 등을 상세히 기재하여, 매도인이 매수자의 진정성을 이해하고 협의할 수 있도록 돕습니다.

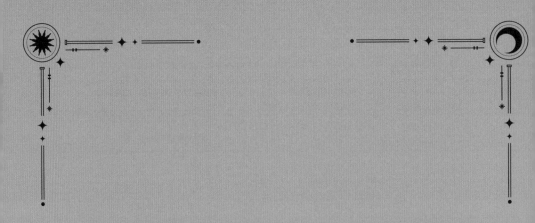

마이빌딩 장충 프로젝트
워크숍 비밀 노트

∙∙∗∗∙∙ 기간: 2024년 3Q~2025년 1Q ∙∙∗∗∙∙

이 노트에는 오직 '사실'만 담겨 있다.

부동산 거래의 전 과정을, 단 한 줄의 과장 없이 기록했다.

이대로만 따라간다면,

누구나 안전하게 '건물주가 되는 마법'을 직접 체험할 수 있을 것이다.

온라인 임장 실행하기

온라인 임장

☑ 주변 상권 분석

유동인구 수는 일평균 48,604명 이고 밀도는 111,842명/ha 입니다.

전년 동분기 대비 ↑**7,826명**   전분기 대비 ↑**1,813명**

서울특별시 중구 장충단로8가길 2-1은 유동인구가 증가하고있는 지역입니다. 경쟁 업소출현을 경계하세요.

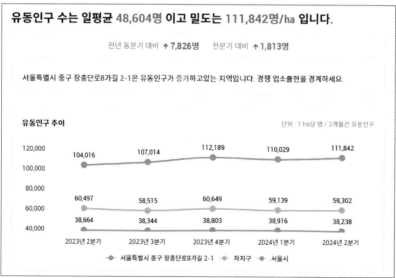

유동인구 추이   단위 : 1 ha당 명 / 3개월간 유동인구

	2023년 2분기	2023년 3분기	2023년 4분기	2024년 1분기	2024년 2분기
서울시	104,016	107,014	112,189	110,029	111,842
자치구	60,497	58,515	60,649	59,139	59,302
서울특별시 중구 장충단로8가길 2-1	38,664	38,344	38,803	38,916	38,238

◆ 서울특별시 중구 장충단로8가길 2-1   ◆ 자치구   ◆ 서울시

출처: 서울시 상권분석 서비스

1. 상권의 발전 가능성

1) 상업 및 문화적 인프라

- 장충동 일대는 동대문 패션타운과 인접해 있어 유동인구 풍부
- 특히 동대문 시장에 대한 국내외 여행객의 높은 인지도와 근처 남산 타워 및 동대문디자인플라자(DDP) 같은 관광 명소는 지역 상권에 긍정적 영향. 관광객뿐 아니라 패션 및 문화 산업 종사자들도 유입이 많아 상권의 지속적인 활성화 가능성 증대

2) 주변 상권과의 연계

- 인근의 충무로, 을지로, 동대문 등지의 상권과 연계되어 있어 유동인구가 넓은 범위로 분포 최근 몇 년간 을지로 일대가 새로운 힙스터 및 젊은 층을 위한 공간으로 떠오르면서 이와 연결된 장충동 상권도 활기를 얻고 있음. 또한 다양한 음식점과 전통 시장이 공존해 지역적 특색을 유지하면서도 새로운 상권과 연계된 성장 가능성이 높음

3) 거주지와의 인접성

- 장충동은 주거 지역과도 인접해 있어 생활 밀착형 상권이 발전할 수 있는 조건을 갖추고 있음. 특히 다세대 주택과 아파트가 혼재하는 지역으로, 다양한 소비층을 대상으로 하는 상업 활동이 가능

2. 교통 접근성

1) 대중교통 편리성

- 장충동 일대는 지하철 3호선과 2, 4, 5, 6호선이 인접해 있어, 주요 지하철 노선으로의 접근성이 높음. 특히 동대입구역(3호선)과 동대문역사

문화공원역(2, 4, 5호선) 등이 가까워 서울 도심 및 강남권으로의 이동이 편리. 이를 통해 다양한 계층의 소비자들이 접근 가능

2) 버스 및 도로 교통

- 다양한 노선의 버스가 지나가는 곳이어서 대중교통을 통한 접근성이 좋음
- 더불어 퇴계로 및 남산순환로가 인근에 위치해 차량을 이용한 접근성이 뛰어남. 서울 중심부에 위치해 강남과 종로, 명동, 동대문 등의 서울 내 주요 지역과 접근성이 우수하며, 주변 주요 도로를 통한 차량 이동도 편리함

3. 요약

- 해당 사업지 주변은 서울 중심부라는 지리적 이점과 관광지 및 문화적 요소와의 접근성 덕분에 상권의 지속적인 발전 가능성이 매우 높음. 대중교통 접근성도 뛰어나 외부 인구 유입이 용이. 따라서 발전 가능성과 유동인구 면에서 긍정적인 평가 가능

☑ 유사한 건물의 평균 매매가 및 임대료

구분	번호	지번	용도지역	거래일	대지면적		연면적		매매가	평단가		비고
					㎡	평	㎡	평		대지면적	연면적	
장충동1가	SITE		제2종일반주거지역, 지구단위계획구역	-	139.20	42.11	131.24	39.70				B0/2F, 사용승인일 : 미상
	1		제3종일반주거지역, 지구단위계획구역	2021-07-30	440.70	133.31	1,334.65	403.73				B1/6F, 사용승인일 : 1992-11-13
	2		제2종일반주거지역, 지구단위계획구역	2024-02-15	290.90	88.00	647.46	195.86				B1/4F, 사용승인일 : 1991-01-28
광희동2가	1		제2종일반주거지역, 지구단위계획구역	2024-06-10	118.70	35.91	202.93	61.39				B0/4F, 사용승인일 : 2004-10-11
	2		제2종일반주거지역, 지구단위계획구역	2024-10-21	234.70	71.00	517.40	156.51				B1/4F, 사용승인일 : 1986-10-07
	3		제2종일반주거지역, 지구단위계획구역	2024-05-21	47.60	14.40	-					토지 거래
	4		제2종일반주거지역, 지구단위계획구역	2021-12-09	41.70	12.61	32.20	9.74				B1/1F, 사용승인일 : 1967-11-30
	5		제2종일반주거지역, 지구단위계획구역	2022-09-29	36.00	10.89	19.64	5.94				B0/1F, 사용승인일 : 미상
	6		제3종일반주거지역, 지구단위계획구역	2021-02-15	29.80	9.01	44.46	13.45				B0/2F, 사용승인일 : 미상
	7		제4종일반주거지역, 지구단위계획구역	2024-08-09	89.30	27.01	-					토지 거래
	8		제4종일반주거지역, 지구단위계획구역	2024-08-23	92.60	28.01	49.59	15.00				B0/1F, 사용승인일 : 미상

출처: 각종 부동산 정보 사이트의 실거래가를 중심으로 조사해 작성

1. 상업용 건물

1) 매매가

- 2000년대 이전에 지어진 구옥 중심으로 평당 약 3천만 원에서 6천만 원 사이에 실거래가 형성. 대로변 상권의 인접해 있거나 교통 접근성이 뛰어난 건물은 더 높은 평당가에 매매

2) 임대료

- 1층 상가의 경우 평당 임대료는 보통 평당 월 7만~20만 원 정도. 인기 있는 상권은 평당 30만 원 이상, 상층부의 경우 임대료가 더 낮아지는 경향

2. 주거용 건물(빌라, 다세대 주택 등)

1) 매매가

- 최근 기준으로 빌라 및 다세대 주택의 경우 평당 매매가는 약 1,500만 원에서 3천만 원 수준. 건물의 연식과 편의시설에 따라 가격 차이 존재

2) 임대료

① 원룸/1.5룸 다세대 주택

- 보증금: 약 500만~1천만 원

- 월세: 월 40만~70만 원

- 원룸이나 1.5룸 형태는 학생이나 직장인 수요가 많으며, 장충동은 교통 접근성이 좋아 비교적 안정적인 임대 수요를 유지

② 2룸 다세대 주택

- 보증금: 약 1천만~3천만 원

- 월세: 월 50만~100만 원

- 방 2개와 거실, 화장실이 있는 형태는 1~2인 가구나 소형 가족에게 인기가 있으며, 해당 유형의 임대료는 건물의 연식과 위치에 따라 차이 존재

  ※ 상기 임대료는 대략적인 범위이며, 특히 장충동 일대는 서울의 중심지로서, 주변 도로와의 인접성, 건물의 관리 상태와 편의 시설 유무, 방음 및 단열 성능, 내부 인테리어 등에 따라 차이 발생

☑ 건물 내 입주 업종과 주요 고객층

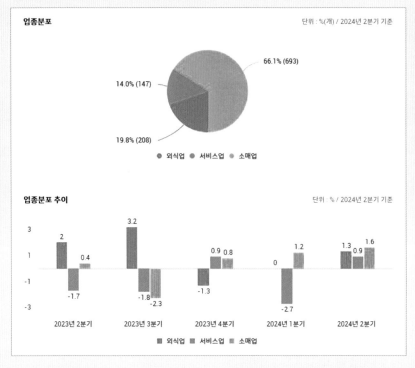

출처: 서울시 상권분석 서비스

1. 적합한 입주 업종

1) F&B(Food and Beverage) 업종

① 프리미엄 카페/디저트: 장충동과 인근 지역은 남산 및 동대문 관광지와 가까워 관광객뿐 아니라 인근 직장인 및 지역 주민들 사이에서 휴식 공간에 대한 수요가 많음. 특별한 인테리어와 브랜드 개성이 있는 프리미엄 카페는 특히 관광객과 젊은 층에 대한 유인 요소

② 트렌디한 음식점: 한식, 양식, 일식 등 다양한 종류의 고급 레스토랑이나 트렌디한 퓨전 음식점은 관광객과 인근 직장인, 거주민 모두에게 인기를 끌 수 있음. 특히 점심과 저녁 시간대의 직장인 수요가 높을 것으로 예상

2) 헬스 & 뷰티 업종

① 피트니스 센터: 인근 주거 지역을 대상으로 한 헬스케어 시설에 대한 수요가 높음. 특히 오피스텔이나 주거 건물이 밀집한 곳이므로, 피트니스 센터나 요가, 필라테스 센터 등은 인기 업종이 될 가능성이 높을 것으로 예상

② 뷰티 살롱/스킨케어 클리닉: 트렌디한 미용실이나 스킨케어, 마사지 등의 뷰티 관련 시설은 젊은 층과 관광객의 발길을 끌기에 적합

3) 리테일 & 라이프스타일 숍

① 소형 편집숍 또는 라이프스타일 매장: 인테리어 소품, 패션, 생활용품 등을 판매하는 편집숍은 지역 주민과 관광객에게 매력적인 상품으로 어필 가능. 독특한 제품을 판매하는 소형 상점은 젊은 층과 여성 방문객의 발길을 끌기에 적합

② 편의점/생활 밀착형 서비스: 거주민을 위한 편의점, 세탁소, 혹은 생활 서비스를 제공하는 매장은 지속적인 수요 기대 가능

2. 예상 주요 고객층

1) 관광객

- 장충동1가 인근은 남산, 동대문, 장충체육관 등 서울의 관광 명소와 가깝기 때문에, 이 지역을 방문하는 국내외 관광객들이 주요 고객층으로 유입. 이들은 일반적으로 독특하고 지역적인 경험을 추구하며, 고급 음식점, 디저트 카페, 라이프스타일 숍 등을 선호하는 경향

2) 직장인

• 장충동 및 인근 지역은 서울의 업무 지구와 가깝기 때문에 인근 직장인들 이 유입. 이들은 주로 점심과 저녁 시간대에 유동인구를 형성하며, 빠르 고 간편한 음식점, 커피숍, 휴식 공간을 필요로 함. 또한 운동 시설과 간 단한 생활 서비스에 대한 수요도 높음

3) 거주민

• 장충동은 다세대 주택과 소형 주거 시설이 밀집해 있는 지역이므로, 1~2인 가구 거주자가 많음. 이들은 일상생활에 필요한 편의점, 세탁소, 피트니스 센터 등을 선호할 가능성이 높으며, 주변에서 간단한 외식을 즐 길 수 있는 카페나 소규모 음식점에도 수요가 있을 것으로 보임

• 이러한 상권 분석을 바탕으로 해당 사업지의 신축 건물에는 관광객과 직 장인을 대상으로 하는 카페나 레스토랑, 피트니스 센터와 같은 업종이 적 합, 지역 거주민을 위한 편의 시설을 배치하면 상권 형성에 유리할 것

☑ 주요 교통 접근성

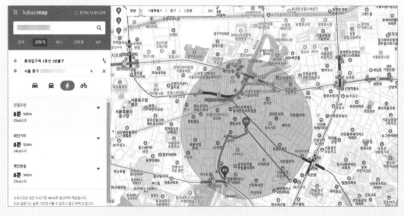

출처: 카카오맵

1. 지하철 접근성

1) 동대입구역(지하철 3호선)

① 거리 및 위치: 도보로 약 5~10분 거리로 접근이 용이

② 노선 및 이동 편의성

- 3호선: 서울의 중심 업무 지구와 연결되며, 강남과 종로 일대로 이어져 출퇴근 시간대 유동인구가 많음, 강남 방면으로 압구정, 신사, 고속터미널 등으로 빠르게 이동할 수 있고, 종로 방면으로는 경복궁, 안국, 독립문 등 서울 북부로의 이동도 편리

2) 동대문역사문화공원역(지하철 2, 4, 5호선)

① 거리 및 위치: 약 도보 5~10분 접근이 용이, 주요 환승역으로서 다양한 노선 접근이 가능

② 노선 및 이동 편의성

- 2호선: 강남, 잠실, 건대입구 등 강남 및 강동 지역과 연결되어 중심 상권과의 접근성 우수 또한 시청, 을지로, 신촌 등과도 연결되어 서울 전역으로의 이동이 편리
- 4호선: 명동, 회현, 서울역, 사당 방면과 연결되며, 서울역 환승을 통해 공항철도로도 연결
- 5호선: 여의도와 광화문 등으로 이어져 직장인들이 많이 이용하며, 김포공항으로의 이동도 가능

3) 청구역(지하철 5, 6호선)

① 거리 및 위치: 도보로 약 15분 거리로 다소 거리가 있지만, 5호선과 6호선을 이용 가능

② 노선 및 이동 편의성

- 5호선: 광화문, 여의도, 방화 등 서울 주요 지역을 연결하며, 동서 방향으로 빠르게 이동 가능

- 6호선: 이태원, 상수, 합정, 공덕 등 서울 도심과 인기 상권을 지나가며, 6호선 라인은 다양한 환승 기회를 제공해 서울 전역으로 이동이 가능

2. 버스 접근성

1) 간선버스

- 144, 301, 420번 등 강남, 서초, 종로, 여의도 방면으로 이동 가능. 서울 주요 상업 및 업무 지역과 연결되어 출퇴근 유동인구가 풍부

2) 지선버스

- 7212번 등 중구와 동대문구 등 인접 지역으로 이동하는 노선이 있어 근거리 이동에 용이

3) 공항버스

- 인근 지역에서 인천공항 및 김포공항으로 이어지는 공항버스를 이용할 수 있어 외국인 관광객과 출장객의 접근이 용이

3. 차량 접근성 및 주요 도로

- 퇴계로와 남산순환로가 인접해 강북과 강남 간 이동이 편리하며, 도심 내에서도 차량 이동이 수월

☑ 공실률 및 거래량 변화 추이

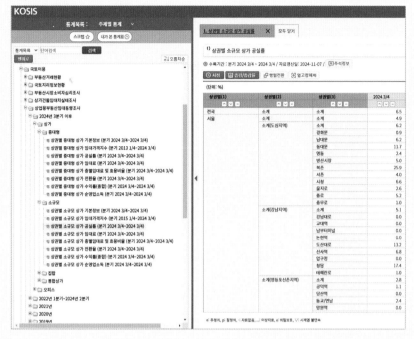

1. 공실률

1) 주택

- 장충동1가 일대는 서울의 중구 중에서도 인구 밀집 지역에 해당해 일반 적으로 낮은 공실률을 보이는 편. 특히 2022~2023년 사이 서울 중심 지의 아파트와 빌라 수요가 높았던 점을 고려할 때, 해당 지역 주택 공실 률은 3% 미만으로 안정적인 상태를 유지하고 있을 가능성이 높음

2) 상가

- 장충동1가 인근은 상업용 부동산의 경우 소규모 상점과 관광객 대상 상 업 시설이 많은 편. 코로나19 기간 동안 공실률이 일시적으로 높아지긴

했지만, 최근 들어 관광 수요 회복과 함께 공실률이 하락세를 보이고 있음. 일반적으로 상가 공실률은 6~8% 수준으로, 서울의 중심 상업지구 대비 낮거나 비슷한 편으로 분석

2. 거래량

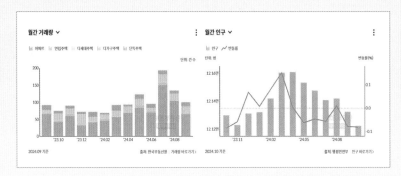

출처: KB 부동산 데이터허브

1) 주택

- 중구는 1인 가구와 외국인 거주자들의 비율이 높아, 월세나 전세 거래가 활발하게 이루어지는 편. 장충동 일대는 특히 남산을 끼고 있어 주거 선호도가 높은 만큼 매매보다는 임대 거래가 주를 이루고 있음. 최근 몇 년간 매매 거래량이 크게 증가하지는 않았지만, 임대 수요는 지속 증가

2) 상가

- 상가 거래량은 명동, 을지로, 동대문 등에 비해 상대적으로 낮지만, 소규모 개인 창업자들이 유입되면서 임대 거래는 꾸준한 추세. 특히 음식점, 카페, 숙박업소 등 관광 관련 업종이 많이 입점해 있어, 임대 거래가 주요 거래 활발하게 이루어지고 있음

☑ 향후 개발 계획 및 호재 여부

'6,200억원 규모' 신당10구역, 이달 23일 시공자 현설

컨소시엄 금지… 입찰보증금 250억원
35층 아파트 1,423세대 등 건립 예정

출처: 한국주택경제

남산주변도 15층…서울 스카이라인 바뀐다

박진우 기자 ☆

입력 2024.01.18 18:36   수정 2024.01.19 01:21   지면 A29   가 가

출처: 매일경제신문

중구, 장충동 일대 개발 숨통 틔운다…"건물 높이 대폭 완화"

퇴계로 남측 건물 높이 30→50m 완화 추진…13일 주민설명회

정준영
입력 2024.11.07 09:05:05

출처: 한국경제신문

1. 향후 개발 계획

1) 재정비촉진지구와 연계

- 주변 신당10구역 및 세운재정비촉진지구와 연결되며, 해당 구역들과의 시너지 효과로 대규모 재개발이 이루어질 가능성이 높음. 장충동 일대는 오래된 건축물이 많아 대규모 재건축과 정비사업의 중심지가 될 가능성 증대

2. 향후 호재(2025년 3월 기준)

1) 지구단위계획 변경안

- 중구청은 장충동 일대의 과도한 건축물 높이 제한을 완화하고, 새로운 개

발 동력을 마련하기 위해 지구단위계획을 재정비 중. 이는 기존 건물 높이 제한(최대 30m)을 50m까지 허용하며, 노후 건축물의 재건축과 개발을 촉진할 수 있는 기반을 제공

2) 2종 일반주거지역 200% → 250% 용적률 한시적 완화
- 서울의 2종 일반주거지역 용적률이 법 상한선인 250%까지 완화된다. 3종 일반주거지역은 300%까지 지을 수 있다. 서울시가 건설산업 활성화를 위해 조례로 제한했던 용적률의 빗장을 3년 한시적으로 풀기로 했다(2025년 5월 시행 예정).

3) 특별계획구역 신설
- 특정 지역의 개발 가능성을 확대하기 위해 특별계획구역 2곳이 신설될 예정임. 이를 통해 상업 및 주거 복합 개발이 활성화될 가능성 기대

4) 관광 및 상업 활성화
- 인근 명동과 동대문 상권, 남산 관광지 등과의 연계성이 높아, 상업과 관광 수요 증가에 따른 지역 경제 활성화가 예상

☑ 신규 브랜드 또는 프랜차이즈 입점 여부

1. 주요 프랜차이즈 입점 사례

1) 스타벅스 장충라운지 R점

- 리저브 컨셉을 도입한 고급 매장으로, 믹솔로지 칵테일 및 에스프레소 트레이 메뉴 등 다양한 F&B 메뉴 제공. 야외 테라스와 아늑한 인테리어가 특징

※ 해당 지역은 「장충동 일대 지구단위계획구역」에 포함된 지역으로서 「가맹사업거래의 공정화에 관한 법률」 및 「가맹사업 진흥에 관한 법률」에서 정하는 '가맹사업'을 통해 개설된 업종 중 일반음식점, 휴게음식점, 제과영업점의 경우 입지를 불허. 단, 바닥면적 100m²미만의 규모에 입점하는 경우 또는 한옥 등 건축자산을 보호하는 경우에는 예외

※ 이에 따라 프랜차이즈 업종의 진입에 대한 제약이 있어 프랜차이즈 업종이 상대적으로 비활성화된 지역임

☑ 상권 내 기존 브랜드 유지율

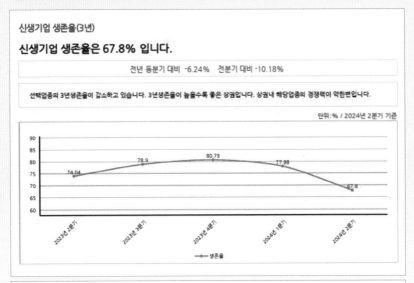

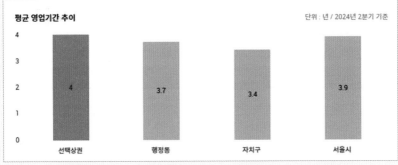

1. 상권 내 신생기업 생존율 및 평균 영업기간 추이

- 업종 전체의 평균 영업기간(최근10년 기준)은 4년, 자치구 평균은 3.4년, 서울시 평균은 3.9년으로 집계. 본 상권은 약 4년으로서 서울시 평균보다 0.1년, 자치구 평균보다 0.6년 높아 비교적 양호한 편으로 조사

☑ 신규 브랜드 또는 프랜차이즈 입점 여부

출처: 파라다이스

1. 인근 지역 개발 계획

1) 파라다이스 호텔 프로젝트

- 2028년 오픈을 목표로 외국인 VIP 고객을 겨냥해 하이엔드 플래그십 호텔 개발이 장충동 일대에서 진행 중. 전체 1만 3,950m² 부지에 지하 5층, 지상 18층, 객실 약 200개 규모로 조성되고, 호텔과 관련된 상업시설이 추가적으로 유입될 가능성이 있음

☑ 주변 거주 인구 증가율과 지역 성장 가능성

주거인구는 6,146명이고 밀도는 155명/ha 입니다.

전년 동분기 대비 -894명   전분기 대비 0명

선택상권은 전년에 비해 주거인구가 감소하고 있습니다. 매출변화의 관찰이 필요합니다.

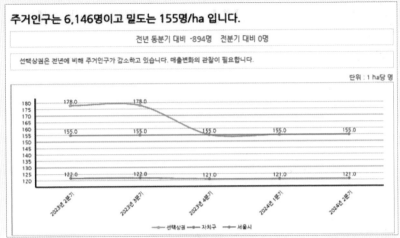

서울시 상권분석 서비스

1. 주거 인구 증가율 추이

1) 거주 인구 현황

- 해당 지역의 거주 인구는 6,146명(2024년 기준)으로, 이는 1ha당 약
155명. 최근 1년간 거주 인구는 약간 감소 추세, 전년 대비 약 894명 감
소. 이는 기존 주거지의 노후화와 젊은 세대의 이탈로 인해 발생한 것

2) 인구 변화의 주요 요인

- 재개발 및 고급화: 최근 장충동 일대는 고급 브랜드 및 신규 F&B 매장의 유입으로 상업지구화되고 있으며, 이는 중산층 및 젊은 전문직 계층의 이주 가능성을 높이는 요인

- 고도 제한 완화: 장충동 지역의 고도제한 완화는 신규 주택 공급 및 재개발 프로젝트를 촉진해 거주 인구의 회복 가능성을 제고

2. 지역 성장 가능성

1) 상업 및 거주지의 조화

- 장충동1가는 서울 중심부의 상업 및 주거 복합 지역으로, 주변 관광지(남산, 명동 등)와의 연계성이 강점

- 관광객 및 지역 주민 유치 상업 시설 확장(예: 스타벅스 장충라운지, 한와담 등)은 지역 경제 활성화와 거주지의 수요를 증가시킬 가능성 증대

2) 기반 시설 확충

- 교통 인프라: 동대입구역(지하철 3호선) 및 동대문역사문화공원역(지하철 2,4,5호선)과 주요 버스 노선을 통한 시내 중심부와 교통 접근성이 우수하며, 남산 터널과의 연결로 강남권 접근도 용이

- 교육 및 의료: 인근에 명문 학군과 대형 의료시설(서울대병원)이 있어 가족 단위 거주민 유치에 유리

3) 재개발 및 정책 지원

- 재정비촉진지구 및 특별계획구역 신설: 장충동1가는 서울시의 재정비 및 도시계획에 포함되어 있어 장기적인 성장 가능성이 큼. 상업용지와 주거

용지 간 균형을 유지하며 도시 환경을 개선하는 프로젝트가 계획 중으로 서 향후 도시 미관 및 경관 등의 개선 가능성이 높음

☑ 주요 고객층의 연령대와 구매력

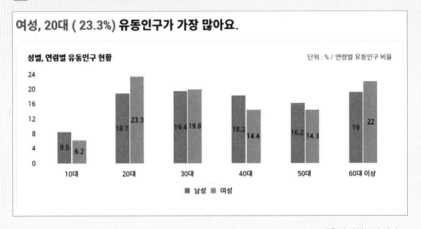

여성, 20대 (23.3%) 유동인구가 가장 많아요.

서울시 상권분석 서비스

1. 주요 고객층의 연령대

1) 연령대

- **20대(23.3%):** 주 방문층으로, 주로 쇼핑과 여가 활동에 집중. F&B 업종 소비 및 관광지 방문이 주요 활동

- **30대(24.2%):** 외식 및 쇼핑뿐 아니라 업무 방문 목적도 포함. 이들은 고급 레스토랑, 커피숍 등 고품질의 서비스를 선호

- **40대 이상(30% 이상):** 가족 단위 방문과 관광 활동을 주도하며, 낮 시간대 이동이 두드러짐. 소매 및 전통 음식점 이용률이 높음

2) 시간대별 연령 분포

- 오전(06:00~11:00): 30, 40대 비중이 높으며, 직장인과 관광객 중심

- 오후(11:00~17:00): 20대와 관광객이 주로 활동

- 저녁(17:00~21:00): 30대의 외식 및 여가 활동 비율 증가

2. 주요 고객층의 구매력

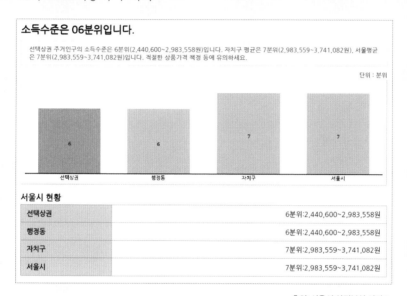

소득수준은 06분위입니다.

선택상권 주거인구의 소득수준은 6분위(2,440,600~2,983,558원)입니다. 자치구 평균은 7분위(2,983,559~3,741,082원), 서울평균은 7분위(2,983,559~3,741,082원)입니다. 적절한 상품가격 책정 등에 유의하세요.

단위 : 분위

서울시 현황

선택상권	6분위:2,440,600~2,983,558원
행정동	6분위:2,440,600~2,983,558원
자치구	7분위:2,983,559~3,741,082원
서울시	7분위:2,983,559~3,741,082원

출처: 서울시 상권분석 서비스

1) 소득 수준

- 지역 거주 인구의 소득 수준은 평균 6분위(월 244만~298만 원)이며, 이는 서울시 평균(7분위)보다 낮지만 소비 중심 방문객의 평균 구매력은 높을 가능성으로 예상

- 상업시설 이용객은 외부 고소득층 유입 비율이 높은 편

2) 소비 패턴

① 음식 소비(70.6%): 외식 업종의 높은 비중이 이를 뒷받침하며, 특히 20~30대가 주요 소비층

② 교통 및 여가(11.4%, 8.6%): 관광객과 직장인의 단기 소비 경향을 보여 줌. 방문객의 구매력은 거주 인구 대비 높으며, 남산, 명동과 같은 고급 관광지와의 근접성이 기여 요소로 작용. 신규 고급 브랜드(스타벅스 리저브, 고급 레스토랑 등) 입점이 구매력 있는 고객층 유입을 강화

☑ 고객층의 소비 성향

1. 카페 및 F&B

1) 소비 성향

- 고급 커피와 독특한 메뉴 선호: 인근의 스타벅스 장충라운지 R점, 콘드에 삐삐, 태극당 같은 F&B 매장의 입점은 고객들이 고급화된 커피 및 베이커리 등에 대한 수요가 있음을 알 수 있음

2) 주요 소비층

- 20~30대 고객이 가장 활발하며, 주말과 저녁 시간대 방문률이 높음

2. 레스토랑 및 외식

1) 소비 성향

- 고급 레스토랑과 로컬 맛집 선호: '한와담 이재'와 같은 고급 한식 레스토랑과 루프탑 바 '한잔 남산'은 고소득층 및 외국인 방문객을 타깃으로한 외식 소비를 주도

2) 주요 소비층

- 주로 점심과 저녁 시간대에 내국인 및 외국인 관광객 또는 회식 중심의 직장인 소비가 활발

3. 소매점 및 쇼핑

1) 소비 성향

- 지역 기반의 소형 상점 선호: 전통적으로 장충동은 소규모 소매점과 전통 상점이 강세였으나, 최근 소매점은 현대화와 고급화 경향을 보이고 있음

2) 주요 소비층

- 관광객들은 명동과 동대문과의 접근성을 활용하며 쇼핑을 병행
- '다산성곽길'을 중심으로 공방 및 패션 쇼룸이 활성화되며, 젊은 소비자들이 주로 방문

4. 쇼핑몰 및 기타 대형 상업시설

1) 소비 성향

- 대형 쇼핑몰보다는 소규모 상점과 개별 매장이 중심
- 최근에는 인근 명동과 동대문 쇼핑몰에서 유입되는 고객들의 쇼핑 수요가 이 지역 소매업에도 영향을 미치고 있음

5. 요약

① 주요 소비층: 20~30대가 핵심 고객층이며, 고급화된 서비스와 독특한 경험을 제공하는 매장에 집중

② 소비 시간대: 점심과 저녁 시간대에 소비가 집중, 주말에는 여가 목적 소

비가 증가

③ 소비 경향: 외식(F&B)과 커피 문화에 높은 관심, 관광 및 여가와 결합한 소비 형태가 두드러짐

④ 전망: 장충동1가 일대의 소비 성향은 고급화와 차별화를 중심으로 발전하고 있으며, 지역 내 신규 상점의 입점 확대와 밀접하게 연결. 관광지 접근성과 상권의 프리미엄화는 지속적으로 소비를 유도할 것으로 예측

☑ 지역 주민과 외부 유동인구의 비율

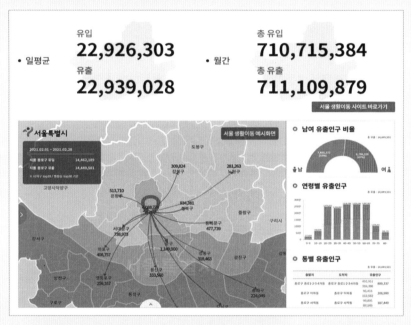

출처: 서울 열린데이터 광장

1. 인구 규모

- 거주 인구: 6,145명(155명/10,000m²)

- 일 평균 유동인구: 48,604명(2024년 2분기 기준)

2. 유동인구 비율

- 거주 인구: **12%**
- 일 평균 유동인구: **88%**

☑ 계절 또는 특정 시기별 방문 증가율

행정구역	2022년 2분기			2023년 2분기			2024년 2분기		
	길단위 유동인구	주거 인구	직장 인구	길단위 유동인구	주거 인구	직장 인구	길단위 유동인구	주거 인구	직장 인구
⊟ 서울시전체	92,780	305	73	90,360	309	73	88,856	290	73
⊞ 종로구	60,613	158	58	59,546	164	58	57,962	146	58
⊟ 중구	102,823	246	115	98,013	258	115	90,732	232	115
경향신문사 (순화동)	7,808	3	297	7,940	4	297	7,613	3	297
관성묘 (장충동)	57,988	78	137	68,028	88	137	61,701	70	137
남산공원입역 (예동)	27,005	133	94	28,450	129	94	38,790	139	94
남산케이블카 (예동)	26,366	54	74	26,264	59	74	25,025	48	74
다산성곽길 (다산동)	70,959	323	19	67,586	352	19	69,453	274	19
동대문역사문화공원역 5번 (광희동)	150,273	203	52	152,777	223	52	85,516	194	52
버티고개 (다산동)	135,911	631	18	127,149	696	18	99,537	592	18
신당역 3번 (신당5동)	153,490	386	40	128,728	419	40	119,193	348	40
약수역 7번 (예수동)	116,491	223	89	134,929	246	89	131,894	186	89
장충단 고개 (다산동)	102,152	277	326	102,790	292	326	76,586	278	326
장충동주민센터 (장충동)	62,730	161	392	69,830	196	392	73,970	172	392

출처: 서울시 상권분석 서비스

1. 계절별

1) 봄/가을(3~5월, 9~11월) 방문율 증가

- 남산과 같은 관광 명소와 야외 활동 선호에 따라 이 시기에 방문객이 약 15~20% 증가. 날씨가 쾌적한 봄에는 도보 관광과 카페 방문 비율이 높아지며, 가을에는 축제와 이벤트로 유입이 많음

2) 여름(6~8월) 다소 감소

- 더운 날씨로 인해 방문율이 다소 감소하지만, 에어컨 시설을 갖춘 카페 및 실내 활동 공간은 꾸준한 유입을 보임. 여름철 평균 방문객은 봄 대비

약 5~10% 감소하나, 남산 방면 저녁 방문객은 지속적으로 유입

3) 겨울(12~2월) 특정 기간에 증가
- 크리스마스 시즌과 설 연휴에는 쇼핑 및 외식 관련 방문율이 급격히 증가하며, 이 시기 매출은 평균보다 약 25% 상승. 날씨 영향을 많이 받는 외부 공간 상권은 감소 추세를 보이는 반면, 실내 활동 공간은 꾸준한 수요 발생

2. 특정 시기별

1) 주말 및 공휴일
- 주중 대비 약 30~40% 증가하며, 남산과 명동을 잇는 방문객이 주요 유입 요인으로 작용

2) 축제 및 이벤트 기간
- 남산과 장충단길에서 진행되는 계절별 축제 및 플리마켓은 해당 기간 동안 방문율을 약 50% 이상 증가시키는 요인으로 작용. 서울시의 로컬브랜드 육성 사업과 같은 지원 정책은 골목 상권 활성화와 방문객 증가에 크게 기여

3) 코로나19 이후
- 사회적 거리두기 해제 이후 야외 관광 및 외식 수요가 증가, 2022년 이후 해당 지역 상권은 평균 방문율이 전년 대비 15~20% 상승하는 추세

오프라인 임장 실행하기

실제 유동인구 현황

☑ 시간대별 유동인구 밀집도 파악

06 ~ 11시 유동인구가 가장 높아요.

06 ~ 11시 유동인구가 가장 높습니다. 오전시간대가 활발한 상권입니다

출처: 서울시 상권분석 서비스

1. 시간대별 유동인구 패턴

1) 출퇴근 시간대(06:00~09:00, 18:00~19:00)

- 아침과 저녁 출퇴근 시간에는 보행량이 크게 증가, 특히 저녁 18:00~19:00는 하루 중 유동인구가 가장 많은 시간대. 이는 업무 종료 후 귀가하거나 여가를 즐기기 위해 이동하는 사람들이 많기 때문

2) 점심 시간대(12:00~14:00)

- 근처 상업시설과 음식점 밀집 지역의 특성상 점심시간에 유동인구가 높고 직장인 중심 상권의 특성과 맞물려 단시간에 밀집도가 상승하는 특징

3) 저녁 시간대 및 주말

- 저녁 19:00~21:00와 주말에는 남산 인근 관광지와 명동, 동대문 등 상업지구로 이동하는 유동인구가 증가. 이는 관광객과 쇼핑객의 유입이 주요 원인으로 작용

☑ 평일과 주말의 유동인구 차이

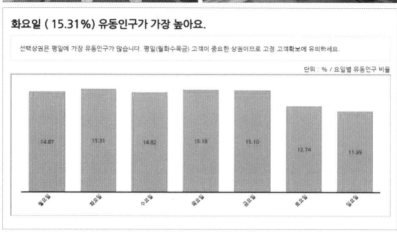

화요일 (15.31%) 유동인구가 가장 높아요.

선택상권은 평일에 가장 유동인구가 많습니다. 평일(월화수목금) 고객이 중요한 상권이므로 고정 고객확보에 유의하세요.

단위 : % / 요일별 유동인구 비율

1. 요일별 유동인구 주요 특징

1) 평일(월요일~금요일)

- 월요일: 주말 대비 유동인구가 감소하는 경향이 있으며, 이는 주중 시작으로 이동 패턴이 활발하지 않은 특징 때문으로 추정
- 화요일: 유동인구가 15.31%로 가장 높음. 이는 지역 내 직장 방문, 업무 목적 이동, 혹은 특정 정기적인 행사 및 프로그램이 집중된 결과로 분석
- 수요일~목요일: 화요일보다 약간 낮은 유동인구를 기록하며, 평균적으로 꾸준한 이동 흐름을 유지

• 금요일: 저녁 시간대(18:00~21:00)에 유동인구가 급증. 주말을 앞두고 쇼핑, 외식, 여가를 즐기기 위한 사람들이 많아지기 때문으로 분석

2) 주말(토요일, 일요일)

• 유동인구가 주중 대비 증가하며, 관광과 여가 활동이 주요 원인. 토요일 은 낮 시간대(12:00~17:00)에 유동인구가 가장 많고, 일요일은 오후와 저녁 시간대에 집중. 이 시간대는 관광객과 근교 주민의 방문이 많음

☑ 특정 시간대 주요 방문자 특징

1. 시간대별 주요 방문자 현황

1) 오전(06:00~11:00)

① 연령대: 30대와 40대가 주 방문층(각각 25% 이상). 주요 연령층은 직장 인 및 근처 학원/학교로 이동하는 20~40대

② 직업군: 직장인 비율이 약 60%로 가장 높음. 이외에는 출근 시간에 인 근 상업시설에서 소비 활동을 위한 소규모 방문객이 포함

③ 방문 목적: 출근, 업무, 간단한 아침 식사

2) 점심(11:00~14:00)

① 연령대: 20~30대가 주를 이루며(약 40%), 근처 직장인과 대학생 유입. 여성 비율이 상대적으로 높음

② 직업군: 주변 기업 근로자, 인근 교육시설의 학생

③ 방문 목적: 점심 식사 및 근처 커피숍, 편의점 등 간단한 쇼핑

3) 오후(14:00~17:00)

① 연령대: 40대 이상의 중장년층 증가(약 30%), 여전히 30대 비율이 강세. 관광객 및 여가를 즐기는 20~30대의 방문도 포함

② 직업군: 관광객 비중이 증가. 소규모 자영업자 또는 프리랜서 방문 가능성

③ 방문 목적: 남산, 동대문, 명동 관광지 방문

4) 저녁(17:00~21:00)

① 연령대: 20대와 30대가 유동인구의 절반 이상을 차지. 남성 방문자 비율이 약간 높아짐

② 직업군: 퇴근 후 식사 및 여가를 즐기는 직장인. 외식이나 쇼핑을 위해 방문한 지역 주민 및 외부 방문객

③ 방문 목적: 외식, 쇼핑, 회식 등 사회적 활동

5) 심야(21:00~06:00)

① 연령대: 20대 후반~30대가 가장 높은 비율. 야간 근무자와 인근 숙소를 이용하는 외국인 관광객 증가

② 직업군: 야간 업무 종사자 및 관광객

③ 방문 목적: 숙소 이동, 일부 음식점 및 카페 이용

☑ 유동인구의 이동 경로

1. 상권 내부 이동 경로

1) 주요 동선

① 중심 거리 및 주요 골목길: 장충단로와 인접한 골목길을 따라 유동인구가 활발히 이동하며, 특히 남산 방면으로 이어지는 경로에서 관광객의 유입이 많음. 남산 한옥마을 및 호텔 시설 주변의 상권 중심에서 남산 방향으로 연결되는 동선은 외식 및 여가 목적으로 이동하는 이들의 주된 경로로 활용

② 거점 시설 간 이동: 상업시설, 음식점, 숙박시설 간 이동이 많아 특정 골목은 피크타임에 밀집도가 높아짐

2. 외부 흐름

1) 외부 유입 경로

① 지하철 및 대중교통 연결: 동대입구역(지하철 3호선)에서 유입된 인구가 상권 중심으로 이동하며, 남산과 명동을 연결하는 축선이 주요 흐름을 생성. 퇴계로 및 버스 노선을 통해 종로와 동대문에서 유입되는 인구도 상당수

② 관광 명소와의 연결성: 남산공원과 서울타워를 방문한 관광객이 동대문과 장충동을 거치는 순환 경로를 형성하며, 상권 활성화에 기여. 명동에서의 쇼핑 후 동쪽으로 이동하는 흐름도 강하게 나타남

2) 외부 방출 경로

① 주요 목적지: 외부 방문객은 명동, 동대문, 강남 등 서울의 중심 상업 지역으로 이어지는 교통망을 통해 이동하는 경향. 관광객은 숙박시설에서

명동 및 인근 관광지를 순회하며 유동 경로를 만들어 냄

② 이동 패턴: 저녁 시간대에는 회식이나 관광을 마친 유동인구가 지하철과

버스를 통해 주거지로 돌아가는 흐름이 관찰

이면도로 입지 현황

☑ 지하철, 버스 정류장의 접근성

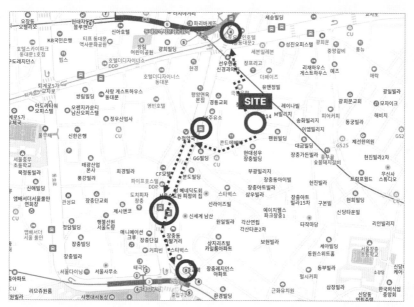

출처: 카카오맵

1. 버스정류장

1) 장충동 써미트 호텔(광희동더스프라지르서울동대문 방면)

- 도보 소요 시간: 약 2분(거리 225m)

- 운행 노선: 6702(공항버스)

2) 장충동.동국대입구(장충체육관앞 방면)

- 도보 소요 시간: 약 4분(거리 346m)

- 운행 노선: 144, 301, 420(간선버스)/7212(지선버스)/N13(간선버스, 심야)

2. 지하철역

1) 동대입구역 3번 출구(3호선)

- 도보 소요 시간: 약 7분(거리 574m)

2) 동대문역사문화공원역 4번 출구(2, 4, 5호선)

- 도보 소요 시간: 약 5분(거리 289m)

☑ 주변 주차장 활용 가능성

출처: 모두의 주차장 앱

☑ 메인 도로와의 거리 및 접근성

☑ 유동인구의 이면도로 유입 여부

출처: 서울 생활이동 사이트

1. 유입량

- 이면도로는 대규모 주도로보다 상대적으로 유동인구가 적지만, 인근 상권 및 주요 관광지(남산, 명동)와의 연결성으로 인해 꾸준한 유입이 발생. 주변 데이터에 따르면 해당 지역은 주중 약 3천~5천 명, 주말 약 7천 명 이상의 유동인구를 기록

2. 특징

- 남산순환버스 정류장과 가까워 남산 및 명동에서 넘어오는 관광객 유입이 활발. 특히 주말 및 특정 이벤트 기간에는 외부 유입률이 20~30% 이상 증가

☑ 주변 메인 상권 인프라

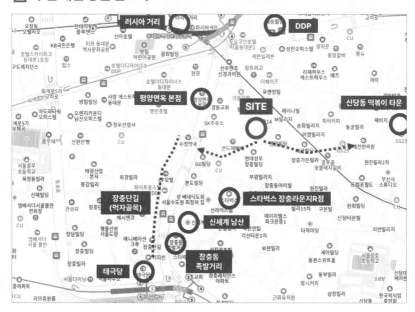

출처: 카카오맵

태극당장충단길

장충단길

장충동 먹자골목

콘드에뻬뻬

스타벅스 장충라운지R점

☑ 외관

• 남측 대지출입 진입계단: 도로부터 약 1.2~1.5m 진입 고저차 형성

☑ 외벽 및 마감재 상태

출처: 마이빌딩 장충 인허가 담당 친친디씨엠종합건축사사무소 임장 자료

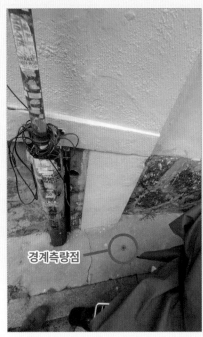

경계측량점

1. 외벽 및 지붕 상태

1) 건물의 형태

- 목조 구조에 세멘트 기와 지붕 형태의 단독 주택. 옆 건물과 대지경계 부분에서 합벽 형태로 건립. 건물의 형태로 보아 일제 강점기 시기에 지어진 것으로 추정

- 지하주차장은 주택 건립 이후에 별도로 설치된 것으로 추정되며, 주차장 천정 높이로 인해 내부 마당이 계단식으로 단차가 형성되어 있음

2) 건물의 상태

- 외벽 및 지붕 등은 비교적 양호. 외벽 도장은 도포가 된 지 오래되어 녹물이나 기타 요인으로 오염된 부분이 상당수 발견

☑ 내부 시설 및 구조 확인

1. 1층

2. 2층

☑ 엘리베이터 설치 여부

1. 엘리베이터 설치 여부 및 상태

- 미설치

☑ 안전 및 보안 시설

1. 소방 설비 설치 유무

- 본 건물은 약 70여 년 이전에 지어진 단독주택 건축물로서 기본적인 소
방시설이 설치되어 있지 않음

☑ CCTV 및 보안 시설

1. 건물 내부 CCTV 설치 현황

1) 1층 복도 끝 천정

2) 2층 복도 끝 천정

2. 건물 외부 및 주변 도로 CCTV 설치 현황

1) 마당 우측 상단

2) 부지 앞 골목 삼거리

☑ 불법 건축물 여부

1. 육안 확인

- 옆 건물과 대지 경계선에서 합벽으로 건축, 추후 경계측량 등을 통해 상호 침범 여부 검토 필요

2. 건축물대장 확인

- 확인 결과 이상 없음

☑ 건물 연식 및 내부 상태

1. 허가일

- 확인 불가

2. 사용승인일

- 확인 불가

※ 일제 강점기 시기에 건축된 건물로 추정. 인허가 시기 및 건축주, 설계자 등 확인이 불가

출처: 건축행정시스템 세움터

☑ 증축 가능 여부

1. 현재 건물

■ 건축물대장의 기재 및 관리 등에 관한 규칙 [별지 제1호서식]<개정 2023. 8. 1.>

일반건축물대장(갑)

건물ID			고유번호		
대지위치	서울특별시 중구 장충동1가			지번	
※대지면적	0 ㎡	연면적	131.24 ㎡	※지역	제2종일반주거지역
건축면적	㎡	용적률 산정용 연면적	㎡	주구조	목조
※건폐율	0 %	※용적률	0 %	높이	m
※조경면적	㎡	※공개 공지·공간 면적	㎡	※건축선 후퇴면적	㎡

출처: 건축행정시스템 세움터

1) 용적률: 94.28%

- 대지면적: 139.2m² / 연면적: 131.24m²

  ※ 통상 건축물대장을 통해 용적률 확인이 가능하나 본 건물의 건축물대장에는 미기재
  되어 있음. 70여 년 전 신축 된 적산가옥이기 때문으로 추정

2. 도시관리계획 및 지구단위계획

- 기준 용적률: 200% / 허용 용적률: 200%

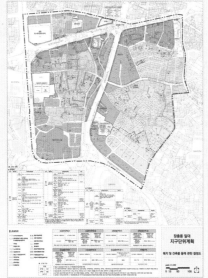

도심주거구역 01	
기준200%, 허용200%	H7 (16m 이하)
60% 이하	불허1, 불허4(주거환경개선사업구역), 지정2, 권장
제2종 일반주거지역, 제2종 일반주거지역(7층이하)	

출처: 장충동 일대 지구단위계획 / 획지 및 건축물 등에 관한 결정도

☑ 기존 건물 구조의 리모델링 적합도

1. 건축설계사무소 선정

- 창의적인 건축물을 현실로 만드는 핵심은 원활한 인허가 프로세스이다.
  이를 위해 저자는 디자인과 인허가 업무를 구분해 발주했다.

① 디자인 담당: 김범관 교수(울산대학교 디자인 건축융합대학 건축학부)
  창의적이고 아름다운 디자인은 건축물의 가치를 결정하는 핵심이다.
  마이빌딩 장충(My Building Jangchung)의 디자인을 담당한 그는 세계
  적인 건축 명문인 영국 런던의 왕립건축학교(AA-School)를 수석으로

졸업한 인재로 업계에선 천재 건축가로 불린다. 영국과 아시아를 넘나들며 목조주택, 고급 빌라, 미술관, 대형 복합 쇼핑몰, 음악대학 등 다채로운 건축 프로젝트를 성공적으로 수행했다. 그는 2005년 대한민국 산업전람회 국무총리상, 2006년 대통령 표창 및 21세기를 이끌 우수 인재상을 수상했으며, 2012년에는 AA-School Diploma Honours를 수상하며 국제적으로 인정받았다. 현재 울산대학교 디자인 건축융합대학 건축학부 교수로 재직하며 미래 건축가들을 양성하는 동시에, 마이빌딩 장충을 통해 도심 속 프리미엄 공간의 새로운 디자인 기준을 제시하고 있다.

② 인허가 담당: 친친디씨엠종합건축사사무소

저자가 운영하는 CCD 친친디그룹 산하의 친친디씨엠종합건축사사무소는 2019년부터 현재까지 200여 개 이상의 중소규모 프로젝트에서 PM, CM 및 인허가 업무를 수행한 전문 조직이다. 현재는 서울 도심 장충동에 위치한 마이빌딩 장충(My Building Jangchung)의 인허가 업무를 전담하고 있다. 친친디씨엠종합건축사사무소는 실무 역량과 풍부한 경험을 바탕으로 신속하고 정확한 인허가를 진행하며, 프로젝트 성공을 위한 든든한 파트너 역할을 수행하고 있다.

☑ 건폐율 및 가용 면적

■ 건축물대장의 기재 및 관리 등에 관한 규칙 [별지 제1호서식]<개정 2023. 8. 1.>

일반건축물대장(갑)

건물ID		고유번호	
대지위치	서울특별시 중구 장충동1가	지번	
※대지면적 0 ㎡	연면적 131.24 ㎡	※지역 제2종일반주거지역	
건축면적 ㎡	용적률 산정용 연면적 ㎡	주구조 목조	
※건폐율 0 %	※용적률 0 %	높이 m	
※조경면적 ㎡	※공개 공지·공간 면적 ㎡	※건축선 후퇴면적 ㎡	

출처: 건축행정시스템 세움터

1. 현재 건물

1) 건폐율: 48.21%

- 대지면적: 139.2m² / 연면적: 67.11m²(1층)

  ※ 통상 건축물대장을 통해 건폐율 확인이 가능하나 본 건물의 건축물대장에는 미기재
  되어 있음. 25년 5월에 2종 일반주거지역의 용적률을 200%에서 250%로 상향되는
  호재 덕분에 신축 시 허용 용적률은 상향되지만 일조사선, 높이제한 등의 이슈로 적정
  용적률을 찾기 위한 연구를 치열하게 진행

2. 도시관리계획 및 지구단위계획

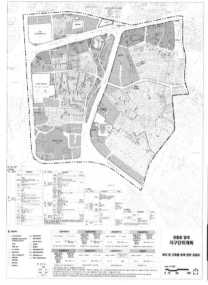

도심주거구역 01	
기준200%, 허용200%	H7 (16m 이하)
60% 이하	불허1,불허4(주거환경개선사업구역), 지정2, 권장
제2종 일반주거지역, 제2종 일반주거지역(7층이하)	

출처: 장충동 일대 지구단위계획 / 획지 및 건축물 등에 관한 결정도

1) 건폐율: 60%, 용적률: 200% → 250% 이하 적용 가능

※ 기존에는 용적률 200% 이하였으나 서울시는 건설경기 활성화를 위해 제2종 일반주거지역의 용적률을 기존 200%에서 법적 상한인 250%까지 3년간 한시적으로 완화하기로 했다. 이 조치는 소규모 건축물의 신축 등 민간 부문의 건설 투자를 촉진하기 위한 것이다.(출처: https://www.sedaily.com/NewsView/2GP3VRA3VS)

☑ 토지 모양 및 경사

1. 토지 모양

출처: 토지이음

2. 경사도

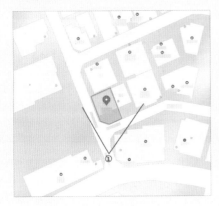

출처: 네이버 지도

① 남측 동, 서 방향 도로는 서측기점에서 동측으로 경사고저차가 약 1.0m

② 서측 남, 북 방향 도로는 남측기점에서 북측으로 경사고저차가 약 0.6m

③ 조사대지의 레벨은 도로 모퉁이 기점에서 약 1.2m~1.5m 높게 조성

☑ 토지의 접도

- 해당 사항 없음

☑ 토지의 지질

1. 육안 확인

- 본 대지는 경사도가 형성된 건축물로서 기존 옹벽 부위에 주차장이 설치
되어 있음. 다만, 건축물대장에는 지하층 등록이 미기재

2. 지반 조사

- 토지 매입 후 건축인허가 시 전문 업체를 통해 지반 조사 실시 필요

☑ 철거의 용이성

1. 육안 확인

- 우측 건물과 맞벽으로 건축되어 있음

2. 철거 업체 협의

- 토지 매입 전 건축물해체 전문 업체를 통해 사전 조사 실시 필요

해당 상권 매매 패턴 실사

☑ 최근 6개월간 해당 지역 실 거래량과 매매가 변화

1. 실거래가 사이트 접속

출처: 국토교통부 실거래가 공개시스템

☑ 매물이 적고 공실이 없는지

1. 실제 지역 부동산 매물

1) 매물 목록

출처: 인근 지역 부동산을 방문해 조사 자료를 토대로 작성

☑ 임대가 안정적으로 이루어지고 있는지

1. 한○ 공인중개사 사무소

1) 본 지역은 업무시설과 상업시설 등이 밀집해 있고, 강남과 강북으로 이어지는 교통 여건이 좋아서 임차 수요가 활발한 지역

2) 서울 내 타 지역에 비해 비교적 장기 거주자들이 많아서, 매매 물건이 많이 나오지 않음

3) 부동산 정보 사이트에 공개되지 않은 물건들 소개

2. 대○ 공인중개사 사무소

1) 원룸 및 투룸 형태의 다세대주택 임대차 거래가 활발하게 이루어짐

2) 지역 내 다세대 주택의 상당수가 구옥이 많아서, 신축 주택에 대한 수요가 많음

※ 기타 공인중개사 사무소를 다수 방문해 임대 현황 조사 실시

부동산 매매 계약 실행하기

☑ 매수 의향서

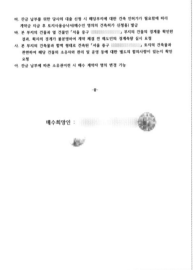

• 매매 대금 지급 시기, 토지 사용 승낙서 발급 등 매도인에게 해당 부동산

물건에 대한 거래 의지와 구체적인 조건을 전달

☑ 가계약 약정

- 매도인과 매수 의향서의 구체적인 조건에 대한 협의가 완료되어 부동산 공인중개사를 통해 가계약 약정서 초안을 이메일로 주고 받음

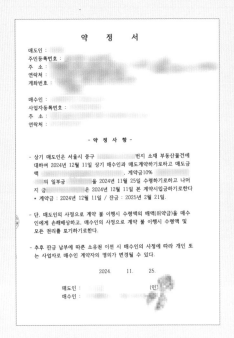

- 합의된 가계약 약정서를 바탕으로 본 계약 전 가계약 약정 체결

☑ 계약 체결

- 매도인 측 공인중개사와 본 계약 체결을 위한 계약서 초안 문구 협의를 위해 카카오톡을 활용한 초안 협의

▽ **매매계약서 특약사항** 인쇄 일정등록 원문보기 ✨AI 요약

– 보낸사람 : +
  받는사람 : +
  보낸날짜 : 2024/12/05 목요일 오후 5:08:07

📎 첨부파일 1개   ❓ 모두저장 모두삭제

🖼 매매계약서.jpg (1.7MB) 미리보기 ✕

- 계약서 하단의 세부적인 특약사항에 대해 매도인과 추가 협의를 실시

[특약사항]
1. 현 시설 상태에서의 매매 계약이며, 등기사항 증명서를 확인하고 계약을 체결함.
2. 계약서상의 대지면적은 권리면적(공부상)을 기준으로한 매매 계약이다.
3. 매매목적물의 매매대금 총액은 ▮▮▮▮▮▮ ▮▮▮, ▮▮▮▮▮원정으로하며 토지 및 건물 포함이다
4. 계약금 ▮▮▮▮▮▮▮ 중 ▮▮▮▮▮은 2024년 11월 25일 약정금 ▮▮▮▮▮
   으로 대체한다.
5. 계약체결일 당시 설정되어있는 ▮▮▮▮▮▮▮ 보험 02건, 채권최고액 ▮▮▮▮▮원정 상태의 매매계약이며 잔금
   수령 시 근저당 말소하기로 하며, 잔금 시까지의 각종 제세 공과금은 매도자 부담으로 한다.
6. 계약체결일 이후 잔금일부터 부동산에 권리변동으로 인해 소유권을 이전 할 수 없을 시 매수인은 계약을 해지할 수 있으며, 매도
   인은 계약금의 배액(위약금)을 매수인에게 손해배상하고, 매수인의 하자로 계약의 불이행 시 계약금 및 모든 권리를 포기하기로
   한다.
7. 추후 잔금 납부에 따른 소유권 이전 시 매수인의 사정에 따라 동일한 조건으로 개인 또는 사업자로 매수인 명의가 변경될 수 있
   다.
8. 매도인은 해당부지에 대한 건축 인허가가 필요함에 따라 계약금 지급 후 토지사용승낙서(매수인 명의의 건축허가 신청용)를 발급
   해 주기로 하며, 현 임차인은 잔금 전까지 매도인 책임 하에 명도하기로 한다.
9. 매도인은 본 부지의 건축물과 합벽 형태로 건축된 「서울 중구 ▮▮▮▮▮▮▮」 토지의 건축물과 관련하여 해당 건물의 소유자
   와 관리 및 운영 등에 대한 별도의 합의사항 및 이면계약 등이 없음을 확약한다.
10. 본 특약사항에 기재되지 않은 사항은 민법상 계약에 관한 규정과 부동산 일반 관례에 따른다.

- 매도인 및 부동산 공인중개사와 여러차례 협의의 끝에 특약사항 합의 완료

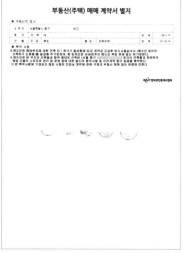

- 본 계약 체결

• 매도인 측 부동산 공인중개사 사무실에서 계약 체결 및 계약금 입금 완료

• 부동산거래계약 신고필증과 부동산 등기권리증 발급 완료

☑ 건축 설계를 위한 기본 검토 프로세스

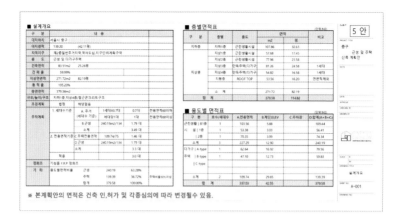

• 인허가를 담당하는 친친디씨엠종합건축사사무소의 규모 검토를 위한 설계 개요 초안

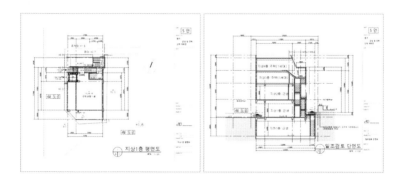

• 인허가 담당의 설계는 건축법규 중심으로 진행해 확보할 수 있는 면적을 추정한다. 이는 부지 매입의 타당성을 검토할 때 중요한 요소로 작용한다. 토지 매수가 확정 된 후 투입된 디자인 담당은 본 설계안을 기반으로 상업 건물로서의 경쟁력을 갖출 수 있는 창의적인 디자인을 제안한다.

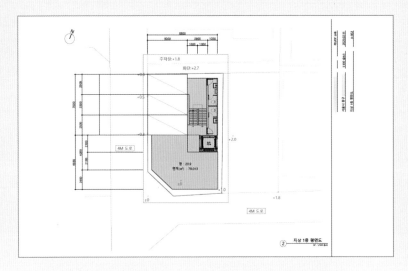

• 디자인 담당 김범관 교수의 지상1층 평면 계획 1차 디벨롭먼트

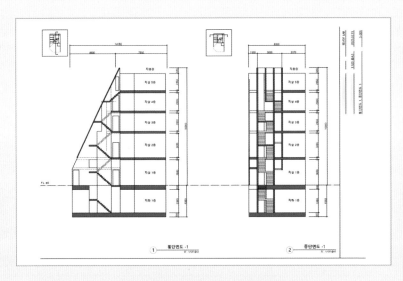

• 김범관 교수의 건축설계 입면 계획 1차 디벨롭먼트 도면

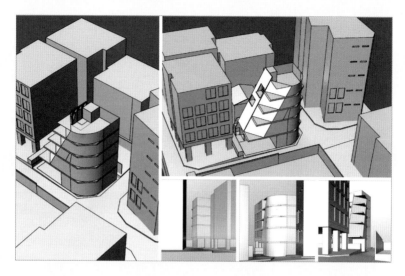

• 김범관 교수의 입면 계획 1차 디벨롭먼트 도면을 바탕으로 만든 3D 모델링

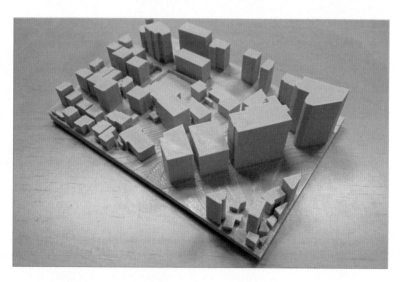

• 3D 모델링 데이터를 활용한 3D 프린팅

• 3D로 재현한 콘셉트 조감도

My Bd(마이빌딩) 건물 네이밍 기획하기

저자는 단순하면서도 직관적인 이름으로 '경영자'의 철학, 삶, 비즈니스, 그리고 휴식이 한 공간에 담겨 있다는 메시지를 전달하는 것을 목적으로 본 빌딩을 기획했다.

빌딩 기획의도

첫째, 이 건물은 단순한 부동산이 아니라, 소유주의 삶과 일이 조화를 이루는 소우주다. 둘째, 특정 업종이나 목적에 한정되지 않고, 건물의 사용자가 바뀌어도 경영자의 아이덴티티를 반영할 수 있도록 공간의 사용 목적을 다목적화한다. 셋째, 누구나 쉽게 기억하고 발음할 수 있으며, 도시의 소규모 프라이빗 빌딩의 매력을 강화한다.

저자는 위의 메시지를 함축적으로 전달할 수 있는 빌딩 이름으로 '마이빌딩(My building)'이라는 브랜드이자 빌딩 네이밍 기획을 진행했다.

빌딩이 위치한 지역 및 상권 분석

서울특별시 중구 장충동의 특징은 다음과 같다. 전통과 현대, 럭셔리와 서민의 삶이 공존하는 지역으로 태극당, 장충동 족발집, 평양냉면 같은 클래식 명소와 스타벅스 리저브드, 콘드에빼빼 등 젊은 층들에 힙한 카페가 공존하는 지역이다.

재벌 집의 주거지로서 조용하고 고급스러운 분위기를 갖춘 주거 지역임과 동시에 역사와 전통을 자랑하는 상업지구로서 신세계 남산 건물과 신라호텔이 랜드마크로 있고 아파트 개발과 고급 호텔 개발이 예정되어 있는 지역이다.

'마이빌딩'은 장충동의 전통적 품격과 현대적 세련미를 반영해, 작지만 우아하고 이국적인 테마의 개인 공간을 기획하고자 한다. 자영업자라면 누구나 도전할 수 있는 규모인 전체 연면적 100~120평 규모의 5층 이하 꼬마빌딩을 계획했다.

소유주가 바뀌더라도 자영업자 혹은 전문직이라면 주거와 업무공간을 유연하게 사용할 수 있는 구조를 구상한다. 아파트 전세금으로 '내 집 마련'과 '사옥 마련'을 동시에 할 수 있도록 '주거와 비즈니스의 융합이 이루어지는 삶과 일이 조화를 이루는 공간'으로 확장을 검토하는 것이다.

건물주의 페르소나는 자영업자, 전문직 개인사무소, 크리에이터 스튜디오, 중소규모 비즈니스를 운영하는 사장을 대상으로 임직원 20명 이하가 적당하다. 아파트 전세 보증금으로 건물을 매입하고 임대료와 사업장 운영으로 지속적 수익 창출하는 구조를 구축하고자 한다.

건물의 핵심 메시지 수립

"재벌들의 동네에 자리 잡은 작지만 우아한 나만의 공간"

"누구나 꿈꾸는 내 집 마련과 사옥 마련의 꿈을 이루는 공간"

"일과 삶, 휴식과 힐링이 자연스럽게 연결되는 지극히 프라이빗한 공간"

MyBd(마이빌딩)이라는 보편적 정서의 쉬운 워딩과 핵심 메시지가 일치함을 확인하고 다음 단계로 넘어가겠다.

건물의 층별 사용 계획 정의

도심의 소규모 프라이빗 빌딩의 규모는 연면적 120평 내외의 공간으로 해당 공간은 놀고, 쉬고, 일하고, 창조하는 모든 것이 가능한 작지만 강한 공간으로 계획을 하고자 한다.

① 약 30여평 규모의 지하 공간의 용도는 '갤러리 라운지 & 콘텐츠 제작 스튜디오'로서 세미나, 콘텐츠 제작, 고객 상담을 진행한다. 이 공간은 "경영자의 아이디어가 현실이 되는 공간"으로 정의한다. 만약 F&B 사업을 하는 경영자가 사용한다면 지하층 공간도 홀의 역할을 할 수 있다.

② 약 15평 규모의 1층 공간의 용도는 '테이크아웃 디저트 카페'다. 지역 주민과 고객이 쉽게 들를 수 있는 휴식 공간이다. 이 공간은 "일상의 쉼표를 제공하며 관계의 시작점이 되는 공간"으로 정의한다.

③ 약 25평 규모의 2층 공간의 용도는 백오피스다. 직원들의 공간으로 업무를 처리하는 오피스 공간으로 탕비 공간과 업무 공간으로 구분되어 있다. 이 공간은 "효율성과 생산성을 극대화하는 공간"으로 정의하겠다. 만약 F&B 사업을 하는 경영자가 사용한다면 2층 공간도 매장으로서 홀의 역할을 할 수 있다. 이 경우, 지하 1층을 주방과 홀로 사용하고 1층과 2층을 홀로 사용할 수 있도록 계획할 수도 있다.

④ 약 25평 규모의 3층 공간의 용도는 프라이빗 오피스다. 실내화를 신고 입장하는 프라이빗한 공간이다. 건물주이자 경영자의 개인 오피스 및 프라이빗 미팅을 진행한다. "이곳은 경영자의 홍보관 역할과 미니 탕비 공간, VIP 접견 및 업무를 위한 공간"으로 정의한다. 미팅을 지하 공간에서

진행한다면 본 공간은 경영자의 홈 오피스 공간으로 사용할 수도 있다. 주거와 업무를 동시에 할 수 있는 탄력적인 공간이다. 엘리베이터의 조건을 제한해 3층부터는 보안키가 있어야 출입 가능하도록 할 수 있다.

ⓔ 약 15평의 4층 공간의 용도는 거실과 침실이다. 업무와 일상이 연결된 프라이빗한 휴식 공간으로 세컨하우스 용도로 사용하거나 사용하지 않을 때는 에어비앤비를 운영하면서 임대공간으로 수익을 창출할 수도 있다. 이곳은 "일과 삶이 자연스럽게 이어지는 도심 속 스테이 공간"으로 정의한다. 3층을 주거로 사용할 때 4층까지 복층으로 연계하여 사용할 수도 있고 4층은 단독으로 단기 임대로 활용할 수 있도록 계획한다. 15평의 공간은 준 펜트하우스의 품질로 계획할 수 있다.

ⓕ 약 10평의 5층 루프탑의 용도는 파티와 힐링을 위한 라운지 공간이다. 프라이빗 이벤트, 힐링의 용도로 사용할 수 있다. "도시의 하늘 아래에서 내가 주인공이 되는 공간"으로 정의한다. 소규모 파티를 위한 미니 키친과 캐노피 공간을 계획할 수 있다. 경영자의 취향에 따라 프라이빗 노천탕을 설치해 힐링 공간을 조성할 수 있다.

건물주는 단순히 공간을 소유하는 것이 아니라, 나만의 철학과 성공을 설계하는 첫걸음으로서 본 건물과 각 층의 이름을 짓는다. 층별 이름은 해당 층 진입 시 각 층의 현관과 엘리베이터 사인, 외부 현관 사이니지에 게시된다. 모든 이름에는 해당 공간의 특성이 함축되며 이는 디자인 키워드로 확장되어 건축 및 인테리어 설계자에게 제시해 보다 일관성 있는 공간 계획을 해나갈 수 있다.

지하 'My Gallery & Studio'

이 공간은 건물주의 창작과 철학이 결합되는 공간으로, 예술 작품이 전시되고 유튜브 콘텐츠가 만들어지는 장소이자 고객이 대기하고 휴식할 수 있는 공간이다. 고객은 이곳에서 단순히 서비스를 소비하는 것이 아니라, 브랜드와 소통하고 자신의 아이디어를 발전시킬 수 있는 환경을 만나게 된다. 벽면의 디지털 디스플레이는 브랜드의 히스토리와 콘텐츠를 보여주며, 고객이 창의적 영감을 받을 수 있도록 돕는다. 이를 위해 벽면을 갤러리화, 모듈형 디스플레이 패널을 설치해 고객 작품이나 브랜드 콘텐츠를 상시 교체가 가능하게 하고 대관을 통한 수익 창출도 가능하게 한다. 커뮤니티 테이블을 가변형으로 설치해 창작 워크숍이나 세미나를 가능하게 하고 가변 색온도의 조명으로, 콘텐츠 촬영 시 최적의 환경을 제공하도록 기획한다.

1층 'My Cafe'

고객이 브랜드의 건물의 얼굴로서 해당 공간의 첫인상을 경험할 수 있는 장소이다. 부드럽고 세련된 커피와 디저트는 일상의 작은 사치를 제공하며, 테이크아웃 커피 한 잔으로도 건물 전체의 고급스러움을 느낄 수 있도록 한다. 애견 동반 공간으로 대리석 카운터는 고급스럽고 실용적인 작업 공간을 의미하고 로고가 새겨진 친환경 컵과 패키지로 고객 경험을 강화하며 테이크아웃 부스에 비숑 강아지 부부를 형상화한 로고 사인을 설치해 관광객들의 포토스팟으로서 인스타그래머블한 친화적 공간을 연출한다.

2층 'My Office'

백오피스인 2층은 프로젝트와 비즈니스 활동을 위한 공간으로서 다수의 직원이 효율적인 관리와 소통을 이루는 장소다. 본 건물은 건물주 사업체에 있어 전략적 중심지로서, 성공적인 업무와 성장을 위한 플랫폼이 되는 공간이라는 의미를 담고 있다. 협업과 소통을 강화하는 레이아웃인 개방형 워크스테이션을 채택하고 팀 브레인스토밍과 일정 관리를 위한 목적으로 벽면을 화이트보드화 하며 간단한 음료와 스낵을 즐길 수 있는 코너에 1인 의자를 설치해 창밖을 보고 쉴 수 있도록 자투리 공간을 활용할 수 있다.

3층 'Private Office'

Private와 CEO, 두 단어의 결합은 건물주이자 경영자의 비전을 구체화하는 공간을 상징한다. 이곳은 경영자의 아이디어가 구체화되고 비전을 실현하는 장소로, 경영자의 '개인 미팅공간'이기도 하다. 방문객들은 경영자가 어떤 발자취를 걸어왔고 어떤 비전이 있는지 벽면의 보드를 통해 한눈에 이해하고 경영자의 공간에서 소통을 통해 자신이 원하는 솔루션을 얻어갈 수 있다. 벽면은 브랜드 철학과 관련된 서적, 성공 사례를 전시하는 책장으로 가득 채우고, 고급 소파와 러그로 VIP 상담 공간을 따뜻하고 고급스럽게 연출한다. 데드 스페이스 곳곳에 스팟 조명을 설치해 건물주의 개인적 취향을 반영한 예술 작품 배치함으로서 공간의 품격을 높인다.

4층 'My Hotel'

마이호텔은 프라이빗하고 고급스러우면서도 비밀스러운 세컨하우스로 에어비앤비를 통한 수익 창출이 가능한 숙소로 계획한다. 개인적인 휴식과 프라이버시를 제공하는 공간으로, 고객들이 바쁜 일상에서 벗어나 여유로운 시간을 보낼 수 있는 장소로 고급스러움과 편안함을 동시에 추구하는 공간이다. 5성급 호텔의 고급스러운 품질의 침구와 어메니티는 물론 주변 맛집, 명소, 투어 프로그램을 담은 가이드북으로 연결되는 QR코드를 제공하며 방문객의 스마트폰으로 디지털 도어락, 조명 및 온도 제어가 가능한 '마이호텔' 솔루션을 채택, 제공한다. 물론 경영자의 주거공간으로 사용할 수 있다.

5층 'My Lounge'

경영자의 VIP 고객들과 편안하게 앉아 교제할 수 있는 공간을 의미한다. 5층 루프탑은 도시의 야경과 본 건물에 인접한 재벌 집의 정원을 내려다보며 특별한 순간을 즐길 수 있는 프라이빗 라운지다. 넓은 시야와 아름다운 풍경을 제공하는 이 공간은 사람들에게 영감을 주고, 특별한 경험을 선사하는 공간으로 기획되었다. 도시의 경치를 배경으로 힐링을 체험할 수 있도록 야외에서도 편안함과 스타일을 유지할 수 있도록 방수 소파와 바 테이블을 설치하고 야경과 어울리는 따뜻한 분위기를 연출하며 간단한 음료와 간식을 즐길 수 있는 시설, 그리고 식물로 자연스러운 포인트를 더한 생명감 있는 요소를 배치한다.

이처럼 빌딩 네이밍 후 빌딩의 층별 공간에 대한 네이밍을 함께하면 일관성을 가져갈 수 있고 통일된 CI 작업으로 고객에게 공간에 대한 이미지를 각인시킬 수 있다.

당신의 꿈을 현실로 만드는 부동산 마법

이제 제 기억에서 빠져나올 시간입니다. 눈을 감고 '부동산 마법 학교'를 떠올려보세요. 청아한 피리 소리가 대리석 복도에 울리고, 인자한 대마법사들의 낮은 목소리가 점점 희미해집니다. 눈이 부시게 푸른 하늘 아래 교정을 거닐며, 하와이를 닮은 해변가 별장으로 떠났던 여정, 밤하늘에 반짝이는 별들만큼이나 빛났던 꿈들, 낡은 마룻바닥을 지나 부동산 마법 학교 박물관과 방송국을 탐험했던 순간들이 스쳐갑니다.

비오는 거리에서 모든 걸 잃은 불안함을 이곳에서 털어낸 저처럼, 당신 마음에는 어떤 불씨가 피어났나요? 잃었던 꿈의 조각이 다시 이어졌나요?

당신이 발견한 용기
··✦·✦·✦·✦··

부동산 마법 학교를 알기 전, 당신은 인생의 어두운 골목에서 길을 헤매고 있었을지 모릅니다. 이제 부동산 마법을 손에 쥔 당신이 꿈꾸던 집, 바라던 건물에서 사랑하는 이들과 포옹하는 순간을 상상해보세요. 잃었던 희망을 되찾은 그 따스한 온기가 당신을 기다립니다.

꿈을 선언하세요

··✦·✦·✦··

현실로 돌아온 당신 앞에 새로운 길이 열렸습니다. 부동산 마법 학교를 졸업한 뒤에도 꼭 기억해야 할 숙제는 매일의 실천입니다. 지금 이 순간, 펜을 들고 다음 빈칸에 꿈을 적어보세요.

"누가, 언제까지, 어디서, 무엇을, 어떻게, 왜"로 구체화하세요. 꿈은 명확할수록 빠르게 이루어집니다.

나의 꿈

_____

_____

_____

적었다면, 매일 아침 그 꿈의 주문을 소리내어 외치고, 비밀 노트에 하루 한 번씩이라도 써보세요. 이 숙제는 '부동산 마법 학교' 학생의 첫걸음입니다.

꿈을 함께 나누는 부동산 마법

··✦·✦·✦··

당신은 혼자가 아닙니다. 당신의 꿈을 적은 노트를 찍은 사진을 메일로 보내주세요(ceo@chinchind.com). 제가 확인 후 '나의 꿈을 현실로 만드는 마법 주문' 게시판에 올리고 부동산 마법 학교 동문들과 함께 당신의 꿈이 현실로 이루어지길 간절히 바라며 기도하겠습니다.

막힐 땐 이 책을 다시 펴고, 질문이 생기면 메일로 노크해주세요. 부동산 마법 학교 소속 마법사들이 투자 전략과 세금 전략을 코칭해드릴 것입니다.

누군가에게 건네는 마법의 열쇠

··✦·✦·✦··

당신의 꿈이 현실이 되면, 부동산 마법 학교를 주변에 소개해주세요. "부동산 마법 학교의 멘토링이 내 꿈을 되살렸어." 그 한마디가 누군가의 어둠을 비추는 등불이 될 것입니다.

당신이 전한 부동산 마법이 누군가의 새 출발을 열어줄 수 있음을 잊지 마세요.

이제 책을 덮고 첫 발걸음을 떼세요. 당신의 부동산 마법은 이제부터 시작입니다.

5,475일의 기록으로 만든 책

지난 15년간 직접 만난 수백여 명의 건물주, 간접 취재와 문헌 분석을 통해 만난 11인의 부동산 대부호는 모두 성공한 건물주라는 공통점이 있다. 현대 자본주의 시스템은 모르는 사람에겐 마치 마법과 같을 것이다.

저자는 이 시스템을 제대로 이해한 사람만이 그 지식을 자유롭게 활용해 부를 축적할 수 있다는 사실을 그간의 경험으로 체득했다. 모르는 사람들은, 특히 월세만 내던 임차인들은 정작 자신도 건물주가 될 수 있다는 사실조차 모르고 있다.

세간에선 누구나 현실적으로 건물주가 될 수 있다고 말한다. 맞다. 틀린 말은 아니다. 그러나 준비하지 않고 간절히 바란 사람이 아니라면 건물주로 등극하는 것이 오히려 복권에 당첨된 사람처럼 재앙이 될 수도 있다. 그럼에도 불구하고, 자영업자에게 '내 건물에서 내 사업을 한다'라는 꿈은 충분히 실현 가능한 목표다. 가족과 사업을 지키기 위해서라도 부동산 금융 까막눈에서 벗어나야 한다.

이 책의 강점은 부동산 디벨로퍼 서동원과 부동산 전문 세무사이자 기업 경영 컨설턴트 윤나겸의 통찰이 결합되었다는 것이다. 서동원은 초보자 시각에서 부동산 현장에서 마주치는 문제와 해결법을 심층적으로 다룬다. 윤나겸은 건물주가 자산을 안정적으로 운영하고 유지할 수 있도록 도와준다. 재무와 절세 측면에서 부동산 자산을 효율적으로 관리하는 전략을 제시한다. 부동산과 세무를 따로따로 공부하는 수고를 이 책 한 권으로 해결하기 바란다.

저자 부부는 인생의 전환점에서 '세상에서 가장 돈이 많은 가난한 사람'을 꿈꾸게 되었다. 재산이 많더라도 늘 겸손하고 가치 있는 삶을 지향하겠다는 의미다. 김승호 담임 선생님의 조언과 2024년 영국에서 열린 '라이프 온더웨이' 여정을 통해 사업가로서 성장에 깊은 자극을 받았다. "올바른 스승은 온 힘을 다해 선함을 가르쳐야 한다. 선함이 어두운 세상에서 자신을 지키는 가장 큰 힘이다."라는 말을 새기고, 쌓아온 지식을 함께 나누고자 집필을 시작했다.

이 책이 나오기까지 애써준 CCD 친친디그룹 – 홈플릭스, 아우름 WEALTH&TAX-절세TV 임직원들, 원앤원북스 박종명 대표님, 최윤정 팀장님, 문준영 대리님 이하 스태프, 표지 디자인과 마케팅에 아낌없는 지원을 해준 무브멘토 김서웅 대표님, 안세영 팀장님 이하 스태프, 한국사장학교 백옥희 이사장님, 이건웅 기획실장님 이하 스태프, 출판 전 사전 서평단으로서 기꺼이 참여해준 수많은 한국사장학교 동문들, 라온 9기 신경은 반장님, 백만장자 15기 원석준 반장님, 사장학 4기 김영록 반장님 이하 모든 동기 여러분과 '바프 반' 리더 전스타(전지혜), '라온 극장 반' 리더 88약사(양재형) 등 함께 성장하고 영감을 주고받은 이들에게도 깊이 감사를 전한다. 무엇보다 낳아주시고 길러주신 양가 부모님과 가족, 그리고 행복 아이콘 '참피온'과 '트리', '크리스마스'에게도 감사의 마음을 전한다.

우리 부부는 2015년 11월 26일, 김포공항에서 드라마처럼 만났다. 그 이후 큰 꿈을 꾸게 되었고, 잊지 않고 끊임없이 생각하고, 적고, 실행했으며, 한 번도 목표한 바를 이루지 못한 적이 없다. 여러분 역시 그렇게 해내기를 간절히 기원한다. 절대로 포기해선 안 된다. 간절히 바라고 손을 내밀면 도울 자는 이미 옆에 와 있었음을 깨우칠 수 있을 것이다.

논현동 능력자 서동원

×

청담동 아우름 세무사 윤나겸

마법처럼 부를 키우는
건물주 성공 법칙

부동산
마법학교

초판 1쇄 발행 2025년 4월 10일

지은이 서동원 윤나겸
펴낸곳 원앤원북스
펴낸이 오운영
경영총괄 박종명
편집 최윤정 김형욱 이광민
디자인 윤지예 이영재
마케팅 문준영 이지은 박미애
디지털콘텐츠 안태정
등록번호 제2018-000146호(2018년 1월 23일)
주소 04091 서울시 마포구 토정로 222 한국출판콘텐츠센터 319호 (신수동)
전화 (02)719-7735 | **팩스** (02)719-7736
이메일 onobooks2018@naver.com | **블로그** blog.naver.com/onobooks2018
값 25,000원
ISBN 979-11-7043-631-7 03320